武士の日本史

사무라이의 역사

다카하시 마사아키高橋昌明 지음
박영철 옮김

한울
아카데미

BUSHI NO NIHONSHI
by Masaaki Takahashi

First published 2018 by Iwanami Shoten, Publishers, Tokyo
This Korean edition published 2020
by HanulMPlus Inc., Paju-si
by arrangement with Iwanami Shoten, Publishers, Tokyo

차례

서장

시대극의 주역들

존마게의 시작

무사라고 하면 시대극의 주역, 시대극이라고 하면 무사라고 할 수 있다. 시대극은 실제로는 대부분 에도 시대극이고, 그래서 주역도 에도시대(이하 근세라는 용어와 적절히 나누어 쓴다)의 무사이다. 그 시대다움을 연출하는 소도구의 하나가, '존마게'일 것이다. 상투 모양이 '〻'•의 형태와 비슷해서 존마게라고 불렀다는데, 무사를 비롯해 성인 남자의 머리를 묶는 방식이었다. 존마게는 이마의 머리카락을 넓게 깎아 올리고, 상투는 앞을 향하도록 굽힌, 에도시대 중기 이래 일반화된 머리 모양이다.

요로즈야 긴노스케나 2대 나카무라 기치에몬 같은 현대의 배우가 TV나 영화 화면에 존마게 모습으로 등장하면, 멋지게 각이 잡힌 느낌이지만, 그것은 하오리·하카마를 입고 허리에 칼 두 자루를 차고 있기 때문이다. 만약 누가 존마게 머리에 넥타이를 매고 양복 정장을 하고서 말을 걸어온다면, 분명히

• '존'은 본래 문장 중에서 앞의 글자를 반복한다는 것을 표시하는 부호이다. —옮긴이 주

당황할 것이다. 특히 위화감을 느끼게 하는 모양은, 이마부터 머리 꼭대기에 걸쳐 머리카락을 둥글게 밀어 올린 '사카야키(月代, 月額)'라는 머리 모양일 것이다. 세계적으로 보아도 근대 이전의 머리 모양에는 만주족의 변발이나 아메리카 원주민인 모히칸족의 머리처럼, '기발한' 것이 많은데, 존마게도 아주 유별나다. 막부 말기에 흑선을 타고 온 미국인들은, '일본인은 머리 꼭대기에 권총을 얹고 있다'면서 놀랐다고 한다. 진위를 알 수 없지만 있을 법도 한 이야기이다.

존마게의 역사를 간략히 살펴보면, 우선 고대에 관직에 있던 남성들은, 중국의 예식을 모방해 관을 썼는데, 당시에는 머리카락을 전부 끌어 올려서 머리 위로 상투를 틀었다. 이것을 '관하의 상투'라고 한다. 다음으로, 헤이안 시대 이래 중세 남성의 머리 모양에는, '관하의 상투' 이외에, 성인식을 치른 남자의 '에보시(烏帽子)와 상투'가 있다. 에보시란 까마귀 날개처럼 검게 칠한 모자라는 뜻인데, 관이 정장용인 것에 비해 에보시는 일상적인 평복에 쓰는 자루 모양의 모자이다. 상투는 모토유이(元結: 머리카락을 묶는 가는 끈) 부분을 조금 말고 머리카락 끝을 많이 드러낸 다음 끈을 묶어서 에보시 후두부와 연결하여 움직여도 떨어지지 않도록 했다.

중세에 에보시는 신분이나 착용하는 상황에 따라 형태와 칠하는 방식이 달랐다. 원래는 얇은 비단이나 생사를 거칠게 짠 포로 만들었지만, 후세에는 종이로 만들고 옻으로 칠했다. 에보시는 일반 서민에 이르기까지 빠질 수 없는, 상용하는 모자인데, 보통은 집안에서도 쓰고, 잘 때나 남녀가 섹스를 할 때도 벗지 않았다. 그래서 모자를 쓰지 않은 모습을 타인에게 보이거나, 머리카락을 상투 부분부터 자르는 것은, "상투를 드러내다", "상투를 자르다"라고 하여, 비천한 행동이나 상대의 명예를 부정하는 행위, 혹은 출가할 때 인간이라는 것을 스스로 부정하는 행위로 인식되었다. 이유 없이 타인의 상투를 잘라버리는 "상투 자르기"는, 당시 "강도·절도·야습·방화·살해" 등과 필적하는 범죄였다(『鎌倉遺文』 17729호).

뽑을 것인가, 자를 것인가

그런데 가마쿠라 시대 전후부터, 머리를 밀어 올리는 사카야키의 풍습이 무사들 사이에서 퍼졌다. 그 원인에 대해서는 여러 가지 설이 있지만, 무사들이 "기(氣)의 역상(逆上)"을 방지하기 위해 밀었다는 설이 유력하다. 전장에서 투구를 쓸 때도 에보시는 썼다. 이때는 부드러운 '모미에보시'를 썼다. 투구 꼭대기에는 에보시 끝부분을 밖으로 내보내는 좀 큰 구멍이 뚫려 있다. 에보시 위에 투구를 쓰고 격렬한 전투를 치렀기 때문에, 머리 부분이 뜨겁고 이 때문에 머리로 피가 쏠리는 역상 현상이 생긴다. 이 역상을 방지하기 위해 이마를 밀어 올린 것이라고 한다. 전쟁이 끝나면 원래대로 머리카락을 길렀지만, 전국시대가 도래하자 사카야키를 하는 것이 보통이어서, 풍속으로 정착해갔다. 또한 하치마키는, 가마쿠라 시대부터 무로마치 시대에 걸쳐, 무장할 때 투구 밑의 에보시가 틀어지지 않도록 천으로 가장자리를 묶어 고정하는 것, 또는 그 천을 의미한다. 에보시를 쓰지 않게 되어도 하치마키를 묶었지만, 이것은 땀이 사카야키를 흘러 내려오는 것을 막는 효과가 있다.

같은 무렵, 당시의 신분제도가 흔들리고, 사회질서의 혼란이 풍속에도 나타나, 에보시를 쓰지 않는 머리를 드러내는 것이 당연하게 되어간다. 머리카락은 매일 자라기 때문에 사카야키를 청결하게 유지하는 것은 만만치 않은 일인데, 머리카락을 면도칼로 자를 것인지 쪽집게로 뽑을 것인지가 문제다. 처음에는 쪽집게가 사용되었다. 쪽집게는 금속봉을 구부려서 집게로 만들었다.

이윽고 머리를 묶는 것을 직업으로 하는 사람이 나타난다. 전국 후기·근세 초두의 교토를 그린 초기 〈라쿠츄라쿠가이즈뵤부(洛中洛外圖屛風)〉에는, 머리 묶는 사람이 영업하는 광경도 그려져 있다. 우에스기본(上杉本)의 〈라쿠츄라쿠가이즈뵤부〉에서는, 현재의 나카교구(中京區) 니시키고우지신마치(錦小路新町) 근처에 있는 가게에서 한 손님이 쪽집게로 머리를 뽑히고 있고, 또 한 사람은 자신이 쪽집게를 사용하고 있다. 기둥에 걸려 있는 간판에는, 빗 2개와

그림 0-1 머리 묶는 사람이 집게로 머리털을 뽑고 있다. 왼쪽 기둥에 가게 가판이 보인다. 요네자와시 우에스기(上杉) 박물관 소장, 우에스기본(上杉本)〈라쿠츄라쿠가이즈뵤부(洛中洛外圖屛風)〉

가위, 쪽집게, 모토유이, 미용대야가 그려져 있다(그림 0-1). 이 병풍의 경관 연대는 에이로쿠(永祿) 8년(1565년)을 조금 거슬러 올라가는 것 같다.

또한 후나키본(舟木)의 〈라쿠츄라쿠가이즈뵤부〉는, 가모가와(鴨川)를 가로지르는 고조바시(五條橋)의 서쪽 끝자락에 설치된 노점에서 머리 묶는 사람이 장기를 두고 있는 손님의 머리카락을 면도칼로 미는 모습이 그려져 있고, 옆에는 빗 2개, 가위, 면도칼, 모토유이를 그린 간판이 걸려 있다. 사카야키를 만드는 도구가 쪽집게에서 면도칼로 변화하고 있는 모습을 보여준다. 이것은 게이초(慶長) 19년(1614년)경에 완성된 작품으로 생각된다. 물론 머리 묶기를 하려면 요금이 필요하므로 가난한 무사나 서민은 쪽집게를 애용했다. 쪽집게로 뽑으면, "머리에서 검은 피가 흘러내려 끔찍했다"(『慶長見聞集』 권4)는 증언도 있는 것을 보아, 상당히 아팠을 것이다. 면도칼로 미는 것이 보급된 것은 덴쇼(天正) 연간(1573~1593년) 중엽부터인 것 같다.

머리 모양과 신분

전 근대에 사람과 사람의 관계는, 신분과 신분의 관계이다. 안정된 사회생활을 계속하기 위해서, 인간은 언제 어디에 있더라도 자타의 신분관계를 빨리 파악해, 각각의 분수에 맞는 행동을 하지 않으면 안 된다. 이를 위해 필요한 것이, 의복·모자·머리·신발 같은 신분의 표지이다. 즉, 밖에서 봤을 때 곧바로 알 수 있는 징표다. 물론 상투도 그중 하나였다.

그림 0-2 혼다 풍의 상투

사카야키의 일반화가 진행되어, 쓰개를 사용하는 풍습이 쇠퇴하자, 상투의 종류도 많아졌다. 상투를 위로 접어 꺾고, 뿌리 쪽에서 묶은 이른바 '두 번 접기' 형식에는 많은 계통이 생겨, 무사·조닌(町人)의 구별은 물론이고 직업에 따라서도 각자의 머리 모양에 변화가 나타났다. 예를 들면, 조닌은 다보(タボ)라고 부르는 후두부가 뒤로 크게 돌출되어 있다. 에도시대 중기 이후의 상투 형태는, 전 시대의 것을 기본으로 하여, 혼다(本多) 풍을 비롯해 3개 부류로 나누어진다. 혼다 풍이란, 상투의 7부를 앞으로, 3부를 뒤로 나누어, 가늘고 높게 말은 것이다. 도쿠가와 사천왕의 혼다 다다카쓰(本多忠勝) 가문의 무사풍에서 시작되었다고 전해지는 것인데, 남자의 상투가 최종적으로 낙착된 형태이고(그림 0-2), 그래서 혼다 풍의 종류도 많다. 조베혼다·마메혼다·혼다쿠즈시 등 많은 명칭을 남기고 있다.

사카야키가 에보시 위에 투구를 덮어쓰면서 생기는 피 쏠림 현상에 대처하는 방식이었다면, 조닌이나 일반 백성은 어째서 사카야키를 했는가라는 의문이 생긴다. 여기에 대해서는 민중도 잡병으로 전장에 동원되었기 때문이라는 설명이 있다. 또한, 전국시대까지는 전장에 임하는 무사의 신체 단련법 중 하나였던 것이, 평화를 구가하게 될 무렵에는 널리 패션으로 변화했기 때문이라고도 한다. 더욱 차별당했던 천민 신분은, 머리 모양도 모토유이를 엮어 머리카락을 묶는 것은 금지되었고, 혹은 자센상투(가루차를 끓일 때 젓는 대나무 도구인 자센과 비슷한 머리 모양)를 강요당하기도 하여, 사카야키는 행해지지 않았다. 농민·조닌은 이들과 혼동되는 것을 우려하여, 존마게를 묶었다는 의견도 있다. 그러나 확실한 사료에 근거한 충분히 이해되는 설명은 아직 없다.

의문의 원인

에도시대 이전의 무사들은, 전시 이외에는 사카야키로 깎지 않았으며, 사카야키가 본격화된 것은 에도시대부터이다. 그런데 에도시대는, 초기를 제외하고 전쟁이 없는 태평한 시대였다. 전사의 징표로서 사카야키가 오히려 평화로운 시대에 철저하게 시행되고, 게다가 비전투 인원인 농민·조닌에게까지 보급된 것은 참 이상한 일이다.

이것은 한 예에 불과하다. 그러나 그 외에 무사나 무(武)에 관한 의문도 많다. 예를 들면, 중세 이전에는 무사가 아닌 '사무라이(侍)'가 많이 있었다. 에도시대에도 수는 적지만 있었다. 도대체 사무라이란 무엇인가? 왜 무사를 사무라이라고 부르게 되었을까? 또 많은 일본인들이 성을 좋아하지만, 높게 솟은 흰 벽의 천수각, 넓은 해자, 올려다보는 돌담으로 이미지될 법한 '성'은 전국시대 말기 이전에는 존재하지 않았다. 더욱이 무사라고 하면 우선 칼을 연상하겠지만 예로부터 무사는 '활잡이(弓取, 유미토리)'라고는 하나 '칼잡이(刀取, 가타나토리)'라고는 하지 않는다. 무사를 상징하는 무기는 칼이 아니라 오랜 기간 활이었기 때문이다. 그러나 왜 활일까?

이러한 수많은 의문이나 잘못된 이미지가 생기는 원인 중 하나는, 에도시대의 무사와 전국시대 이전 무사의 생활방식에 큰 차이가 있었기 때문이다. 그리고 그 전국시대 이전 무사의 역사는 매우 길다. 물론 연속되고 공통되는 면도 있지만 일반 독자는 차이가 있는 것조차 알지 못하는 경우가 대부분일 것이다. 이 책에서는 무사의 발생부터 근대에도 남아 있는 무사의식까지, 즉 무사에 관한 모든 역사를, 각 시대의 특색을 밝히면서 서술한다. 다행히 무사에 관련된 연구는, 최근 급속히 진행된 영역이다. 그 새로운 성과들을 가능한 한 알기 쉽게 소개하고 싶다. 그리고 독자 여러분이 의외의 무사상을 발견하고, 나아가서는 일본의 역사에 대해, 상식에 얽매이지 않는 신선한 견해를 가질 수 있게 미력하나마 노력할 것이다.

무사의 발생

애초에 무사는 어떻게 생겨난 것인가? 무사는 헤이안 시대 중기, 귀족 지배를 극복한 신흥세력으로서, 지방, 특히 동국(東國)• 농촌을 무대로 하여 발생했다는 것이 '상식'이다. 독자 여러분도 분명 학교에서 그렇게 배웠을 것이다. 필자도 그러했다. 무사의 역사를 처음부터 배우기 위해서는, 우선 이것부터 칼을 댈 필요가 있다. 물론 고대 말기부터 중세의 무사 다수가 지방 농촌을 자신의 존립 기반으로 한 점은 틀렸다고 말할 수 없다. 그러나 그것은 무사가 농촌에서 발생하여 성장해왔다는 것과 같은 것은 아니다. 이 '상식'에는 확실한 근거가 없다. '무사의 발생'에 대한 이러한 견해는, 대개 에도시대 학자들이 '질실하고 강건한 무사의 부활'을 기대하여 전개한 '무사귀농론'이라는 생각에 원인이 있다고 생각된다. 즉, 후세에 와서 무사에게 부여된 이미지인 것이다.

에도시대에 들어와서 전쟁의 시대가 끝나고, 경제 발전을 중심으로 사람들이 풍요로움을 추구하게 되자, 수입에 한계가 있는 막부나 제번(諸藩)의 재정이 점점 나빠져 가고, 조카마치(城下町)에 거주하는 무사는 평화에 익숙해져 사치를 부리고, 사풍(士風)을 잊고 무력화되는 사태가 발생한다. 에도시대 전기의 구마자와 반잔(熊沢蕃山)을 시작으로 많은 유학자가, 무사귀농론을 전개한 것은, 그러한 사태에 대한 대응이었다. 일단 약체화된 막번(幕藩)의 군사력을 보강하기 위해, 병사와 농민의 분리를 해소하여 무사를 농촌에 토착시켜, 일단 일이 발생했을 때는 농민을 차출해 전투에 가세하게 하는 방안이 진지하게 제기되었다. 그것이 전사로서 자질을 잃어버리고, 견식도 갖지도 못하며, 일상에서도 풍기가 문란한 무사에게, 치자(지도자)로서 역량과 질실강건한 미풍을 회복시키는 유효한 조치로 여겨진 것이다.

지방[在地]에 지배 기반을 두는 중세 이전의 시대로 회복하지 않으면 안 된

• 교토 조정에서 동쪽 지방을 가리킨 것으로 간토라고도 한다. —옮긴이 주

다는 논리가 속출하기 시작하자, 무사의 농촌 거주라는 관념이 강조된다. 예를 들어 에도시대 중기의 유학자 오규 소라이(荻生徂徠)는 "요즘 구게(公家)와 같은 무사가 무슨 소용이 있는가"라고 딱 잘라 말해서 무사 출현의 역사를 설명했다.

> 본래 옛날의 무사는, 모두 '향민'이다. 전투가 있을 때는, 공경이나 지방장관의 독촉에 따라, 적의 머리를 베는 공에 의해 장원을 은상으로서 받았지만, 평소에는 향민이므로, 이렇다 할 직장(職掌)도 갖지 않는 것이었다. 공식적인 책무는 무예나 전쟁에 관한 사항이었기 때문에, 나는 '궁마(弓馬)의 가문'이다, '무사'이다,라고 기억하여 전한 것이다. 그런데 시대가 변하고, 때가 바뀌어서, 관직을 세습하는 폐해로 공경에 어리석고 범용한 사람이 많아지고, 무사에 호걸이 생겨나와 마침내 천하는 무가의 세상이 되었다(『다이헤이사쿠(太平策)』 1721년경 성립).

그의 제자 다자이 슌다이(太宰春台)도 다음과 같이 말했다.

> 옛날의 무사는 지금의 무사와는 다르다. 늘 지방에 살며 농업에 힘쓰고, 현대의 부유한 백성과 같았다. 가마쿠라 시대의 미우라(三浦)·하타케야마(畠山) 등의 무리를, 지금의 다이묘와 같다고 생각하는 것은 잘못이다. 당시 그들을 '다이묘'라고 부른 것은, 마을에 '묘덴(名田: 고대·중세의 징세를 위한 단위로 납입 책임자의 이름을 붙인 것인데, 이전에는 사유지에 소유자명을 붙인 것이라고 생각되었다)'이라는 것이 있어서, '묘덴'을 가진 자 중에서, 집이 부유하고 머슴을 많이 둔 자를 '다이묘'라고 칭한 것이다(『게이자이로쿠(經濟錄)』 1729년 성립).

지금은 '구게와 같은 무사'가 되어버렸지만, 무사의 뿌리가 '나약'한 도시민이 아니고 질실한 향민이었다고 하면, 같은 농촌이라도 화려한 사치 풍조에

물든 긴키(近畿) 지방과 달리 아직 미개의 희망을 잃지 않은 소박하고 강건한 기풍으로 가득 찬 동국 농촌이야말로, 무사의 근원적인 고향임이 틀림없다고 생각되는 것은 자연스러운 흐름이다.

거기서부터 현대의 '상식'이 된, 의식과 향락으로 나날을 보내며 무위와 퇴폐 속에서 미래를 잃어버린 도시의 귀족을, 지방에서 농업 경영과 개발에 분주하며, 늠름하게 성장해온 신흥세력인 무사가 압도해, 마침내 귀족을 대신해 가마쿠라 시대라는 새로운 무가의 세상을 열었다는 견해가 탄생했을 것이다. 이 생각은 메이지(明治) 시대 이후의 근대사학에서 더욱 정교하게 다듬어져, 세계사가 노예제에서 봉건제, 그리고 자본주의로 법칙적인 발전을 이룬다고 설명하는 (전후 유행한) 역사학의 주장과 결부되었다. 이리하여 봉건제의 담당자인 무사는 고대에서 중세로 사회진보의 기동력으로 생각되기에 이른다.

그 후, 중세사학계에서는, 앞서 말한 단선적이고 기계적인 발전 사관을 비판적으로 검토해 지금은 과거의 유물이 되었지만, 일반적으로는 아직 이 견해가 일본인의 상식이며, 대부분의 많은 역사소설, TV 드라마 등의 당연한 기조로 되어 있다. 이러한 견해가 올바른지 아닌지, 다시 사실에 근거하여 검토할 필요가 있을 것이다.

제1장

무사란 무엇인가: 발생사적 측면에서

1. 무사라는 예능인

우선 무사가 발생한 시대인 고대·중세부터 이야기를 시작하자. 무사는 이 시대에 예능인이었다. 처음 듣는 사람은 깜짝 놀랄지도 모르지만, 신기한 이야기를 자랑하려는 것이 아니다. 최근의 무사 연구에서는, 이미 많은 사람들의 승인을 얻은 학설이다. 그 증거를 들어본다. 겐겐(乾元) 원년(1302년)으로부터 조금 후에 완성된 『후쓰쇼도슈(普通唱導集)』라는 불교서적에서는, 이 세상 사람들을 "세간·출세간의 성령 2종"과 "세간·출세간의 예능 2종", 즉 총 4개의 그룹으로 나눈다. 세간(世間)은 세속의 사람, 출세간(出世間)은 세속에서 벗어난, 즉 출가하여 불가로 들어간 사람이다.

"세간의 성령" 그룹은 국가 지배층이나 친족·주종 등의 관계에 있는 사람들을 열거한 것이다. 한편, "세간의 예능" 그룹은 유녀(遊女)·남장유녀(白拍子, 시라뵤시)·장구잡이(鼓打, 즈즈미우치)·익살꾼(猿楽, 사루가쿠)·비파법사(琵琶法師) 등 현대적인 의미로서의 예능인과, 칠장이(蒔絵師, 마키에시)·종이장이(紙漉, 가미스키)·대장장이(鍛冶, 단야) 등의 수공업자와 문사(文士)·전경박사(全経博士)·

그림 1-1 『후쓰쇼도슈(普通唱導集)』[도다이지(東大寺) 도서관 소장]의 "세간(世間)·출세간(出世間)의 예능 2종"의 세간부(世間部). 제2행의 모두에 '무사(武士)'가 보인다.

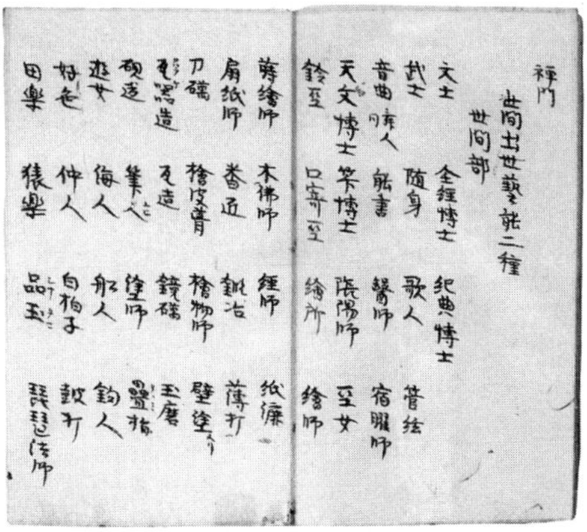

기전박사(紀伝博士)·천문박사(天文博士)·산박사(算博士) 등 각종 학자·박사, 상인·조닌 등의 사회계층에서 끝으로는 중개인·도박꾼(博打)에 이르는 다채로운 사람들이 올라와 있다. 여기에 뒤섞여 무사도 그 이름을 늘어놓고 있는 것이 눈에 띈다(그림 1-1).

예능이라는 말은, 원래 예와 능을 합친 숙어다. 고대 중국에서, 예는 재기·기술·학습 등의 의미로, 능은 일을 잘할 수 있는 재력(才力)·재예(才藝)의 의미로 『사기(史記)』에서는 숙어가 되어, 학문에 관한 기술이나 능력의 의미로 사용되었다. 일본에서는 고대의 율령제에서, 궁중의 의료·의약 관계의 관청에서 등용하는 의학생의 학문적인 재능을 "예능"이라 칭한 것에서 시작된다. 이후, 학문·무술·미술·가무음곡·유희 등 넓은 분야에 걸쳐 수련으로 체득한, 각각의 기술과 능력을 예능이라고 부르게 되었다.

『후쓰쇼도슈』에서 말하는 예능은, 바로 앞서 말한 용법에 준한 것으로, 유예(遊藝)·예사(藝事)를 의미할 뿐만 아니라, 널리 학문·기예·기술 등의 재능 능력을 칭하고 있다. 다시 말하면, "세간·출세간의 예능 2종"이란, 성속(聖俗)의 두 세계에 존재한 사회적인 분업의 조목들이었다. 무사란 본래 "무"라는 예(기술)에 의해 다른 이들과 구별된 사회적 존재인 것이다. 그러고 보니 덴교(天慶) 2년(939년), 동국(東國)에서 일어난 다이라노 마사카도(平將門)의 반란의 전말을 기록한 『쇼몬키(將門記)』에서도, 마사카도는 "이 나에게 하늘이 준 자질은 무예이고, 이것저것 여러모로 생각해보니, 동료들 중에서 대체 누가 마사카도나와 비견할 수 있을까"라고 말하고 있다.

어떤 예능이 예능으로서 계속되기 위해서는, 당사자들이 자신의 기예의 능력을 부단히 연마하고, 새로운 기술을 자신의 것으로 만들고, 그것들을 후계자에게 전하지 않으면 안 된다. 예능의 수련과 실천의 과정, 혹은 얻게 된 방법과 역량(기술)을 '도(道, 미치)'라고 한다. 중세 무사의 '도'는 "병의 도(兵の道, 쓰와모노노미치)"라고 부른다. 병은 무기를 가진 사람, 단적으로는 무사를 의미한다. 그러나 전쟁이라고도 읽고, 무기·무구의 의미도 있다. 이리하여, 사회적으로는 "무사의 도"로 시작해 "도박의 도"(『平安遺文』 376호)에 이르기까지, 수많은 도가 존재했다.

직업 신분

보통 무사를 사무라이라고도 하며, 양자는 같다고 생각하는 사람이 대부분일 것이다. 그러나 역사학에서는 다르게 생각한다. 고대·중세에서는, 무사는 대개 사무라이지만, 사무라이가 대개 무사인 것은 아니기 때문이다. 그것을 이해하기 위해서는 조금 복잡하게 얽혀 있지만, 헤이안 중후기·가마쿠라 시대의 신분질서에 대한 설명이 필요하다.

필자의 이해로는 이 시대 세속세계에는 직업별, 출생별, 그리고 공사의 인간 지배에서 생기는 상하 구별에 의한 서로 다른 3계열의 신분이 존재하며, 그것들이 서로 깊게 연관되어 있었다. 우선 사람들을 연결하여 사회를 이루고 있는 수많은 예능(직업)이, 가(家)의 직능으로서 고정될 때, 신분의 1유형이 생긴다[이하 근대의 가 제도와 구별하기 위해 '이에(イエ)'로 표기한다]. 그것을 직업

신분이라고 부른다. 일본 중세의 직업 신분은 크게 ① 문사·무사, ② 농민·어민·산인(山人) 등, ③ 다양한 세공업자의 세 가지로 구분된다. 문사는 학문·유학·문학 등의 일에 종사하는 사람들, 농민·어민·산인은 농업·어업·임업 등 현재의 제1차 산업에 종사하는 사람들, 다양한 세공업자는 수공업자들이다.

출생 신분

다음으로 출생에 의한 신분 구별은 '이에'의 사회적인 격의 고하에 의해 성립하는 것으로, ⓐ 귀족 이상, ⓑ 사무라이, ⓒ 백성, ⓓ 그 외의 네 가지로 나누어진다. '이에'의 사회적인 격을 결정하는 것은, '이에'(의 대표자)가 대대로 맡은 관직과 위계, 특히 위계(국가를 운영하는 관료의 서열 등급인데 천황과의 거리의 원근을 표시한다)이다. 율령제에서는 최고위인 정1위(正一位)부터 최하위의 소초위하(少初位下)까지 30계의 위계가 있었다. 귀족이란 이 중 위에서 14번째(실제 11번째)인 종5위하(從五位下) 이상의 사람들을 가리킨다. 6위(六位) 이하는 10세기 이후가 되면, 정6위상(正六位上)이 귀족으로 진출하기 직전 단계로서 의미가 있는 정도이고, 정6위하(正六位下) 이하의 15위계는 소멸한 것이나 마찬가지였다.

사무라이라는 신분은 이 6위 등급인데, 헤이안 중기 이래의 사료에 보이며, 관직으로 말하면, 대체로 중앙관청의 3등관 등급에 해당하는 사람들이다. 율령제에서는 중앙·지방의 관청에 4등급의 상근간부가 있었다. 장관·차관·판관·주전(主典)으로 사등관이라고 한다. 고대·중세에는 차관 이상과 판관 이하 사이에는 큰 격차가 있어, 신분상 넘기 어려운 단절이 있었다.

이에 비해 백성은 위(位)를 가지지 않는 일반 서민이다. 따라서 사무라이는, 귀족과 백성의 사이에 위치하는 사회의 중간층을 가리키는 말이었다. ⓓ는, 생활의 근거가 되는 '이에'를 갖지 않는 자, 늙고 아내가 없는 자, 늙고 남편이 없는 자, 고아, 늙고 자녀가 없는 자 등, 세상에 의지할 것이 없는, 신분을 갖지 않는다는 신분의 사람이다. 중세의 피차별 신분(非人, 히닌)은, 이런 사람들 중에서 생겨났다.

귀속 신분

왕가(천황가)의 가정기관[구로우도도코로(藏人所)·구라료(內藏寮)·미즈시도코로(御廚子所)], 정치·군사·종교의 국가적인 역할을 직업적으로 맡은 섭관가(攝關家)·막부·대사사(大寺社) 등의 권문세가, 그리고 궁성의 경호를 담당한 좌우근위부(左右近衛府) 등 여러 관청에는 일정 수의 인간 지배가 인정되어 있었다. 헤이안 시대에 와서 율령제가 변화하여 국가기구가 축소되고 재편성되면서 그러한 관청과 기관의 업무가 대대로 그 장관을 세습하는 특정 귀족의 '이에'에 의해 청부된다. 그렇게 되자 이 인간 지배는 실태로서는 상위의 '이에'와 지배당하는 하위의 '이에'의 수직적 결합관계가 되면서, 이로써 의무의 부담과 함께 그 부담을 이유로 어떤 권리를 주장하는 수많은 피지배 신분이 생겨난다. 또한 전혀 사적인 주종관계에서 생기는 피지배 신분도 더하여, 귀속 신분(필자의 조어)이라고 부르고 싶다.

게닌(家人)이라고 불리는 종자(從者)나 구고닌(供御人: 신사나 조정에 음식을 바치는 의무와 특권을 가진 사람이나 집단), 요리우도(寄人)·진닌(神人: 거주지의 영주와는 별개의 권문사사(權門寺社)에 소속하여 잡역을 바치는 사람) 등이 이에 해당한다. 가마쿠라 막부의 수장을 존경하여 가마쿠라 도노(鎌倉殿)라고 하는데, 그와 주종관계를 맺은 게닌은 국가를 수호한다는 막부의 공적인 역할에 따라서 특히 "御"를 붙여 고케닌(御家人)이라고 불렀다.

사무라이가 곧 무사인 것은 아니다

출생·직업·귀속의 3신분 계열은, 국가적인 성격이 강한 출생 신분을 중심

으로 대략적인 대응관계에 있다. 가령 문사·무사는, 출생 신분으로 말하면 대부분이 사무라이, 그 최상층은 하급 귀족으로 구성된다. 그들은 권문의 '이에'에 무사는 무예로, 문사는 문예로 섬긴다. 그래서 당시에도 그 후에도, 사무라이는 전부가 무사인 것은 아니다. 사무라이는 출생 신분인데, 그 명칭은 귀인이나 윗사람의 곁을 꼼짝 않고 지키며 대기하는 것을 의미하는 "사부라후(さぶらふ)"의 명사형 "사부라히"에서 유래한다. 사무라이는, 이 봉사의 측면에서 보면 귀속 신분이기도 하다. 가마쿠라 막부의 고케닌은 가마쿠라 도노에게 복종 봉사하는 귀속 신분이면서, 출생 신분적으로는 사무라이이며, 직업 신분 측면에서는, 다수의 무사와 소수의 문사로 이루어져 있다. 농민·어민·산인과 다양한 세공인은, 출생 신분의 측면에서는 백성이나 평민으로 불렸다. 무사가 아닌 사무라이가 있었듯, 농민이 아닌 백성이 많았던 것에도, 주의하길 바란다.

가업으로서 예능

이야기를 예능으로 되돌리자. 앞서 서술한 것처럼, 예능은 특정한 가가 담당하는 경향이 있고, 그 경우 예능은 가업으로서 자자손손 계승되어간다. 기술·기능은 지식의 일종이지만, 그것이 가업·가직으로, 특권적·운명적·인습적으로 특정 '이에'에 고착되는 것은, 전근대의 기술이 기본적으로는 인간의 신체와 일체화한 경험적인 지식이기 때문이다.

근대사회에서는, 지식이 맨몸의 인간으로부터 분리 독립해서 학교·교사나 매뉴얼을 매개로 해서 집단적으로 또 계통적으로 교수된다. 전근대 사회에서는, 이와는 달리 사람에서 사람으로, 신체와 오감을 통해, 즉물적·비계통적·몰아적(沒我的)으로 전수·습득되었다. 머리로 기억하는 지식(konwledge)과 몸으로 기억하는 기술(skill)의 차이인데, 수요가 근대에 비하면 훨씬 적어서, 기술자의 양성은 이것으로 충분했다.

한편, 예능인 측에서는 직업인으로서 자신의 입장을 지키기 위해, 제한된 인간집단·가계에서 기술을 독점하고 공개를 꺼리는 것이 보통이며, 그것이 기술을 폐쇄주의·비밀주의에 가두어버린다. 가업은 현대의 가부키의 세계처럼, 후계자를 어린 시절부터 그에 적합한 환경에 두고 도야·육성하는 적극적인 측면도 있지만, 때로는 전통이 속박이 되어서 인격의 다면적 발달이나 기술 진보에 저해요인이 된다. 또한 세습으로는 처음부터 후계자가 정해져 있어서 경쟁원리가 작동하지 않으므로, 기능 수준의 저하를 피할 수 없다. 이 문제를 해결하기 위해 일본에서는 헤이안 시대 때부터 능력적으로 떨어지는 친자에게 '이에'를 잇게 하지 않고, 이성을 포함한 양자를 취하는 것이 법적으로 인정되었다.

무사의 가

이리하여 무사는 무사라는 예(기술)에 의해 자타를 구별하는 사회적 존재일 뿐만 아니라, "무사의 가", "무예의 가", "무기의 가"라고도 불리는, 무예를 가업으로 하는 특정 가문의 출신이여야만 했다. 11세기를 대표하는 무사인 가와치 미나모토씨(河內源氏)의 요리요시(賴義)는 '대대로 무용(武勇)의 가문 출신이었다'(『조쿠혼쵸오죠덴(續本朝往生傳)』). 가마쿠라 초기에 성립된 『쵸켄사쿠몬슈(澄憲作文集)』에서는 "무사"를 "신(身) 이미 용사이며, 가(家) 또한 무용하다"라고 설명하고, 『후쓰쇼도슈』도 "무사"를 "무용의 家에서 태어나 처음부터 열심히 그 기예를 이어받아, 궁전(弓箭, 활과 화살)의 길을 걷고, 마음속에는 이미 그 예능에 통달했다고 생각하는" 사람들이라고 설명했다. 또한 남북조 시대에는 "대를 거듭해 활의 가업을 강대히 하고, 무용의 위풍을 떨친다"라는 표현도 보인다(『이세이데이킨오라이(異制庭訓往來)』). 가업의 "업"의 일반적 의미는 생업이지만, 헤이안 시대 말기의 한자·한어의 읽는 법을 집대성한 『루이주묘기쇼(類聚名義抄)』에는, "업"의 훈으로 "생업(ナリハヒ)", "힘쓰다(ツトム)", "길(ミ

チ)" 등이 올라와 있다. 따라서, 무예를 가업으로 하는 것은, 가문의 생업에 종사함과 함께 가문의 임무를 행하고, "무사의 도"를 가문의 길로 여기는 것을 의미했다.

단순히 개인적인 무예에 통달한 것만으로는, 아직 무사가 아니다. 무사가 되기 위해서는 "무사의 가"의 출생이면서, 특히 바람직한 것은 그 "가를 계승한 무사"인 것이다(『곤자쿠모노가타리슈(今昔物語集)』 권25-7 등). 『조쿠혼쵸오쵸덴』은 이치조(一條) 천황 시절(재위 986~1011년) 각 방면의 인재가 배출되었다고 하는데, 무사로는 미나모토노 미쓰나카(源滿仲)·미나모토노 미쓰마사(源滿正)·다이라노 고레히라(平維衡)·다이라노 무네요리(平致頼)·미나모토노 요리미쓰(源頼光) 등 5인의 이름을 들고 있다. 그들이야말로 무사 중의 무사, 당대의 대표적인 무사이며, 전형적인 "가를 계승한 무사"이다. 미쓰나카의 아들 요리노부(頼信)는, 주군 후지와라노 미치나가(藤原道長)의 장자 요리미치(頼通)에게, 자신의 아들을 추천하면서, "아들이 3명 있습니다. 장남 요리요시는 무사로 써주십시오, 차남 요리키요는 구로도(蔵人)로 써주십시오, 삼남 오토와는 출가해서 쓸모없습니다"라고 말했다고 전해지지만(『中外抄』), 요리노부에게는 요리요시만이 "가를 계승한 무사"이고, 이외는 무사일 수 없는 자들이었다.

무사의 무예란?

무사가 예능인, 즉 무예를 가업으로 하는 특정한 가문의 출신자로 한정된다고 했는데 다음에는 무예의 내용에 대해서 알아보자. 헤이안·가마쿠라 시기 무사의 전술은, 적을 쓰러뜨리기 위한 능력이라면, 무엇이라도 좋았던 것은 아니다.

11세기의 저명한 학자 후지와라노 아키히라(藤原明衡)의 만년 작품인 『신사루가쿠키(新猿楽記)』는, 어느 날 밤 사루가쿠(猿樂)를 보기 위해 모인 헤이안경의 우쿄(右京) 지역에 살던 우에몬노조(衛門尉) 일가에 가탁하여 많은 남녀의 직업과 생활 상태를 교과서풍으로 열거하고, 사회의 단면을 그린 헤이안 시대 문학사상 특필할 작품으로서, 여기에는 '천하제일의 무사'가 등장한다. 이 '성은 하지메(元), 이름은 군토우지(勲藤次)'라고 불리는 무사는, '전투·야습·하세히키(馳射: 말을 몰며 활쏘기)·마치유미(待射: 적을 기다려 서서 활쏘기)·도모시(照射: 밤에 등불을 놓아 불빛에 비친 짐승의 눈을 보고 활쏘기)·가치유미(歩射: 걸으면서 활쏘기)·노리유미(騎射: 말 타며 활쏘기)·가사가케(笠懸: 과녁 대신 삿갓을 걸어놓고 달리는 말 위에서 활쏘기)·야부사메[流鏑馬: 말을 달리면서 우는살(鏑矢)을 쏘아 과녁 맞히기]·야쓰마토(八的: 말을 타고 달리면서 활을 쏠 때 나뭇잎이나 토기 등을 끼워넣은 표적을 8곳에 세움)·산자쿠(三々九: 야부사메의 표적 높이가 3척 되는 것)·다바사미(手挟: 활과 화살을 겨드랑이에 끼는 것) 등의 고수이다'라고 기록되어 있어, 잘하는 기술이 활 쏘는 기예, 특히 말 위에서 활 쏘는 사예(射芸)였음을 알 수 있다. 『신사루가쿠키』라는 작품의 성격으로 봐서, 군토우지는 실존 인물이 아니라 작품의 창작으로 이상화된 무사이다. 그런 까닭에 당시 뛰어난 무사라면, 무엇에 뛰어나야만 했는가를 알 수 있다.

『신사루가쿠키』의 문맥상 하세히키는 마치유미, 노리유미는 가치유미에 대응되고 있다. 마치유미가 적을 맞아 쏘는 정적인 사격인 것에 비해, 하세히키는 말을 달리면서 적을 쏘는 동적인 사격이다. 노리유미는 기다려 서서 쏘는 가치유미에 비해 기상의 사술(射術)이고, 10세기에 성립된 일본 최초의 분류체(分類体) 한화사전(漢和辞書) 『와묘쇼(和名抄)』에는 우마유미(馬射, 말 위에서 활쏘기)와 같다고 나온다. 하세히키와 노리유미의 차이는, 전자는 "오모노이루(オモノイル)", "오무모노이루(オムモノイル)"(『루이주묘기쇼』)라고 읽고, 전투·야습에 뒤이어 배열되어 있으므로, 적을 후방에서 뒤쫓아 가 활을 쏘는 뒤쫓아쏘기(追物射)라는, 전장이나 사냥터의 사예를 가리킬 것이다. 노리유미의 '騎'는 말에 걸터 앉는다는 의미이므로, 말을 정지 또는 이동시키면서의 사술을 총칭했다. 『신사루가쿠키』에는 이어서 가사가케·야부사메 이하 마장(馬場)의 경기가 쓰여 있으므로, 전장뿐 아니라 마장에서의 과녁 맞추기 경기 기

술을 포함한다고 생각된다. 전9년 전투 중의 미나모토노 요시이에(源義家)에 대해서, "강하고 용맹함은 발군이며, 기사는 귀신 같은 솜씨였다. 예리한 칼날을 빠져나가 두꺼운 포위망을 무너뜨리고, 적병의 측면에 나타나, 커다란 우는살을 시위에 메겨 계속해서 적군에게 맞혔다. 화살은 헛되이 쏘아지는 것 없이, 명중하면 반드시 적을 쓰러뜨렸다"고 한 것은 전장의 일례이다.

말과 신분

고대·중세의 무사를 "궁마의 무사", 무예를 "궁마의 예"라고 일컬었다. 무사는 말 탄 무사가 아니면 안 된다. 본래 일본에서는, 승마는 누구에게나 허락되는 것이 아니었다. 율령제에서 승마는 관위를 갖는 관리의 권리이고 의무였다. 일본이 본받은 중국 수·당의 조정에서도, 지배자인 귀족·관료는 모두 말을 탔다. 귀족이라고 하면 중류층 이상에게 허락된 우차(牛車)를 연상하겠지만, 귀족의 승차 습관은, 중국의 영향을 바탕으로 9세기 이후 본격화된 것으로, 우차를 탄다고 해서 상류 귀족에게서 승마 습관이 사라지는 일은 없었다. 천황 행차 시에 말을 타고 따르는 것은, 그들의 의무였기 때문이다. 최고의 귀족 후지와라노 미치나가도 승마의 명수로, 조와(長和) 2년 12월 산조(三条) 천황의 가모(賀茂) 행차 때 "이름이 뭐라던 유명한 천황의 말인데 아주 성질이 대단하고 사나운 말"을 척척 잘 탔다고 한다(『오오카가미(大鏡)』 太政大臣道長上).

말은 영예나 신분이나 권위, 특히 왕후나 전사의 그것을 표현하는 역할이 있었다. 말이라는 대형 동물에 올라타는 행위나 마상의 높이에서 시야가 확대될 때 말 타는 사람은 기분이 고양된다. 또한, 말은 신경질적인 동물이어서 기르는 데 큰 수고와 비용이 필요하며, 능숙하게 제어하려면 사람과 말 모두 긴 시간의 훈련이 필요하다. 아무래도 일반인에게는 상당히 어렵다. 말은 "귀족의 동물"(르 루와 라뒤리)이며, 그래서 사회적인 위신재(威信財)로서 기능하는 것이다.

고대의 승마 자격은 가마쿠라 막부에도 영향을 주어, 제가(諸家)의 잡역에 종사하는 잡색(雑色, 하급 소사)들, 막부의 잡부에 종사한 하급직원·허드레꾼, 그리고 다양한 수공업자들, 즉 백성·평민이라 불렸던 일반 민중은, 가마쿠라 시 안에서 말을 타는 것이 금지되었다. 이에 비해, 고케닌은 대부분이 사무라이 신분, 극히 일부가 하급 귀족이기 때문에 당연히 그 자격이 있었다.

말 타는 종자와 도보의 종자

말을 탄 무사는 단독으로 행동하지 않는다. 보통은 동자(童)나 잡색 등 도보의 종자가 말의 고삐를 쥐고 따르고, 전장이라면 이에 더불어 기승 무장한 그들의 로토[郎等: 무사사회에서 주인과 혈연관계가 아닌 종자, 후에 郎党로 쓴다], 그 밖에 노리가에(乗替え)라고 불리는, 주인의 바꾸어 탈 말을 담당하는 종자가 잡아 끈다. 로토는 종자라는 점에서 동자·잡색과 같지만, 동자·잡색은 신분이 낮은 도보의 종자, 말하자면 전장의 노동자에 불과한 것에 비해, 로토는 심복으로서 말을 타고 싸우는 것이 인정되었다.

『쇼몬키』에서는, 마사카도(將門)와 대적하고 있던 숙부 요시카네(良兼)가, 마사카도의 허드레꾼인 하세쓰카베노 고하루마루(丈部子春丸)에게, "만약 네놈이 정말로 계략을 짜내어, 마사카도를 살해해준다면, 괴로운 하역의 일로부터 해방하여, 반드시 말을 타는 로토[郎等]로 끌어올려주마"라고 내통을 권유하고, 다나카(田中)본의 『기케이키(義經記)』에도 "(히데히라가) 말을 타는 것을 싫어하는 놈이지만, 이 녀석은 여차할 때 도움이 될 게 틀림없습니다. 부디 승마를 허가해 주십시오"라고 부탁하여 (요시쓰네는) 승마를 허가해주었다"(권8)라고, 잡색·하인을 말을 타는 로토로 끌어올리는 장면이 묘사되어 있다. 이것은 파격적인 입신과 분에 넘치는 영예를 의미하기 때문에 그들의 충성심을 고취하고, 전투 의욕을 북돋우는 역할을 했을 것이다. 이러한 것으로 볼 때, 승마가 허락된 로토란 그들 자신이 사무라이 신분이든가 사무라이와 백성·평민의 중간에 있는 존재였다.

참고로, 메이지 4년(1871년) 4월 17일, 메이지 정부는 평민[메이지 2년 설정된 족적(族籍)의 하나. 전대의 농공상]의 승마를 허가했다(『明治天皇記』). 그 전년의 12월 교토부(京都府)가, 평민의 승마는 금지되어 있지만, 일본에 거류하는 외국 상인이 자유롭게 말을 타고 있을 뿐만 아니라, 최근 제번에서도 평민의 승마를 허가하는 곳이 생기고 있다, 우리 관내에서도 허가하고 싶으므로 승인해주기 바란다 원했기 때문이다. 근대가 될 때까지 공식적으로, 일반 서민의 승마는 허가되지 않았다.

2. 무사의 발생사

무사는 언제 생겼는가?

무사를 예능인이라고 하는 새로운 견해는 이미 학계에 정착해 있지만, 무사가 무엇을 계기로 언제 어떻게 발생했는가 하는 문제에는 새롭게 제언하는 연구자가 필자 이외에는 없고, 무사=예능인 설은 아직 무사의 발생론까지는 이르지 않았다. 예능인 설을 승인하는 연구자라도, 대다수는 막연하게 지방 농촌에서의 발생을 상정하고 있었고 헤이안 중기의 고쿠슈(國守)를 중심으로 형성된 고쿠가(國衙: 지방관아)의 군제를 발생 모체로 한다고 강경하게 주장하는 논자도 있다. 이 상황은 지금도 그다지 변하지 않고, 뭉뚱그려서 지방 발생설은, 여전히 영향력을 유지하고 있다.

사실 무사라는 말은 이미 나라시대의 요로(養老) 5년(721년), 겐쇼(元正) 천황의 조서에서도 보이며, 그 자체는 새로운 발견도 아무것도 아니다. 그러나 무사를 헤이안 중기에 발생하는 재지영주(중세에 지방에서 농·산·어촌의 직접 생산자를 지배하고 있던 영주층)가 무장한 것으로 보는 선입견이 있어서, 이것•을 중세 무사의 선구라고 보는 것을 방해했다.

문제의 조서(詔)에는 "문인·무사는 국가가 중시하는 바이다. 의술이나 점술, 신선술은 예부터 지금까지 이를 존숭해왔다. 백관들 중에서 학문을 깊게 숙달하여 교수가 될 만한 자를 선발하여, 특히 표상하여 물건을 하사하고, 후진(後進)을 권유하여 격려해야 할 것이다"라고 말하며, "무예"인 4명이 "명경(明經)", "명법(明法)", "문장(文章)", "산술", "음양", "의술", "해공(解工: 공장토목의 기술을 풀이하는 것)", "화금(和琴)", "창가"의 각 전문가와 나란히 상여를 받고 있다(『쇼쿠니혼기(続日本紀)』 동년 정월 27일조). 이와 같은 사실은 호키(宝亀) 2년(771년)에도 있어, 친왕 이하 5위 이상, 그리고 "명경·문장·음박사(音博士)·명법·산술·의술·음양·천문·역술·화식(貨殖)·각근(恪勤)·공교(工巧)·무사"의 55인 각자에게, 명주실이 하사되었다(『쇼쿠니혼기』 동년 11월 24일경).

율령의 관료조직은, 정점에 제너럴리스트인 상류 문관귀족, 그 밑에는 스페셜리스트인 중·하급 귀족, 그리고 그 하위에 기능관인(技能官人) 집단이 있다. 오늘날 국가공무원 채용 1종 시험에 합격한 캐리어 관료라도, "법률"직으로 대표되는 사무관과 "이공"계 기관의 출세 레이스에서 전자가 우위에 있는 엄연한 차별이 있는 것과 같다. 관인(官人)은 관리(役人)이지만, 율령제에서 초위(初位) 이상 6위 이하까지(즉, 귀족에 미치지 못하는 자)가 취임하는 관직에 있는 사람의 통칭이다. 상류 무관은 대부분이 상류 문관귀족의 겸임이다. 일부는 무의 전문가인 무사로 5위 이상에 승진한 자들이 포함된다.

율령국가의 무사도, 무예의 첫 번째는 "우마유미의 길, 무에 있어서 가장 필요한 것"[『類聚國史』 권73, 歲時, 덴초(天長) 원년 3월 26일경] "궁마를 배워, 특히 하세히키를 잘 했노라"[『三代実録』 인화(仁和) 3년 8월 7일경]라고 말하는 것처럼, 후세와 같이 노리유미·하세히키의 기술을 가리키고 있다. 게다가, 중세에 무

• 나라시대의 조서에 보이는 무사. —옮긴이 주

사의 가계가 "무기의 가문", "무예의 가문" 등으로 불렸던 것처럼, 고대에도 무예·병사를 가업으로 하는 특정한 가들이 존재했고, 그들이 사회적인 인지를 받고 있었음을 알 수 있다.

고대의 무사 가문

사카노우에노 다무라마로(坂上田村麻呂)는 나라시대 말기부터 헤이안 초기에 걸쳐 정이대장군(征夷大將軍)으로서, 동북의 에미시(蝦夷)를 평정한 공이 있는 유명한 무장으로, 그의 부친 가리타마로(苅田麻呂)는 에미노 오시카쓰(恵美押勝)의 난(764년)의 무공과, 황위를 노리는 유게노 도쿄(弓削道鏡)를 고발한 공적 등으로 상류 귀족(종삼위)까지 올랐다. 그는 "가문이 오로지 궁마에 집중해, 하세히키를 잘했다"[『쇼쿠니혼기』 엔랴쿠(延暦) 5년 정월 7일조]. 다무라마로도 "가문이 무에 정진하여, 매(鷹)를 조련하고 말의 능력을 확인해왔다. 자손은 업을 이어받아, 끊임없이 계승했다"[『니혼코우키(日本後紀)』 고닌(弘仁) 2년 5월 23일조]. 게다가 다무라마로의 동생의 손자인 다키모리(滝守)도 "사카노우에(坂上)씨의 선조는, 세상에 장종(將種)을 전해왔다, 다키모리의 무예의 재능과 계략은 가풍을 깎아내리는 일이 없다"라고 불리고 있다.

9세기에는 그 외에도, 기노타나카미(紀田上)가 "우리 가문은 무예를 업으로 했다", 오오노 마사오(大野真雄)·마다카(真鷹) 부자는 "무가이면서, 매사냥을 즐기는 점에서 행상(行狀)을 같이 했다"라고 말하고 또한, 오노노 하루카제(小野春風)는 "여러 세대에 걸친 무가이면서, 그 용맹함과 강함은 세간의 사람을 뛰어넘었다"라고 말하고 있다.

후세의 본격적인 이에(イエ)는, 적합한 자손이 없을 때 양자를 취해서라도 "업"을 계승시키는 영속성(永続性)을 특징으로 하는데, 이러한 이에는, 이미 변질하고 있지만, 아직 큰 틀에서는 우지(氏)의 단계에 있고, 거기까지는 도달하지 않았다. 우지는 공통의 시조(始祖)를 가지는 신앙으로 묶인 집단(중앙호족의

조직)인 것에 비해, 이에는 부로부터 자식으로의 계승을 원리로 하고 있다.

일본 고대는 친족조직의 측면에서 부계·모계 양쪽을 중시하는 쌍방적인 가족이 사회의 기초적인 단위였지만, 지배층에서는 그러한 가족을 기초로 하여, 조상을 기점으로 하는 부계의 계인 우지가 형성되고, 그 대표자[氏上]의 지위가 방계친(傍系親)의 사이를 이동했다. 그 후 율령국가가 적자제(嫡子制)를 도입했기 때문에, 우지보다 작은 이에가 정치적으로 창출되었다. 나라시대 이후는, 그것이 점점 사회에 침투해가는 장기적인 과정이었다. 사카노우에씨 등의 "자손은 업을 이어받아 끊임없이 계승했다"라는 표현은 바로 그러한 상황을 나타내는 것이다.

초기의 무사들

이미 나열한 예 이외에도, 겐페이(源平)의 무사가 등장하는 10세기 이전에, 여러 문헌에 "무사(武士)", "무예의 사(士)"라는 단어가 드문드문 보인다. 또한, 나라시대의 저명한 문인으로 우대신(右大臣)에 오른 기비노 마키비(吉備真備)의 가훈서 중에 "무부(武夫)는 즉 궁마를 익히고, 문사는 즉 경서를 강의한다"라는 일절이 있다. "무부"는 "무사"와 같이 일본어로는 모노노후(モノノフ)라고 읽는다. "궁마를 익히"면 "궁마의 선비"이다. "궁마의 선비"라고 하면, 헤이안 전기의 문인귀족 오노노 다카무라(小野篁)가 젊은 시절, 저명한 문인 미네모리(岑守)의 아들임에도, 학업에 성의를 내지 않았기 때문에, 사가(嵯峨) 천황이 "지금 문인의 아들이면서, 어째서 정반대의 궁마의 무사가 된 것인가"[『몬토쿠지쓰로쿠(文徳実録)』 인주(仁寿) 2년 12월 23일경]라고 탄식했다는 예가 있다. 또 『몬토쿠지쓰로쿠』에는, "무예의 사로, 완력은 남들보다 뛰어났다. 높은 곳에 오르고 깊은 곳을 헤엄쳤다. 몸놀림이 가볍고 민첩한 것은 예가 드물다"(인주 2년 2월 27일경) 등의 기사(記事)가 있다.

이러한 용례로 알 수 있는 것은, 초기의 "무사"라는 말이, 첫째로는 문인·문사와 대칭되는 개념으로 사용되었다는 것이다. 둘째로는 무사가 궁성을 경비하는 위부(衛府)의 무관 중에서 특정한 사람들에 대한 호칭 같다는 점이다. "장종을 전하고 있다", "누대(累代)의 장가(將家)", "가는 무예를 업으로 했다" 등으로 불린 사람들은, 9세기에 활약한 사카가미·오오노·다카미 등 근위부(近衛府)의 장관의 가계에 속하는 사람들이었다. 필자는 이것을 무관계(武官系) 무사라고 부르고 있다.

여기에서, 무사가 헤이안 중기 이래가 아니라 이미 나라시대, 더 신중하게 말하면 헤이안 전기 무렵부터 존재했다고 말할 수 있다. 가마쿠라 시대 초기에 편찬된 『니츄레키(二中歷)』라는, 귀족에게 필수적인 지식을 분류하여 망라한 서적이 있다. 그 최종권인 제13장에는 11세기 후반까지의 저명한 32명의 "무자(武者)"의 이름이 열기되어 있다. "무자"는 무사와 같다고 생각해도 좋다. 그중에서 겐페이의 무사가 등장하기 이전의 "무자"로, 사카노우에노 다무라마로·훈야노 와타마로(文室綿麻呂)·사카노우에노 가리타마로(苅田麻呂)·후지와라노 도시히토(藤原利仁), 그 외에 실명은 알 수 없지만 "주토 겐사다카네(中藤監貞兼)", "로쿠토겐(六藤監)" 총 6명이 실려 있다.

훈야노 와타마로는 고닌 2년 (811년) 정이대장군에 취임하여, 동북의 에미시 평정에 공적이 있는 무장이다. 또한, 후지와라노 도시히토는 9세기 후반부터 10세기 전반에 활동했다. 아쿠타가와 류노스케(芥川龍之介)의 "고구마죽(이모가유)"에 등장하는 고구마죽을 질릴 때까지 먹고 싶다고 염원하던 도시의 가난한 5위를 속여서 쓰루가까지 꾀어 오는 인물이다(이 이야기의 전거는 『곤쟈쿠모노가타리슈』 권26-17). 아쿠타가와는 도시히토의 豪家, 富豪 행세에 초점을 맞추지만, 그는 오히려 무인으로서 저명하다. 보통은 "리진쇼군(利仁將軍)"이라고, 쇼군을 붙여서 부른다. 계보나 설화 종류에 진수부장군(鎭守府將軍)·정신라장군(征新羅將軍)으로 모습을 보이기 때문일 것이다.

이상에서 헤이안 말기와 가마쿠라 시대의 사람은 다무라마로나 후지와라노 도시히토를 무사로 인식하고 있었음을 알 수 있다. 여기에 고대·헤이안 전기까지의 무장과 중세의 무장 사이에 본질적인 차이를 인정하는 인식은 없다.

무장했다고 무사는 아니다

애초에 무사라는 신분은 어떻게 해서 생겨난 것일까? 원리적으로 생각해보고 싶다. 근대사회에서 분쟁의 해결이나 사회질서 유지에 필요한 실력행사는 보통 국가에 독점되어 있다. 그래서 미국 등을 제외하고 무기의 휴대는 군인이나 경찰관 등에 한해서 인정된다. 평시의 질서유지는 주로 경찰이 집행하고 손에 부칠 때는 군대가 출동한다. 그런데 전근대 사회에서는 각종 분쟁의 해결수단으로서, 자력구제(자신이나 자신의 소속 집단의 권리가 침해되었을 때, 법이 정하는 절차에 의하지 않고 실력에 의해 권리를 회복실현하는 것)가 널리 행해지고 있었다. 최대의 자력은 무력행사이다. 상대도 무력으로 대응하면 사전(私戰)이 된다.

최근 일본 사학이 밝히고 있듯이 조정귀족에서 지방의 백성까지, 평소 무를 즐겨 하고, 분쟁해결을 무력에 호소한다고 할 뿐이라면, 크건 작건 그러한 사실이 있었던 것은 부정할 수 없다. 제2장에서도 말하겠지만, 칼을 빼앗긴 비무장의 민중이라는 통속적인 이미지는 사실과 다르다. 그러므로 단지 무장을 했다거나 무예가 뛰어나다는 것만으로는 아직 무사의 출현을 말할 수 없으며 더구나 무사 신분이 공인되었다고 할 수는 없는 것이다.

이시이 스스무(石井進)는 1950년대 말부터 21세기 초까지 중세사 연구를 이끌었고 무사 연구에서도 선구자 중 한 사람이다. 그는 지방의 여러 국에서 국내 무사의 조직화나 무사의 신분 인지의 방법으로서, 고쿠시(國司)의 고쿠가에 교대로 출사해 숙직 등 근무에 종사하거나, 고쿠슈(國守: 고쿠시의 장관)가 주최하는 대규모 사냥에 동원되거나, 제국(諸國) 이치노미야(一宮: 각 국의 유서 있고 신앙 깊은 신사 중에서도 그 국의 제1위의 것)에서 거행되는 야부사메 등의 군사적 의식에 참가하는 일 등을 들었다.

이것은 이시이가 자각했는지 알 수 없지만, 그럴 만한 존재가 그럴 만한 방법으로 신분적 인지를 받기 이전에, 그는 아직 무사가 아니고 다만 무에 숙달한 존재에 불과한 것을 시사한 무사 연구사상 획기적인 문제 제기이다. 필자가 보기에 무사론의 핵심은 누가 어떤 상황에서, 무엇을 목적으로, 어떤 사람에게 공공연히 무기의 휴대와 무력행사의 권리를 위임하고, 사회도 또한 그것을 용인했는가이다. 이 시점이 결락된 무사론은 무사론으로서 부족하다.

과도한 자력구제를 제어한다

일상적으로 반복되는 자력구제가 도를 넘으면 어떻게 될까? 질서는 무너지고 사회는 위기에 처하고 사람들은 불안에 빠진다. 전근대는 국가가 약체였다. 특히 중세는 분권적이며 국가는 작고 그야말로 무력했다. 중앙집권을 공기처럼 호흡하는 현대인의 눈에는 무정부 상태로까지 보일 것이다. 이 경우 어느 지역이나 장소의 질서는 그 지역과 그 장소의 다양한 사인(유력자, 유지)이나 집단의 힘에 맡겨져 불안정하고 느슨한 상태로 유지되고 있었다.

그러나 분쟁 당사자의 실력행사가 제어 불능일 정도로 증대되고, 또 그것을 막는 사인이나 집단의 질서유지 기능이 일방으로 치우쳐 공평함을 잃거나, 분쟁을 기회로 보고 사익추구로 빠질 경우, 사건은 복잡하게 꼬여 장기화한다. 이 경우 국가는 약체라고는 하나 사회 전체가 위기에 빠지지 않도록 그 폭력이나 편향, 사리의 추구를 보편적 이익(공공성)의 입장에서 어느 정도 제어할 필요가 있다. 계급사회에서는 질서유지나 사회평온이 현 체제의 존속과 안정에 이바지하므로 이는 지배층의 특권적·개별적 이익의 추구이기도 했다. 때문에 무사는 대개 체제적인 존재이다.

질서의 혼란은 사회 내부에서 일어나는 것만은 아니다. 타국이나 권외세력과의 마찰이나 위협도 그 요인이다. 이 내외의 위기에 처해 무로써 제어와 방어의 역할을 하는 사람들이 필요할 것이다. 그것이야말로 무사와 같은 존재가 필요한 이유이다.

바꿔 말하면, 인간의 살상을 동반하는 물리적인 실력행사가 어쩔 수 없는 조치 혹은 상찬할 만한 용감한 행위로 인정받기 위해서는, 외부로부터의 위협을 제거하고 사회 전체의 안정과 질서유지에 이바지한다는 "대의명분"이 필요하다. 그렇지 않으면 단순한 범죄이며 살인일 것이다. 무사는 바로 그러한 임무를 맡는다고 생각되었기 때문에 무장이 공인되고 무력 발동과 사람의 살상이 용인되는 것이다.

자유병장의 금지

율령사회에서는 궁정과 그 주변에서 자유롭게 무기를 휴대하고 돌아다니는 것은 있을 수 없는 일이었다. 덴표쇼호(天平勝宝) 9년(757년), 고켄(孝謙) 천황의 칙령에 "무관을 제외한 이외, 경내에서 무기를 휴대할 수 없는 것은 이전부터 금지한 대로이다. 그런데도 여전히 그치지 않는다. 단조다이(弾正台: 경내의 불법을 규탄하고 관인의 기강숙정을 맡은 관청)에 전하여 엄히 금제를 가해야 할 것이다"라고 한다(『쇼쿠니혼기』). 이처럼 공적인 자리에서 무기 휴대가 가능했던 것은 상류 문관귀족을 제외하면 무관뿐이었다.

무관이란 율령제에서는 5개의 위부와 제국의 군단(軍団) 관계의 관인이며, 마료(馬寮: 천황 직속의 목장이나 제국의 목장에서 조공을 바치는 관마의 조련과 사육 등을 맡은 관청)나 병고료(兵庫寮: 병기를 넣어두는 창고를 관리하는 관청) 등의 무기를 다루는 관인을 포함하고 있다. 군단제는 백성을 병사로 지정하여 훈련시키는 것이었는데 나라시대 말기에 변경을 제외하고 폐지되었다. 위부는 주로 궁문의 수위, 천황의 경호나 군사적인 의례를 임무로 하는 군사와 경찰 관청이다. 그 5개의 위부는 헤이안 초기 이래 좌우근위부·좌우병위부(左右兵衛府)·좌우위문부(左右衛門府) 등 6개로 개편되어 6위부로 불리게 되었다.

근위·병위(兵衛)·위문(衛門)의 각 부는, 천황의 주거인 내리(内裏) 내측의 주위(內郭), 외측의 주위(外郭), 대내리[大內裏: 내리를 중심으로 그 주위에 정무와 의식을 행하는 팔성원(八省院)과 관청들을 배치한 일곽] 각각의 내부를 경비담당 구역으로 한다. 헤이안 초기에, 율령제에 없는 게비이시(検非違使)가 생겼다. 게비이시청은 본래 위문부(衛門府) 관인이 겸임하는 출장처였지만, 결국 경직(京職: 수도의 행정사무 등을 맡았던 관청)·단조다이·위부·형부성(刑部省) 등의 기능을 흡수해 거대해져서, 헤이안쿄(平安京)의 치안유지나 청소 등의 민정도 담당했다.

수도는 예나 지금이나 전국의 사람이나 물건을 통합하는 중추이다. 그래서 헤이안쿄에서는 정치·경제·종교·교육 등의 각종 기관과 그것들을 직간접적으로 담당하는 사람들, 또 그 활동을 지탱하기 위한 시설이 북적대고 있었다. 왕권의 성쇠(盛衰)는 각종 기관이나 시설이 어디까지 안정적·효율적으로 그 기능을 발휘할 수 있는가에 달려 있었다.

그런데 헤이안쿄에서는 도적·방화 등으로 인한 치안 악화에 더해, 관청이나 유력 귀족 가문의 분립과 그 사이의 정치적·감정적 대립, 거기에 자극받은 각각의 고용인이나 게닌들의 대립과 무기를 동반한 난폭한 싸움이 빈발하고 서로 보복을 반복하는 사태가 일어나고 있었다. 왕권과 국가가 기능을 발휘하기 위해서는, 그것들을 가능한 한 억제하여 수도의 평화가 확보되지 않으면 안 된다.

무관 이외에 무기 휴대를 금지하는 것을 자유병장(自由兵仗)의 금지라고 한다. 실제로는 무기를 동반한 자력구제가 횡행하고 있었기 때문에, 실효성은 전혀 기대하기 어려운 것이었지만, 금지 자체는 나중까지 계속되었다. 헤이안 중기 이래 조정이 때때로 발포한 성문법은, 반복해서 무관이 아닌 자들이 경내에서 무기, 그중에서도 당시 주력 병기이며 도검보다 공격력이 큰, 활을 휴대하는 것을 금지하고 있었다. 다음 절에서 설명하는 겐페이의 무사는 10세기 후반부터 등장하기 시작하는데, 당초에는 무관 외의 무라는 특수한 존재였다. 한편, 자유병장의 금지라는 방침은 살아 있고 그들이 이 규정에 저촉되지 않기 위해서는, 위부의 위(尉)(삼등관)에 취임하든가, 거기에서 승진하여 비무관직(非武官職)에 취임했을 때는 개별적인 허가가 필요했다.

개별적 허가의 예로서, 종종 행해진 오오아나쿠리(大索)라고 불린 수도의 도적을 일제히 수색 체포하는 행사에 위부의 관인 외에, 겐페이의 무사가 가세한 것을 들 수 있다. 이것은 실제로는 대낮에 하던 대대적인 의식이지만, 참가하는 겐페이의 무사에게 활을 휴대할 것을 명하고, 마료에서 말이 보급되었다. 의식이므로 형식적이고 실효성이 없었던 것은 아니고, 수도에 도적 등이 침투하여 방화와 강도가 다발하는 등 정치사회적인 위신이나 질서가 심히 손상되었을 때, 조용히 개별적으로 범인을 체포하기보다는, 오히려 눈에 띄게 거창한 일제 검거의 연출이 그 이상의 도난을 방지하겠다는 권력의지를 보이고, 인심을 안정시키는 데 더 큰 효과를 가져올 것이다. 겐페이의 무사가 이 대규모의 야외극(野外劇)에 참가하는 최대의 의미는 광범위한 사람들에게 그들이야말로 치안유지의 담당자라고 선포하고 용맹한 무사의 화신이라는 인상을 주는 데 있었다.

무사 신분과 왕권

무사란 국가와 사회의 질서유지를 목적으로 한 것이기 때문에, 그들의 신분과 무력 발동의 정당성을 인징하는 자는 당연히 사회 전체의 안정과 안전의 책임을 지는 사람과 기관이다. 전 근대에서 그 특별한 사람은 국가사회를 이념적으로 대표하는 왕(천황)이다.

이시이 스스무에 의하면, 고쿠가(國衙)에서 무에 숙달한 자를 무사라고 인지하는 것은, 일국의 장관인 가미(守)였다. 그들이 그 권리를 행사할 수 있는 것은, 지방에서 천황의 정통한 대리인이며, 치안유지도 그 임무로서 부여하고 있었기 때문이다. 무사를 무사답게 하는 것이 왕권이라면, 그 논리적인 귀결로서, 무사는 지방 농촌이 아니라, 우선 왕권의 주변이나 조정의 측근, 즉 수도에서 탄생한다. 지방정부에서 무사의 인정은 그 연장이고 지방관에 다름 아니다. 중앙과 지방이 상위-하위의 관계에 있으므로, 수도의 무사는 신분이나 위신의 면에서도 지방의 무사를 압도하고, 그의 무예의 유파나 무장(武裝)의 양식·체계는, 지방의 무사에게 권위주의적으로 파급되어 거의 같이 수용되었을 것이다.

동북과 규슈의 위협

사회 전체의 보편적 이익(공공성)을 대표한다고 인정되는 왕권은, 무사를 포함한 위부의 무관 등에게 일단 자신들의 방호와 수도의 치안유지를 위임한다. 왕권의 평화, 수도의 평화는 일본국 전체로 미치지 않으면 안 되지만, 열도 사회의 안전·안태에 있어서는 국가 영역의 외연을 구분 짓고 외부 세력과 교섭하는 지점이 긴요하다. 엔기(延喜) 14년(914년), 학자 미요시노 키요유키(三善清行)가 "무쓰(陸奥)·데와(出羽)의 양국을 보건대, 걸핏하면 에미시의 난이 일어나고, 다자이후(大宰府) 관내의 9국에는 항상 신라(新羅)에 대한 경계가 있다"고 서술하듯이(『意見十二箇条』), 오우와(奥羽) 방면과 다자이후·이키(壱岐)·쓰시마(對馬) 방면에는, 현실적인 혹은 가상적인 위험이나 압력이 있었다. 이런 탓에 무사는 주로 수도와 오우와·다자이후 등 국의 연변에 배치되었고 필요에 응해 국내 제국에 파견되었다.

동북지방에서는 나라시대의 호키 5년(774년)에 에미시의 정토가 시작되어, 이후 고닌(弘仁) 2년(811년)까지 근년에 "동북 38년 전쟁"이라고도 불리게 된 대(対) 에미시 전쟁의 시대를 경험한다. 이 전쟁의 시대는 4기로 나누어서 제3기째의 엔랴쿠(延暦) 20년(801년)에는 사카노우에노 다무라마로가 정이대장군으로 출정하여 에미시를 토벌했다. 엔랴쿠 24년(805년)에 토벌은 중지되었지만, 제4기의 고닌 2년에는 훈야노 와타마로에 의한 헤이촌(幣伊村: 현 이와테현 동부의 광대한 지역) 정토가 행해져, 와가(和賀)·히에누키(稗貫)·시바(斯波)의 "시바3군"(현 이와테현 서남부)이 설치되었다.

이것으로 조직적인 에미시 정토는 끝나고 다시 에미시 정책을 전환시켜 나아갔다. 율령국가는 북방의 "시바3군" 지역으로부터 군사를 철수하고 진수부(鎮守府)의 이사와조(胆沢城) 이남에 집중 배치했다. 진수부는 원래 진수장군(鎮守將軍) 후에 진수부장군(鎮守府將軍)을 장으로 하는 에미시 제압을 위해 만들어진 관청이었지만, 기구를 개편 정비하여 무쓰노쿠니(陸奥國)의 북반을 지배하는 행정권력으로 전환했다[남반분은 국부(國府)의 다가성(多賀城)이 지배]. 무쓰의 북반이란, "시바3군"에 이와이(岩井)·에사시(江刺)·이사와(胆沢)의 "이사와삼군(胆沢三郡)"을 더한 6군이다. 진수부의 운영에 임해서는 에미시계 호족을 등용해 그 현지의 영향력을 이용했다. 후에 오쿠로쿠군(奥六郡)이라 불리게 된 행정구가 탄생한 것이다.

진수부장군에 임명되는 의미

그러나 무쓰에서 신체제로 이행하고 나서도, 38년 전쟁의 후유증으로 일촉즉발의 불온한 상황이 계속되었다. 그중에서도 조와(承和) 3년(836년)부터 사이코(斉衡) 2년(855년) 무렵까지 무쓰 오지에서는 매년 무장한 포로의 소동과 이민계 거주민의 도주가 일어나, 종종 원병을 동원하여 진정시켜야만 했다. 근위부의 상급 관인 중에는 사카노우에노 다무라마로나 훈야노 와타마로처럼 병술에 능하고 동북지방에서 직접 에미시와 전투한 군력이 있어, 근위대장(近衛大將)(장관)까지 승진한 자들도 있다. 그들의 자손 중에도 근위소장(近衛少將)(차관)으로 승진함과 함께 무쓰고쿠시(陸奥國司)나 아제치(按察使: 나라시대, 특정국의 고쿠시가 겸임하여 근린 제국의 행정을 감찰했다. 후에는 무쓰·데와만 실태가 남았다)·진수부장군을 경험하고, 에미시를 지배했던 무관계 무사가 적지 않다. 아니, 무관계 무사에게 진수부장군으로의 임명은 무사 신분을 인가한다는 의미도 있었다.

한편 서쪽에서는 8세기 후반 이래, 해외의 신라에서 종종 귀족과 농민의 반락이 일어나, 그 여파로 오키(隱岐)·쓰시마와 기타큐슈에 신라의 도적이 침공하는 사태가 계속해서 일어났다. 9세기의 쓰시마·하카타(博多) 방면에는, 동국의 "오랑캐(夷虜)"를 평정하고 데와(出羽)의 이부(夷俘) 반란 진압에 활약한 무관들이 투입되었다. 전자에서 실적을 올린 훈야노 요시토모(文室善友)는 쓰시마의 수장이 되어, 간표(寬平) 6년(894년)에 내항한 신라의 "크고 작은 100척의 배, 승선인 2500명"의 선단에 "방패를 세우고 쇠뇌(弩)를 쏜" 다음 적을 유인하여 사격전을 걸어 대승을 거두었다(『扶桑略記』).

3. 무사들의 계보와 그 전개

무사사의 제단계

지금까지의 서술을 정리할 겸 중세 전기에 이르는 무사사(武士史)의 대략적인 시기 구별을 해보면 다음과 같다.

① 헤이안 전기부터 11세기 후반까지

② 시라카와 원정(白河院政) 개시부터 지쇼(治承)·주에이(寿永) 겐페이(내란) 개시까지

③ 가마쿠라 막부 성립 이후

1, 2기의 무사는 천황의 안전과 수도의 평화를 수호하는 자라는 점에서 기본적으로 공통된다. 차이점은, 제1기의 무관계 무사가 수적인 면에서도 사회세력의 면에서도 한정된 존재인 것에 비해, 제2기는 왕권의 후원을 받아 성장한 중앙의 유력 무사가 지방사회에도 출현한 무사나 무에 능통한 존재를 종자로 삼아 조직하게 된 시대였다. 제3기는 무사세력의 확대라는 점에서 제2기

를 더욱 상회하여, 무사가 거의 재지영주층에 의해 구성되는 시대, 무사의 수장이 왕권의 수호자라는 방침은 계승되고 있지만, 이전에 비해 왕권으로부터 무사의 자립도는 훨씬 커져, 왕권에 위협을 줄 수도 있게 된 시대이다. 이에 대해 왕권 측에서도 무가의 수장을 자신의 편으로 끌어들이려고 시도했다.

제1기는 다시 10세기의 제3사반기 종반을 경계로 2단계로 구분된다. 제1단계는 무관의 일부와 다키구치(滝口: 종장 참조)가, 무사라고 불린 시대이다. 전자는 키(紀)·오노(小野)·사카노우에(坂上)·훈야(文室)씨 등 특정한 우지의 출신자들이다.

7세기 후반부터 시작되는 율령체제는 "군국체제"라고도 평가된다. 즉, 텐지(天智) 천황 2년(663년), 백제 백강(白村江)의 패전에서 엔랴쿠 11년(792년)까지 사이, 당나라와 신라의 침공에 대비하여, 또는 조선 출병을 위한 군비에 힘을 쓴, 군단제라는 전국적인 병력동원 체제이다. 그러나 9세기에 들어와 동아시아의 국제 긴장이 사라지고, 국내에서도 에미시 정벌전이 일단락되었으며, 궁정도 평화의 도래를 구가하게 되자, "군국체제"는 해소되고, 무의 필요성은 대폭 감퇴했다. 당나라풍의 문화가 물밀듯 유입되고, 한시문이 중시되고, 문관을 존중하는 사상이 위세를 떨치게 되자, 무관계 무사는 점점 설 자리를 잃고 대다수는 10세기 중반까지 문인으로 변신해간다.

오노씨로부터는 일본풍 시(書)의 기초를 만든 오노노 미치카제(小野道風)·기씨(紀氏)로부터는 "고킨와카슈(古今和歌集)"를 편찬한 기노 쓰라유키(紀貫之)·도모노리(友則)가 나왔다. 사카노우에씨(坂上氏)도 다무라마로 4대의 자손에게서 『햐쿠닌잇슈(百人一首)』의 "새벽녘의 달빛이 어슴푸레 보일 때까지 요시노의 마을에 내리는 흰 눈(朝ぼらけ有明の月とみるまでに吉野の里に降れる白雪)"의 와카로 알려진 사카노우에노 고레노리(坂上是則)가 나와, 문사의 가로 변신한다. 11세기 중반에는 사다나리(定成)가 명법박사(明法博士)가 되고 그의 아들은 나카하라가(中原家)에 양자로 들어가고, 사카노우에(坂上)流 나카하라 성(姓)은 저명한 법률학자를 배출하여 "박사의 가"를 형성했다.

사성 황족으로서 겐페이

제1기의 제2단계[섭관기]는 사성(賜姓)의 황족 중에서 무사가 된 가계(家系)와, 그 외 약간의 가계가 무관계 무사를 대신하는 시기였다. 사성 황족이란, 간무(桓武) 천황 치세인 8세기 말 황친이 격증하여 그 대우가 국가재정을 압박하므로 천황의 황자·황녀(1세 황친)에게 우지 이름과 성[우지의 지위와 정치적 서열을 표시하는 호칭, 거의 조신(朝臣)]을 주고 신적(臣籍)으로 강하(降下)시키는 정책이 취해지고 이후 황족에 대한 사성이 빈번해진다. 이때 하사된 우지 이름이 다이라(平)나 미나모토(源) 등이다. 미나모토씨는 사가 천황이 그의 황자(皇子)를 신적으로 내려준 것이 시작인데, 후에 수많은 천황의 황자·황녀, 황손에게도 하사되었다. 사가·세이와(清和)·우다(宇多)·무라카미(村上) 각 천황의 미나모토씨가 고명한데, 대개는 궁정 귀족이고 무사는 그 일부이다.

세이와 미나모토씨(清和源氏)는 세이와 천황의 황자인 사다즈미(貞純) 친왕의 아들 쓰네모토(経基)가 미나모토 성을 하사하여, 덴교의 난[마사카도(將門)·스미모토(純友)의 난]을 종식하는 데 일정한 역할을 했다. 이 난은 다이라노 마사카도가 조헤이(承平) 5년(935년) 이래, 간토에서 동족 간의 사투를 계속하다가 덴교 2년(939년) 결국 히타치(常陸) 고쿠가를 습격한 사건이다. 이어서 반도(坂東) 제국을 차례로 제압하고 조정에 공공연히 반항하기에 이르지만, 이듬해 후지와라노 히데사토(藤原秀郷)에게 패사한다. 또 이요노구니(伊予國)•의 연(掾: 고쿠시의 삼등관)인 후지와라 스미토모가 세토나이카이(瀨戶內海)의 해적을 토벌하라는 명령을 받았는데 동 덴교 2년 스미모토는 스스로 해적을 이끌고 조정에 반항하여 덴교 4년에 패사했다. 동시에 일어났지만 별개의 반란 사건이다.

위의 미나모토노 쓰네모토의 자손은 무사로 발전했다. 쓰네모토의 아들이

• 현재의 에히메켄. —옮긴이 주

미나모토노 미쓰나카이고 셋쓰노구니(攝津國) 다다[多田: 현 효고현(兵庫縣) 가와니시시(川西市)]에 본거지를 구축한다. 장남 요리미쓰는 권력자 후지와라노 미치나가에 밀착하여, 중앙에서 토대를 굳혀 다다가를 승계하여 셋쓰겐지(攝津源氏)의 시조가 되었다. 차남 요리치카(賴親)는 야마토고쿠슈(大和國守)를 세 번 지내고, 고후쿠지(興福寺)와 대립하면서도 동국에 세력을 뿌리내려 야마토겐지(大和源氏)의 조상이 된다. 삼남 요리노부는 가와치고쿠슈(河內國守)를 지내고, 동국 이시카와군(石川郡)을 중심으로 지반을 쌓아 가와치겐지(河內源氏)의 조상이 되었다. 이 계보가 더욱 발전하여, 거기에서 요리요시, 그 아들에 요시

그림 1-2 세이와 미나모토씨(清和源氏) 계보도. 다메요시(爲義)의 부친에 대해서는 요시치카(義親)·요시이에(義家) 두 설이 있다.

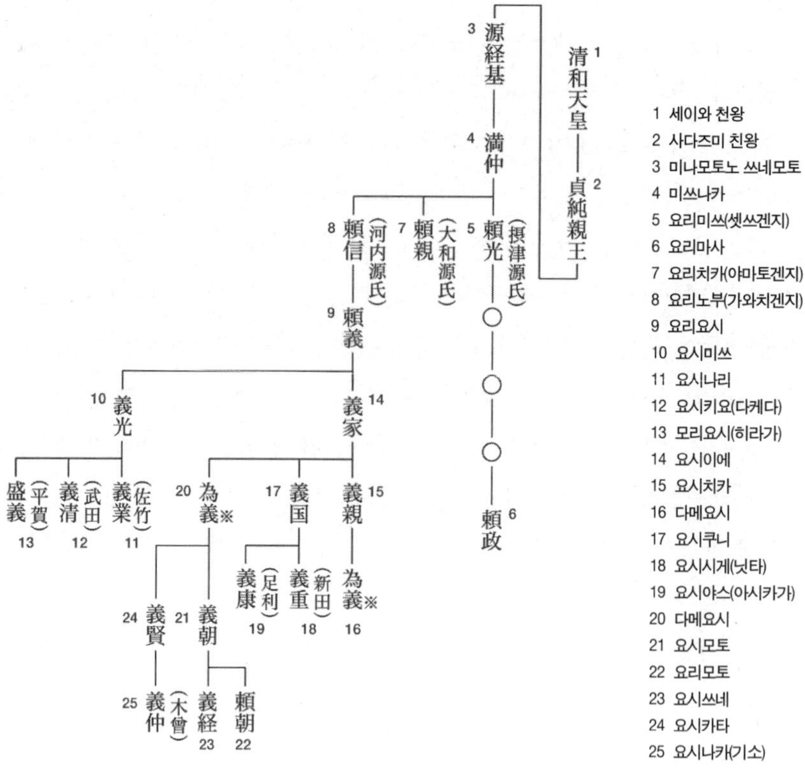

이에·요시미쓰(義光) 형제가 나오고 요시이에의 손자에 요시토모(義朝), 또 그 아들 요리토모(賴朝)들이 나오고, 요리토모의 동생 요리카타(義賢)에게서 기소 요시나카(木曽義仲)가 나온다. 닛타(新田)·아시카가(足利) 양 씨는 요시이에의 아들 요시구니(義國)의 흐름을 잇는다. 요시미쓰에게서는 히타치의 사타케(佐竹), 가이(甲斐)의 다케다(武田), 시나노(信濃)의 히라가(平賀)의 각 씨가 생겨났다(그림 1-2).

그림 1-3 간무 다이라씨(桓武平氏) 계보도. 미우라(三浦)·오바(大庭)·가지와라(梶原)씨는 간무 다이라씨를 칭하지만 정확한 계보는 불명.

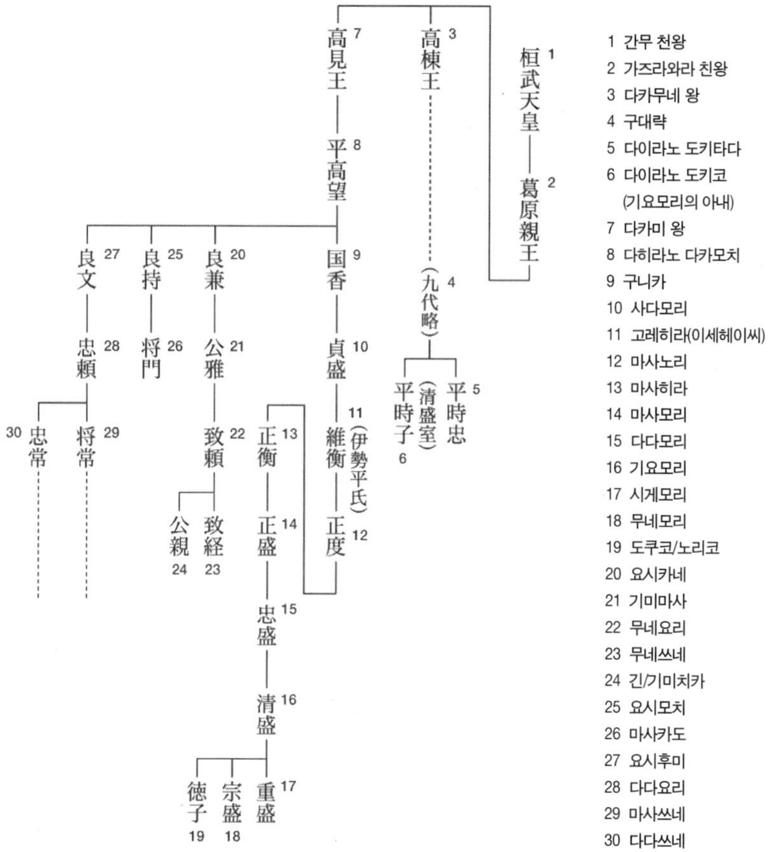

한편, 다이라 성은 간무 천황의 황자 가즈라하라(葛原) 친왕의 황자·황녀에게 주어진 것이 최초이다. 가즈라하라 친왕의 계통은 형 다카무네(高棟) 왕과 동생 다카미(高見) 왕의 아들 다카모치(高望)를 시조로 하는 2류로 나뉘는데, 다카무네류(高棟流)는 그대로 궁정 귀족으로 발전해간다. 다카모치류(高望流)는 다카모치 왕이 간표 원년 (889년) 다이라 성을 하사받아, 가즈사노스케(上総介: 가즈사는 친왕이 고쿠슈에 임명되는 나라이므로 개(介)가 실질적인 고쿠슈)로 임명되면서 시작된다. 다카모치의 자손은 시모사(下総)·히타치·무사시(武蔵) 등 관동의 각지에 거점을 잡고, 그 자손에게서 반도헤이시(坂東平氏)의 각 류가 생겨났다. 다이라노 기요모리(平清盛)나 미나모토노 요리토모의 시대에 고케닌 이름을 떨친 지바(千葉)·가즈사·하타케야마·미우라·오바(大庭)·가지와라(梶原)라는 가들은 그 후예이다. 다카모치의 손자가 마사카도(將門)이고 그의 사촌 형제가 사다모리(貞盛)이다(그림 1-3). 사다모리는 중앙에 출사하여 사마노조(左馬允: 마료의 삼등관)를 역임했지만, 마사카도에게 아버지가 토벌당했기 때문에 히타치로 내려간다. 난을 진압하는 데 공적이 있었다. 난 이후에 그 아들 고레히라(維衡)들이 이세(伊勢) 방면으로 진출했다. 이 유파로부터 후에 기요모리(清盛)가 나왔다.

히데사토류 후지와라씨

히데사토류 후지와라씨(秀郷流 藤原氏)의 시조인 후지와라 히데사토(藤原秀郷)는 시모쓰케(下野)의 연(掾)과 압령사(押領使: 병사를 이끌고 국내의 흉도를 진압하는 임시관)에 임명된다. 히데사토는 사다모리와 힘을 합쳐 곧바로 마사카도를 무찔렀다. 그는 마사카도의 난을 진압한 최대의 공로자이다. 히데사토의 아들이 치하루(千晴)이고, 아버지의 공으로 중앙에 진출했지만, 안나(安和)의 변(969년)에 연루되어 검거·투옥되고 오키에 유배되었다. 동생 지쓰네(千常)는 형을 대신해 히데사토류 후지와라씨의 종주권을 승계했고 그 자손도 본거지인 시모쓰케의 경제력을 배경으로 중앙에 출사했다. 그 유파에서 시모쓰케의 오야마(小山)씨가 나온다.

히데사토 5세의 손자 긴노부(公修)·긴키요(公清) 형제가 사에몬노조(左衛門尉)가 되고 나서, 자손들이 다수 사에몬노조를 역임했으므로, 사에몬노조후지와라(左衛門尉藤原)를 줄여서 사토(佐藤)라고 부르게 되었다고 하는데, 긴노부의 자손은 오슈 후지와라씨(奥州藤原氏)에 따라서 무쓰노구니 다테군(伊達郡) 시노부노쇼(信夫荘)(현 후쿠시마시)에 살았다. 후의 야시마(屋島) 전투에서 미나모토노 요시쓰네(源義経) 대신 전사한 로토 사토 쓰구노부(佐藤継信)는 이 유파이다. 긴키요의 손자에게서 가인(歌人) 사이교(西行)를 낳은 기이국(紀伊國)을 본거지로 하는 사토씨 등이 나왔다.

오오쿠라(大藏)씨는 문사의 관인이었던 것 같지만, 하루자네(春実)가 후지와라노스미토모추토사(藤原純友追討使)의 사등관(主典)이 되어 세토나이카이에서 전전(転戰)하여 하카타쓰(博多津)에서 스미토모군을 격파했다. 스미토모의 난을 진압하는 데 가장 큰 활약을 한 인물이다. 그 후 그의 가계는 다자이후(大宰府)의 현지 관인이 되고, 그 자손이라고 칭하는 큐슈(九州)의 호족에 하라다(原田)·아키쓰키(秋月) 등의 제가가 있다.

군사귀족

미나모토·다이라 양씨, 히데사토류 후자와라씨는 난을 진압한 공으로 쓰네모토가 종5위하, 사다모리가 종5위상, 히데사토가 종4위하의 귀족이 되고, 그 후손도 계층적으로는 5위(드물게는 4위)가 중심이었기 때문에 그들을 학문적으로는 군사귀족이라 부른다. 그들도 귀족의 일원인 점에 주의하는 것이고, 무사와 귀족을 대립적으로 보는 상식에 파문을 일으킬 것을 의도한 것이다. 겐페이의 군사귀족은 "무에 통달한 무리"라고 형용되고, 자유병장의 금지가 잠시 중단되는 11세기가 되자, 활개를 치게 되었다.

그들은 우선 병위·위문부의 3등관에 취임하고 게비이시를 겸임하고, 결국에는 즈료(受領: 고쿠슈의 별칭)가 되는 것이 보통이었다. 이 무관을 경유하는 경력에서 근위부의 관인이나 무관계 무사의 무의 전통을 계승하는 지향이 생긴 것으로 생각된다. 활을 중시하는 것은 위부의 전통이며, 야부사메 등 마장에서의 마상 사예도 귀족사회에 발생원이 있다. 겐페이의 군사귀족이 사용한 활·갑옷·칼 등의 무기와 무구도 에미시와의 전투의 교훈에 입각하여 수도에서 제작되어 근위 무관이나 무관계 무사가 개량에 관여했다고 추측된다.

귀족사회에서 탄생한 무구

현존하는 헤이안 말기·가마쿠라 전기 갑옷의 유품은, 양식이 일률적이고 거의 차이가 없다. 무사가 수도에서 발생했다는 필자의 설에 대한 비판으로서, "수도일변도는 이상하다, 무사는 헤이안 수도와 지방의 상호교류 속에서 발생했다고 해야 할 것이다"라는 의견이 있다. 필자도 에미시 전투(陸奥)의 영향을 고려하고 있지만, 그 이외의 지역으로부터 힘이 그렇게 큰 것이라면, 갑옷 유품 중에 각 지방의 특색이나 개성이 드러나는 것이 더 있어야 할 것이다.

유품에 대해서도, 갑옷은 조정 귀족문화의 일부로서 제작되었다고 보는 것이 타당할 것이다. 성규의 갑주(甲冑)인 갑옷은 근위부의 사등관 이상이 착용한 기병용의 양당식괘갑(兩當式挂甲)을 크게 개량한 데서 생긴 것이다(그림 1-4, 그림 1-5). 갑옷의 외관을 아름답게 꾸미는 오도시게[威毛: 갑옷의 주재료인 소가죽미늘을 횡으로 이어붙이고 또 상하로 연결시킨 다룸가죽이나 합사(合絲)]의 색채나 색모양은 귀족사회의 남녀가 입는 외출복의 색이나 여러 벌 껴입던 우치기(袿)의 배색의 미묘함을 반영한 것으로 생각된다. 쓰루바시리(弦走: 활의 시위가 갑옷의 몸통 정면의 미늘에 걸려 끊어지는 것을 방지하기 위해 가슴과 배를 염색한 가죽으로 감싼 것)에 그려진 문양에는 유직문양(有職文樣)의 영향이 엿보인다(그림 1-6).

그림 1-4 갑옷 부분 명칭 ※ 출처: 『古典参考資料図集』(國學院高等学校)

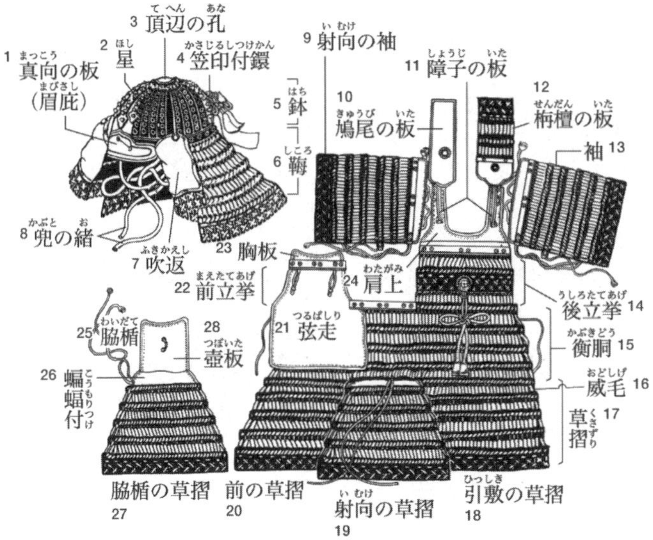

1 맛코노이타(마비사시): 투구 정면에 붙인 차양 판
2 호시: 투구의 머리통 덮개 판에 박은 못의 대가리
3 데헨노아나: (덮개구멍) 투구 덮개에 뚫린 구멍
4 가사지루시츠케칸: 투구 머리띠 뒷부분 중앙의 고리 (여기에 아군의 표식을 꽂는다)
5 하치: 투구의 머리 부분
6 시코로: 투구의 뒤·좌우로 늘어뜨려 목덜미를 덮는 드림
7 후키카에시: 투구의 차양 좌우에 귀처럼 나온 것을 뒤로 젖힌 것
8 가부토노오: 투구 끈
9 이무케노소데: 갑옷의 왼쪽 소매(활을 쏠 때 왼쪽으로 쏘므로)
10 규비노이타: 갑옷 왼쪽 어깨부터 가슴 위를 덮는 철제 판자
11 쇼지노이타: 갑옷의 와타가미 부분에 두어 소매의 가부리노이타(冠板: 갑옷의 팔 덮개의 가장 위에 있는 판)가 목에 닿는 것을 막기 위한 반원형의 철판
12 센단노이타: 갑옷의 소매를 작게 한 것과 같은 판으로 오른쪽 가슴 상부에 늘어뜨려 가슴 판 구석의 간격을 덮는다
13 소데: 소매
14 우시로다테아게: 갑옷 뒷몸통의 상부에 있는 작은 미늘 판으로 구성된 부분
15 가부키도: 갑옷·배에 두르고 등에서 잡아매게 된 약식 갑옷·투구류의 우시로다테아게와 쿠사즈리 사이의 몸을 감는 부분
16 오도시게: 갑옷을 얽어맨 가죽이나 실의 모양이 털을 덮은 모습과 닮아서 이렇게 말한다
17 쿠사즈리: 갑옷에서 몸통 아래로 늘어뜨려 허리·넓적다리를 가리는 것
18 힛시키노 쿠사즈리: 쿠사즈리의 후방 부분
19 이무케노 쿠사즈리: 쿠사즈리의 좌측 부분
20 마에노 쿠사즈리: 쿠사즈리의 전방 부분
21 츠루바시리: 갑옷 몸통에서 활시위를 당기는 부분
22 마에다테아게: 갑옷 앞몸통의 상부에 있는 작은 미늘 판으로 구성된 부분
23 무나이타: 갑옷에서 앞가슴을 가리는 부분
24 와타가미: 갑옷의 몸통을 매달기 위한 양 어깨의 폭이 좁은 곳
25 와이다테: 옆구리 보호대
26 고우모리츠케: (박쥐날개가죽) 갑옷의 중심이 되는 가죽을 염색한 가죽으로 싸고 좌우의 쿠사즈리를 붙이기 위한 받침대 모양의 가죽으로 박쥐가 날개를 펼친 모양을 닮았다고 해서 붙여진 이름이다. 갑옷의 쿠사즈리는 전후좌우의 네 間으로 나누어지고 허리에서 아래로 사방을 받침대 모양의 상자같이 둘러싼다. 우측의 쿠사즈리는 몸통 우측을 방어하는 와이다테에 부속한다.
27 와이다테노 쿠사즈리: 쿠사즈리의 후방 부분
28 츠보이타: 갑옷의 우측 옆구리의 여미는 부분에 대는 철판

그림 1-5 (좌) 양당식괘갑도(兩當式挂甲圖). 갑옷을 만드는 직인인 하루타 가문에 전래하는 그림
그림 1-6 (우) 갑옷의 쓰루바시리(弦走: 활시위가 가슴에 닿는 부위)를 감싼 가죽에 그려진 직물 문양의 예(느티나무 무늬에 둥지 무늬를 교차한 것)

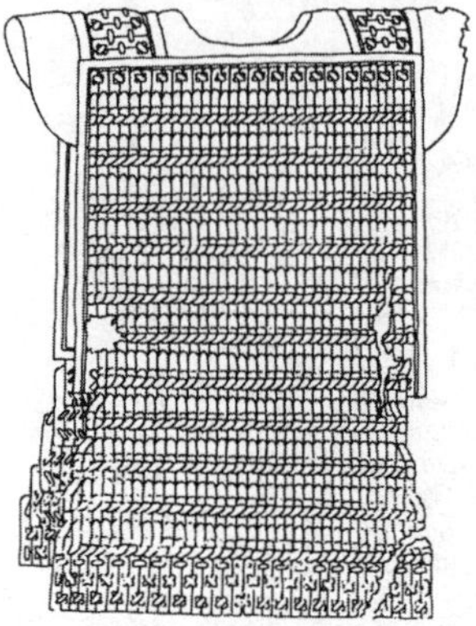

그 외에 투구와 갑옷의 연결부에 대는 철판을 에워싼 부분의 표면에 붙이는 에가와(繪韋: 그림 모양을 염색한 가죽)에는 고베리(小緣)라고 부르는 가죽을 테두리에 꿰매 붙였다. 이 꿰매는 기법을 후세구미(伏組)라고 하는데, 사용되는 비단으로 꼰 실의 색 조합에는, 조정귀족의 복식을 장식한 색 감각이 반영되어 있다. 유품에 따라서는 철판의 표면에 은동판이나 특수한 합금의 박판을 덧씌워 마무리한 경지(鏡地)도 있다.

이러한 점에서 갑옷은 헤이안 시기 공예미술의 정수를 집성했다고 해야 할 것이다. 교토나 그 주변의 전문적인 공인집단이 만드는 갑옷은, 디자인이나 장식의 수준은 물론, 실용적인 면에서도 뛰어나며, 특별한 선진기술 지대가 아니고는 만들 수 없는 제품이었다. 가마쿠라 후기의 사료이지만, 로쿠하라 탄다이(六波羅探題)를 역임한 가네사와 사다아키(金沢貞顕)가, 미늘이 우수하므로 교토에 갑옷을 발주한다는 뜻을 전해 온 상대의 현명한 판단을 칭찬하고 어쨌든 미늘 만들기부터 시작하도록 격려해서, "미늘은 전에도 말씀드렸듯이 아무래도 얇고 가벼워야 합니다. 또한 비록 몇 개월이 걸리더라도 최고급으로 만들어야 합니다"라고 말한 것은 이를 뒷받침한다.

무사의 무기·무구가 귀족사회의 산물인 것은, 무사가 천황의 주변이나 귀족사회 속에서 생겨났다는 발생의 경위 때문만이 아니라, 무사가 천황이나 조정의 권력을 "대표적으로 구현"하고 있었기 때문으로 생각된다. "대표적 구현"(위르겐 하버마스)이란 매우 난해한 표현이지만, 요컨대 눈에 보이지 않는 존재를, 현존하는 것에 의해 공공연히 보이게 하여, 눈앞에 나타나게 하는 것을 의미한다.

즉, 대규모의 범죄나 모반은 물론, 분쟁 당사자의 실력행사(자력구제)가 통제불능일 정도로 격화되어 사회 전체가 위기에 빠졌을 때, 천황이나 조정에는 이를 보편적 이익(공공성)의 명분으로 억지하고 제압하는 자세가 요구된다. 그때 무사가 아름다운 갑옷을 몸에 두르고, 귀족적으로 꾸며진 말에 걸터앉아 위부의 칼을 차고 귀족사회에서 만든 후세타케노유미(伏竹弓: 나무활의 외면에 죽편을 발라 붙여 만든 활)를 손에 들고 현장에 나타나면, 사람들은 직접적으로는 눈에 보이지 않는 조정의 의지가 형태를 갖추고 여기에 나타났다고 이해한다. 무사의 입장에서 말하면, 그가 제멋대로 내린 판단과 하는 행동거지도 조정의 의향을 보이는 것으로서 무게를 가질 것이다.

한편 일본의 무사가 왜 사전을 억제하는 데는 무용의 장물이라는 느낌도 있는 우마유미(騎射)와 갑옷에 고집하는가라고 물으면, 모든 일에 압도적인 영향력이 있었던 중국에서, 5세기 이후의 명장들이 수렵·유목민족의 특기인 우마유미에 대항하기 위해 마상의 궁사를 열심히 익히고 있었기 때문이다. 그들은 서방이나 북방의 전투에서, 일본의 양당식괘갑의 원형에 해당하는 기병용 양당갑(裲襠甲)을 입고, 보병이 쏘는 쇠뇌의 보호를 받으며 우마유미의 전투를 전개했다. 그것은 일본에서도 "궁마의 전투는 에비스(夷)의 수렵민의 습관이며, 평민 10명으로도 그들 1명에 대적할 수 없다"(『쇼쿠니혼코우키(続日本後紀)』)라고 하듯이, 기사전에 능했던 에미시와 싸우기 위해서 필요한 무장이며 숙달해야만 하는 전술이었다.

다이라씨의 간토 '토착'

이야기가 앞서 나갔다. 시간을 덴교의 난 발생에서 반세기 이상 전으로 돌린다. 9세기 말 이래, 앞서 말했듯이 간무헤이시 다카모치류(桓武平氏 高望流)가 동국(東國)에 거점을 두게 된 것은 어째서일까?

사실은 9세기 후반에서 말기에 걸쳐, 동국에서는 군당(群黨)이라고 불린 여러 집단에 의한 조세 미납, 고쿠시(國司)에 대한 저항을 중심으로 하는 반고쿠가(反國衙) 투쟁이 빈발하여, 진압하는 측인 고쿠가에서는 군사기구가 마비 상태였다. 조간(貞觀) 3년(861년)경 무사시국(武藏國)에서는 "악하고 교활한 자들이 패거리를 만들고, 수많은 도둑이 산에 가득 차 있기" 때문에, "군마다 게비이시(検非違使) 1명을 두고" 있다(『三代實錄』). 조간 9년에는 천황의 명으로 가즈사국(上総國)에도 게비이시가 배치되었다. 무사시국과 같은 사태가 발생하고 있었을 것이다.

군당을 구성하는 요소 중 하나는 율령국가에 의해 동국에 강제로 이주당한 포로(에미시)이다. 가즈사국에서는 조간 12년과 간교(元慶) 7년(883년)에 잇달아 포로의 반란이 발생했다. 지배층은 전자에 대해서 "저 나라의 포로들이 여전히 심중에 야심을 품고, 아직도 교화되지 않고, 혹은 민가를 불태우고, 혹은 무기를 들고 남의 재물을 훔치고 있다"고 서술하고 있다. 자신들의 생활습관을 지키고 자립의 긍지를 잃지 않은 포로들의 과감한 봉기의 모습을 상상할 수 있지만, 계속해서 국가 측에서는 "무릇 군당의 무리는 여기서 일어난다"라는 인식을 서술하고 있다(『三代實錄』).

이런 상황에서는 '군당=포로=에미시'라는 등식이 성립하기 쉽다. 에미시의 제압을 담당한 것은 진수부장군이다. 그 장군이 동국의 군당 진압에 기용되는 사태도 있을 수 없는 일은 아니다. 애초에 동국의 제국은 율령국가에 의해, 무쓰진수부(陸奧鎭守府)로의 인적·물적자원 공급을 위한 전략적 병참기지로 위치가 정해져 있었다. 동국의 평온 없이는 동북(東北)의 안정은 없다는 것이다.

마사카도의 친부 요시모치(良持)는 진수부장군의 경력이 있고, 실제로 무쓰에 부임한 형적이 있다. 그의 형제인 구니카(國香)들도 계보상으로는 진수부장군의 직함을 가지고 있었다. 이상에서 다카모치류 다이라씨(高望流 平氏)의 면면들이 부친이 가즈사국의 개(介)(실질적 고쿠슈)였던 인연으로 군당 봉기의 진압에 기용되었고 그 결과로서 가즈사·시모사·히타치 등에 그들의 활동 거점을 구축하게 되었다는 가설이 생겨났다. 고쿠시가 임기 종료 후 임국(任國)에 토착하여 발전했다는 사태의 배경에는, 이러한 경우도 포함되었던 것이 아닐까?

덴교의 난 이후, 머지않아 히데사토나 사다모리도 진수부장군에 취임하여 10세기의 제3사반기 이후가 되면 진수부의 장군에 사다모리류 헤이시(貞盛流 平氏)나 히데사토류 후자와라씨(秀鄕流 藤原氏)가 임명되는 체제가 항상화된다. 에미시는 무사의 적의 역할과 함께 그 성립·발전을 촉진하는 발판의 역할을 했다.

무관계 무사는 무사인가 아닌가

무관계 무사와 군사귀족의 차이는, 전자가 "장종", "무가", "누대의 장가" 등이라고 불리듯이 우지에서 이에로의 과도기에, 군사 부문을 계속 담당하면서 본격적인 "무사의 가" 형성 이전에 문사의 이에로 변신한 것에 비해, 후자는 중세의 무사의 이에로 연속해간 점이다. 전자의 우지가 아직 중세적인 이에가 아닌 것과 전자의 가계가 중도 좌절하고 전향한 사실을 갖고 그 이전의 무사를 무사라고 인정하지 않는 의견이 있지만, 이것은 납득할 수 없다.

왜냐하면, 그 견해의 다수는 덴교의 난의 승리자가 정계에 등장하는 시기, 즉 10세기의 제3사반기 이후로 무사의 성립을 논한다. 그러나 중세적인 이에의 성립은, 거기서 다시 100년 이상 내려오는 11세기 말 이후의 인세이(院政) 시기라고 생각되기 때문에, 이에 형성의 과도기라는 점에 대해서는 필자의 생각과 별 차이가 없다.

그리고 긴 역사 속에서 어느 예능을 담당하는 가계가 끊어진다거나, 다른 이에가 대신하거나 하는 사례는 드물지 않다. 무가에서도 가마쿠라의 겐지쇼군(源氏將軍)의 직계는 3대에서 끊어졌다. 무로마치 막부를 연 아시카가씨는, 전국시대에는 쇼군 본가나 관령가(管領家)였던 시바씨 일족이 쇠망하고, 지족(支族)인 이마가와(今川)·기라(吉良) 두 성씨도 쇠퇴한다. 그러나 에도시대에는 막부의 고케(高家)가 되어 의례·전례를 관장했다. 기라씨는 아코 사건(赤穗事件)으로 요시나카(義央)가 죽어서 이에가 단절한다.

아시카가 쇼군을 추방한 오다 노부나가(織田信長)와 적자 노부타다(信忠)는 혼노지(本能寺)의 변으로 죽고 노부타다의 아들도 세키가하라 전투에서 이시다(石田) 쪽에 속해서 단절한다. 차남 노부오(信雄)와 오다 노부나가의 동생 나가마스(長益, 호: 有樂齋)가 각각 쇼묘(小名)·다이묘(大名)가 되었지만 부진했다. 도쿄의 유라쿠초(有樂町)에 이름을 남기는 나가마스(長益)에 이르러서는, 센노리큐(千利休)에서 갈라진 다도(茶道)의 유파 쪽이 유명하다. 도요토미(豊臣)도 2대에서 멸절한다. 한편, 도요토미·도쿠가와(德川) 시기 다이묘의 대다수는, 전국의 쟁란 중에 입신한, 본래는 이름도 없는 존재이다.

자본주의 역사에서도 발흥기에 등장한 자본가의 자손이 오늘날까지 계속되고 있는 것은 아니다. 기업도 끊임없는 창업과 도산을 통해 형태와 내용을 변화시켜, 지주회사[홀딩컴퍼니, 전형이 전전(戰前)의 재벌 본사]·복합기업·다국적 기업 등을 낳고 현재에 이른다. 따라서 각각 가계의 계속·비계속이 문제가 아니라, 무사가 담당자를 교대시키면서도 우지에서 이에로의 변신을 계속하고, 그 역할을 증대시켜, 그들을 전체적으로 재생산시키는 객관적인 조건이 생기고 있는지, 그렇다고 말할 수 있다면, 무사의 성립을 논해도 좋다고 생각한다.

4. 무사의 폭주

무사의 조폭적 성격

국가 차원에서 기대되는 무사의 역할에 대해서는 이미 말했지만, 그들도 자신의 권리(명예나 자존심도 포함)를 지킨다고 하는 점에서는 자력구제의 주체가 된다. 무예가 살생이나 상해를 동반하는 죄 많고 위험한 예능인 이상, 그 전업자의 실력행사는 다른 신분의 사람들보다 한층 가열하고 위험도가 높다.

다이라노 다카모치(平高望)로부터 4대째인 무네쓰네(致経)는 "오오야노 사에몬노조(大箭の左衛門尉)"라고 불린 뛰어난 무사였지만, 지안(治安) 원년, 그와 동생 긴치카(公親)가 전년 도구보(東宮坊: 황태자에 봉사하고 그 내정을 관할하는 관청)의 하급 관인인 야스유키(安行)라는 인물을 살해한 일이 발각된다. 무네쓰네는 어떤 사건으로 도구보 관계가에게 개인적인 원한을 품고 있었다. 도망간 두 사람을 체포하기 위해, 게비이시가 그들의 본거인 북이세·오와리(尾張)로 향해 수색한 결과 직접 살해의 하수인이라고 판단된 로토가 체포되었다. 그는 심문 과정에서 놀랄 만한 자백을 한다. 야스유키를 살해했을 뿐만 아니라, 그 이전에 긴치카의 명령으로 다키구치 시나노노스케(滝口信農介)라는 인물을 살해했고, 또 무네쓰네의 명으로 도구보의 차관 후지와라노 고레노리(藤原惟憲)라는 후지와라노 미치나가 측근의 귀족을 목표로 사흘 밤낮 살해의 기회를 노린 경험이 있다 한 것이다(『左經記』 동년 6월 3일조).

또 조와 6년(1017년) 3월, 세이쇼 나곤(清少納言)의 형제 기요하라노 무네노부(清原致信)가 대낮에 "기병 7, 8기, 보병 10여 명 정도"의 부대에 습격을 당해 교토의 거처에서 살해당했다. 게비이시가 심문한 결과, 습격 지휘자는 야마토겐지 미나모토노 요리치카의 종자 하타노우지모토(秦氏元)로 판명되었다. 그는 주인의 명령을 받아 실행한 것이다. 사건에 대해 미치나가는 "전술한 요리치카는 살인에 능한 자이며, 때때로 이런 일이 있다"라는 세평을 일기에 기

그림 1-7 후지와라노 야스마사(藤原保昌)와 미나모토노 미쓰나카(源滿仲)의 계보도(점선은 주종관계)

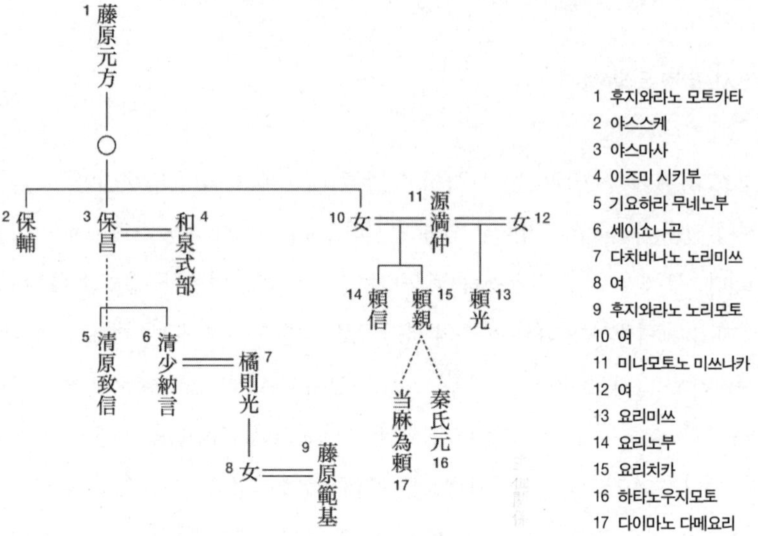

록하고 있다(『御堂關白記』). 살해당한 무네노부 쪽도 요리치카의 종자 다이마노 다메요리(当麻為頼)를 살해한 과거가 있었다(이하 그림 1-7 참조).

두 가지 예를 들었지만, 당시 그들이 살인·암살의 상습범이었던 것은, 의심할 여지가 없다. 그들과 그 종자들은 종종 대규모의 난투·상해 사건을 일으켰기 때문에, 수도와 지방을 불문하고 사회의 치안은 크게 악화되었다. 나라·헤이안 시대사의 연구로 고명한 쓰치다 나오시게(土田直鎮)는, 그것을 "무사의 조폭적 성격"이라고 평했다.

문관귀족의 무

문관귀족의 가계에도 무를 뽐내는 사람들이 드물지 않다. 예를 들면 기요하라노 무네노부의 주인이며, 11세기 초두 정열적인 연애가인(戀愛歌人)으로서 유명한 이즈미 시키부(和泉式部)의 남편이었던 후지와라노 야스마사(藤原保

昌)는, "무사의 가의 출신자가 아니다, (중략) 그런데도 조금도 그들에게 뒤지지 않고, 대담하고 민첩하며, 솜씨가 있고 판단력이 뛰어나다"라고 평가받았다(『곤쟈쿠모노가타리슈』 권26-7). 그의 동생이 야스스케(保輔)인데, 『尊卑分脈』(14세기에 편찬. 여러 계도(系圖) 중에서 가장 신뢰할 만함)라는 계도집에 "강도의 장본인, 추토(追討)의 선지를 받은 것 15번, 구금 후에 자해하다"라고 써 있다. 또한 그들의 자매는 군사귀족 미나모토노 미쓰나카와 결혼하여 요리치카와 요리노부를 낳았다(그림 1-7).

『곤쟈쿠모노가타리슈』에는 "무사의 가의 출신자가 아니"지만 이외에 무용으로 이름난 사람으로서, 다이고 겐지(醍醐源氏)인 미나모토노 아키이에(源章家), 고코겐지(光孝源氏)인 미나모토노 긴타다(源公忠)·오노노 다케후루(小野武古), 다치바나노 노리미쓰(橘則光)의 이름이 보인다. 야스마사·아키이에·긴타다·노리미쓰는 마지막에 4위까지 승진했다. 이들 중 다치바나노 노리미쓰는 10년 이상 세이쇼 나곤의 남편이었다. 야스마사의 조부 모토카타(元方)와 노리미쓰의 조부 요시후루(好古)는 각각 다이나곤(大納言)까지 승진했는데, 후자는 "명신(名臣)", "재간명예(才幹名誉)"라고 불리고 있다. 또 오노노 다케후루의 친부 요시후루는 후지와라노 스미토모의 반란 진압에 큰 역할을 해 참의종3위(參議從三位)의 공경이 되었다. 모두 당당한 귀족이다.

그러나 "무사의 가"의 "가를 잇는 무사"가 등장하자, 그 외 다른 사람의 무용은 반사회적인 행위로서 비난의 대상이 되어간다. 후지와라노 야스마사도 후에 자손이 번영하지 않았는데, "무사의 가가 아니었기 때문에", 즉 진짜 무사도 아닌데 무사같이 행동했기 때문이라는 말을 들었다. 만주(万寿) 5년(1028년) 사에몬노조 후지와라노 노리모토(藤原範基)가 자신의 로토를 살해했을 때, 우대신 후지와라노 사네스케(藤原実資)가 "노리모토는 무예를 좋아하나, 만인이 허용하지 않으며 내외(부계와 모계) 모두 무사의 후예가 아니다"라고 비난한 것은 그런 사회규범의 존재를 말한다. 참고로 노리모토의 아내는 다치바나노 노리미쓰의 딸이다. 야스마사나 노리미쓰는 무사가 아니면서도 한없이 무사적인, 군사귀족과 종이 한 장 차이의 존재였다. 생각하면 세이쇼 나곤도 이즈미 시키부도, 위험한 남자들에게 둘러싸여 있었다는 것을 느끼게 된다.

훨씬 후대의 이야기이지만 『쓰레즈레구사(徒然草)』를 쓴 요시다 겐코(吉田兼好)는, 무는 "인륜에 멀고 금수에 가까운 행위"이며, "좋아해서 이익이 될 것이 없는 일"이라고 단정한다. 요시다 겐코가 살았던 가마쿠라 말기의 귀족사회에서는, 헤이안 중기보다 더욱 "공경과 귀족, 그보다 신분이 높은 사람까지 대체로 무를 좋아하는 사람이 많은" 상황이 생겨나고 있었다. 겐코는 이에 반발하여 그러한 "가가 아닌" 무에 대한 혐오감을 솔직히 표현한 것이다(『쓰레즈레구사』 80단).

헤이안 시대 이래 사람들은 우선 일신의 안온을 추구했고 무용을 추구한 것이 아니다. 적어도 안온을 실현·보장하기 위한 무용이기 때문에 허용된 것이지, 무용을 위한 무용이나 무용의 독주를 혐오했다.

제2장

중세의 무사와 근세의 무사

1. 헤이안 말기의 내란과 막부

전9년·후3년 전투

무사의 역사의 제2기는 11세기 말부터 시작되었다. 그 조금 전, 세이와겐지(清和源氏) 중에서도 가장 활동적이었던 가와치 미나모토씨가 전9년·후3년 전투를 일으켰다. 전자는 무쓰고쿠슈(陸奧守) 겸 진수부장군인 미나모토노 요리요시(源頼義)가 진수부의 재청관인(在廳官人: 고쿠시의 청, 이 경우는 진수부에 근무하며 행정사무를 하는 관리들로 대개 현지의 호족이 임명되었다)의 우두머리로서, 오쿠로쿠군을 도맡았던 아베 요리토키(安倍頼時)와 그의 아들 사다토(貞任)·무네토(宗任)를 공격한 전투로, 에이쇼(永承) 6년(1051년)부터 고헤이(康平) 5년(1062년)까지 12년에 걸쳐 계속되었다. 요리요시·요시이에 부자는 고전을 계속하다가, 데와국의 산보쿠 3군(山北三郡)의 호족 기요하라노 다케노리(清原武則)의 참전으로 드디어 전세를 호전시켰다. 요리요시는 고마츠노사쿠(小松柵: 현 이와테현 이치노세키시 부근) 이하의 아베씨의 성채를 함락하고 결국 사다토

그림 2-1 전9년·후3년 전투 관계도. 陸奥(무쓰)·出羽(데와)의 奥六郡(오쿠 6군, 지도 속 흰색 사각형으로 표시된 부분)과 山北三郡(산보쿠 3군, 지도 속 회색 사각형으로 표시된 부분)이다.

1 무쓰
2 이와테군
3 시와군
4 히에누키군
5 와가군
6 에사시군
7 이사와군
8 데와
9 야마모토군
10 히라카군
11 오카츠군

들을 구리야가와노사쿠(厨川柵: 현 이와테현 모리오카시)에서 격파했다(그림 2-1).

후자는, 에이호(永保) 3년(1083년)부터 간지(寛治) 원년(1087년)까지 계속되었다. 기요하라씨는 전9년의 전투 후 아베씨가 지배하고 있던 오쿠로쿠군을 통합하여, 오우와 최대의 세력이 되었다. 기요하라씨의 내분에 무쓰고쿠슈 미나모토노 요시이에가 억지로 개입하여 전투는 요시이에·기요히라(清衡) 대 이에히라(家衡)의 싸움으로 발전한다. 대설과 기아 때문에 전투는 극히 어려웠지만 요시이에들은 가네자와사쿠(金沢柵: 현 아키타현 요코테시)를 함락시켜 드디어 승리를 거두었다. 난 이후에 아베씨의 핏줄인 기요하라노 기요히라(清原清衡)가 친부의 후지와라 성(姓)으로 돌아가, 아베·기요하라가 남긴 영토인 무쓰의 오쿠로쿠군과 데와의 산보쿠 3군을 계승하여, 히라이즈미(平泉)에 진출해, 후지와라씨 4대 번영의 기초를 쌓았다.

두 전투는 관동의 무사를 이끌고 전전(轉戰)했기 때문에 미나모토씨가 동국에 세력을 쌓는 계기가 되었다. 그러나 실제로 참가한 관동 무사는 소수이고,

두 전투를 승리로 이끈 진정한 힘은 기요하라씨였다. 또한 후3년 전투는 사투(私鬪)로 간주되었기 때문에 은상이 주어지지 않았다. 그래서 요시이에는 사재로 장졸들의 공로에 보답했다는 견해가 있지만, 이는 요시이에를 현창할 목적으로 메이지 이후에 만들어진 전승에 불과하다. 조정은 난이 끝난 이듬해, 다른 인물을 무쓰고쿠슈에 임명해 임기가 남은 요시이에와 교대시켰다. 오슈(奧州)에 세력을 넓히려고 한 가와치겐지로서는 애만 쓰고 아무 소득 없는 헛수고였다.

인세이의 개시

무사의 역사의 제2기는 사회경제사적으로는 장원이 격증하는 시대이다. 전국에서 장원이 폭발적으로 증가하여, 국내의 논밭·산야하해(山野河海)의 반 정도가 장원이 되었다. 이후 토지의 지배제도를 고쿠슈가 다스리는 나머지 공령[고쿠가료(國衙領)]과 합쳐 장원공령제(莊園公領制)라고 부른다. 이로써 지방영주제의 성장이 촉진되어 지역사회가 크게 변모해갔다. 지방영주들은, 장원에서는 조칸(莊官)이 되어 현지의 관리, 연공(年貢)과 그 외의 징수를, 고쿠가에서는 재청관인으로서 일상적인 행정, 고쿠가료의 지배나 조세·국가적인 임시부과세의 징수를 위임받아 영주로서 발전해갔다.

이 시기 정치 면에서는 외척인 후지와라노 미치나가 직계(御堂流)의 친족 관계에 포섭되어 있던 천황 가족이, 거기서 자립해 이에(王家)의 형성을 추진하면서 인세이(院政)가 시작된다. 즉, 퇴위한 천황[上皇, 출가하면 법황(法皇). 원(院)이라고도 한다]으로 왕가의 가장인 치천(治天)의 군(보통은 어린 현 천황의 부나 조부)이, 국정에 강력한 발언권을 갖는 정치 형태이다. 왕가가 분리 독립했기 때문에, 직계의 이에는 신하의 이에로 순화하여, 원 권력을 추종하지 않을 수 없게 된다. 이 이에는 섭정(攝政)·관백(關白)을 항상적으로 내는 이에라는 의미에서 셋칸케(섭관가, 攝關家)라 불리게 되었다. 거대 사원도 법황에 의한 불법의 보존·통제정책에 조종되어 왕권에 대한 충성경쟁에 내몰리게 되었다. 현재의 일본 사학은 이 인세이기부터 중세 사회가 시작되었다고 인식하고 있다.

무사의 존재감의 증대

중세 사회에서는 무사가 민중·사원(寺院)과 나란히 능동적인 역할을 연출하게 되지만, 헤이안 후기는 무사가 미미한 존재에서 벗어나 주역의 자리로 향해 가는 시대였다. 무사의 존재감이 증대한 것은, 왕가 내부의 대립, 권문사원 간의 경쟁과 사원대중(寺院大衆, 이른바 승병)의 조정에 대한 강소(强訴), 장원의 격증에 의한 사사(寺社)세력과 고쿠가의 항쟁 등이 무력분쟁으로 발전하여 사회의 긴장을 현저히 높이고 있었기 때문이다.

이 시기도 호겐(保元)의 난(1156년)을 경계로 전후 2단계로 구분하는 것이 좋다. 제1단계에서 군사귀족은 오로지 왕가와 셋칸케의 수족으로 사역되었고 아직 충분한 자립성을 갖지 못했다. 예를 들면 시라카와 상황(白河院)은 게호쿠멘(下北面)에 대소의 무사를 등용했다[중·하급 귀족의 죠호쿠멘(上北面)에 대해서 5위, 6위의 사무라이를 게호쿠멘이라고 한다]. 그것을 입신의 계기로 삼은 것이, 이세 헤이시(伊勢平氏)의 마사모리(正盛)이다. 그의 아들 다다모리(忠盛)는 귀족사회에 어울리는 세련됨과 경제적 공헌으로, 상황의 눈에 들었다. 그는 12세기 전반, 시라카와 상황의 만년부터 토바(鳥羽) 인세이기에 걸쳐서, 호쿠멘(北面)의 무사 전체를 배치·통괄하는 리더의 지위를 점했다.

한편, 미나모토씨(源氏)는 요시이에가 무가로서 지위를 굳히고 중앙정계와 귀족사회에서도 세력을 넓힌 것으로 이야기된다. 그러나 후3년 전투의 개입은 헛수고였으며, 어느 상류 귀족이 "해마다 무사의 장자(長者)로서 많은 죄 없는 사람을 죽인다"(『中右記』)라고 쓴 것처럼, 그의 도를 넘은 살육에 대한 혐오의 감정도 깊었다. 그 때문에 상황정치가 시작된 요시이에 만년에는, 세력에 그늘이 지기 시작한다. 특히 요시이에의 적자 요시치카가 고쿠가 지배에 대해 반역을 일으켜 다이라노 마사모리에게 추토되고, 이어서 일족에 내분이 있었다. 미나모토씨의 위세는 실종되고, 정계에서도 다메요시·요시토모는, 다다모리가 이끄는 이세 헤이시와 점점 격차가 벌어졌다.

지방으로 눈을 돌려보면, 지방에 거점을 구한 겐페이의 무사의 가에서 2차적인 무사의 이에가 성립해 각각 독자적으로 무장집단을 형성하기 시작한다. 고쿠가의 군사체제도 그들의 결집으로 충실해져 가고, 시라카와 상황으로부터 "제국에 많은 활과 칼의 무기가 가득 차 있다. 선지를 내려 제압을 가하지 않으면 안 된다"라고 할 정도의 사태가 나타났다. 그런 와중에 무에 숙달한 지방영주의 일부가 새로 무사 신분에 가담했다. 지방영주의 무사화이며, 무사의 지방영주화이다. 앞서 말한 것처럼 사적인 무력행사가 일상화한 사회에서는 바로 그 때문에 그 과도한 행동을 제어하는 시스템의 강화와 제어를 실행하는 부대(정통화된 무력)에 대한 기대가 높아진다. 무력이 사회질서 형성의 추진력이 되면, 그 길의 프로를 지향하는 자가 증가하는 것은 당연할 것이다.

헤이케(平家) 정권

제2기의 제2단계는 호겐 원년(1156년)의 호겐의 난 이후이다. 이 난은 왕가의 분열에, 셋칸케의 내부 대립이 얽혀서 발생했다. 다다모리의 아들 기요모리(清盛)는, 고시라카와(後白河) 천황의 편에 서서 승리에 공헌하여, 난 후에는 신제이[信西: 후지와라노 미치노리(藤原通憲)]와 짜고 세력을 넓혔다. 헤이지(平治) 원년(1159년)의 헤이지의 난에서는 미나모토노 요시토모(源義朝)를 격파하고, 그 후로는 압도적인 군사력을 배경으로, 중앙의 정국을 좌우하는 정치세력으로 성장한다. 기요모리는, 니조(二条) 천황 친정파(親政派)와 고시라카와 상황 근신(近臣)세력 간의 대립 상황을 교묘하게 처세한다. 고속으로 관위를 승진해서 닌안(仁安) 2년(1167년) 태정대신(太政大臣)으로 승진했다. 보통 헤이케는 헤이지의 난 후 곧 국가권력을 장악했다고 하는데, 닌안 원년 이후 고시라카와 상황 권력과 손잡고 상황의 동맹자로서 국가권력을 공유했다는 것이 현실이다.

기요모리는 닌안 3년에 출가하고, 또 그 익년 가독(家督)과 본거인 교토 로쿠하라(六波羅)를 적자인 시게모리(重盛)에게 물려준다. 이후 셋쓰의 후쿠하라(福原)로 이주해 그곳에서 정치 영향력을 계속 행사했다. 동년 기요모리의 의매(義妹)를 어머니로 하는 황자가 즉위한다(다카쿠라 천황). 조안(承安) 원년(1171년)에는 기요모리의 딸 도쿠코(徳子)가 다카쿠라 천황(高倉天皇)의 후궁으로 들어간다. 헤이케는 셋칸케에도 접근하여 기요모리의 다른 딸을 고노에 모토자네(近衛基実)에게 시집보냈고, 모토자네가 요절하자 그녀가 섭관가령을 물려받았다.

이러한 궁정 내외에 걸친 무리하고 급격한 세력 확대는, 고시라카와 상황을 대표로 하는 기성세력의 반발을 불러, 지쇼 연간(1177~1181년)에는, 상황과의 대립이 표면화되었다. 지쇼 3년 11월 기요모리는 대병력을 이끌고 상경한다. 군사 쿠데타를 감행하여, 반헤이케 귀족을 대량으로 처분하고, 인세이를 상정지하고 군사독재를 개시한다. 학계에서 헤이케 정권은 이 쿠데타 이후부터라는 견해가 주류이다. 이듬해 4년 2월 다카쿠라 천황이 양위하고, 도쿠코가 낳은 황자가 즉위해(안도쿠 천황), 다카쿠라 인세이(高倉院政)가 성립하고 기요모리는 천황의 외조부가 되었다.

지쇼·주에이의 내란

쿠데타에 의한 헤이케 단독정권의 수립은, 국가 지배층 내부에 있어서 그들의 고립을 심각하게 한다. 또한, 인세이기는 상황을 위한 조사(造寺)·조탑(造塔)이나 의식 법회가 무성했지만, 그 비용은 고쿠슈들의 성공(成功: 자재를 바쳐 건물의 조영과 대규모 의식 등의 비용을 도운 자가 임관 서위되는 것)으로 채우고 있었다. 그러한 부담은 지방사회에 전가되어 지방영주나 민중을 피폐하게 만든다. 헤이케가 반헤이케 귀족의 지교코쿠(知行國: 국무집행권을 부여받아 그 국의 수익을 얻을 수 있는 대상국)나 고쿠슈의 지위를 빼앗고, 장원을 대량으로 집적한 행위는, 고쿠가료·장원의 내부에 발생하고 있던 사회적·정치적인 여러 모순을 혼자서 떠맡게 되는 결과가 되어 헤이케와 지방사회의 대립은 더욱 심각해졌다.

지쇼 4년(1180년), 고시라카와의 황자 모치히토(以仁) 왕과 셋쓰겐지의 미나모토노 요리마사(源頼政) 무리가 반헤이케의 깃발을 들고 병사를 일으키자 반란은 급속히 전국으로 확대되었다. 미나모토노 요리토모·미나모토노 요시나카를 비롯해 인세이나 헤이케 정권에 불만을 품고 있던 지방의 무사들이 제국에서 봉기했고, 요리토모는 금세 동국을 제압하고, 요시나카는 호쿠리쿠도(北陸道)를 수중에 넣었다. 이 내란은 중앙에 대한 지방의 불만이 여러 해 동안 누적되었다가 폭발한 것으로서, 겐페이의 패권 다툼으로 왜소화되어서는 안 된다. 그래서 학계에서는 연호를 취해 지쇼·주에이의 내란이라고 부른다.

각지의 봉기는 각각 독자적인 이해에 기반하고 있으며, 반드시 미나모토씨나 요리토모에 가담하는 것은 아니었다. 그러나 후지가와(富士川) 전투 이후 여러 가지 사건을 통해, 요리토모는 각종 반란세력을 자기의 것으로 통합해간다. 그리고 결국 분지(文治) 원년(1185년), 단노우라(壇ノ浦)의 해전에서 헤이케를 멸망시킨다. 그 후 요리토모·요시쓰네 형제가 불화를 일으켜, 요시쓰네는 오슈 후지와라씨에 의탁한다. 그러나 분지 5년, 후지와라 야스히라(藤原泰衡)는 요리토모의 압력에 굴복하여 요시쓰네를 쳤고, 그 야스히라도 요리토모에게 멸망되었다.

막부란 무엇인가

막부는 정이대장군을 수장으로 하는 무가의 전국정권으로, 가마쿠라·무로마쓰·에도막부 3개밖에 없다. 그것이 일본인의 상식이다. 그러나 정치사상사의 와타나베 히로시(渡辺浩氏)씨는 가마쿠라·무로마쓰의 두 무가정권이 존재하고 있던 동시대에, 그것을 "막부"라고 부른 예가 없다고 하고, 에도시대에도 간세이(寛政) 연간(1789~1901년) 이전의 문서에 막부라는 말이 나타나는 것은 드물고, 일반화된 계기는, 에도시대 후기 미토가쿠(水戸学)에 있다고 한다.

에도 중기까지의 막부에 대해서는, 당시 "견식이 없는 무리가, 막부를 가리켜 혹은 '조정'이라 부르고, 심하게는, 즉 '왕'으로 이를 칭하고 있다"고 비난되는 사실이 있었다. 참고로 "견식이 없는 무리"란, 무지한 민중이 아니라 야마가 소코(山鹿素行)·무로 규소(室鳩巣)·오규 소라이·다자이 슌다이와 같은 최고의 지식인들이었다.

이에 대해 후지타 유코쿠(藤田幽谷) 등 후기 미토가쿠 학자는, 도쿠가와 정권의 정통성을, 천황에게 임명된 "쇼군"의 정부라는 데서 찾고, 그 체제를 강화하기 위해 이 용어를 사용했다. 또한 와타나베씨는 정이대장군이 되면, 그 정권은 막부를 열었다고 의식하고 스스로 막부라고 칭했는가 하면 가마쿠라·무로마쓰·에도의 어느 무가정권에도 그런 사실은 전혀 없다고 한다.

확실히 가마쿠라 막부의 동시대 호칭은 "관동" 혹은 "무가"이다. 무로마쓰 막부도 "무가"가 일반적일 것이다. 그리고 18세기 이전의 에도막부를 가리키는 용어는 "고기(公儀)"였다 무가의 전국권력이 수장 개인으로부터 상대적으로 독립한 법적 주체(법질서를 유지하는 임무를 지닌 법적 단체, 전형적으로는 국가)라는 의미에서 "고기"라고 불리게 된 것은, 도요토미 정권이 최초이며, 에도막부는 그것을 계승했다. 간에이(寛永) 10년대(1633~1642년)가 되어, 도쿠가와의 고기는 로쥬(老中)를 중심으로 효조(評定)에 참가하는 각 부교(奉行)로 구성되어, 그들은 온고쿠부교(遠國奉行)나 다이칸(代官)을 포함해 피지배자에게 고기를 체현하는 자로서 구현되게 되었다고 한다.

사실 막부라는 말 그 자체는 헤이안 시대부터 있었다. 일본의 고대·중세에서 막부는 근위부의 중국풍 이름이며, 파생하여 근위대장(近衛大將)의 집무 공간, 또는 좌우의 대장을 가리켰다. 가마쿠라 시대에는, "쇼군의 거처를 막부라고 한다"(『아즈마카가미(吾妻鏡)』)고도 하여, 막부란 쇼군이 거주하는 저택의 호칭이었다. 이것은 중국에서 출정 중인 장군이 군진에서 막을 쳐 군영으로 한 사실에서 유래한다.

'막부' 호칭은 언제부터

도쿠가와 정권을 막부라고 부르기 시작해, 그것이 막부 말의 소란스러운 상황에서 유행한 정치용어가 되었다고 하면, 가마쿠라·무로마치 두 정권을 막부라고 부르게 된 것은, 근대의 언제부터일까. 메이지 10년대까지의 대표적인 사론인 다구치 우키치(田口卯吉)의 『일본개화소사(日本開化小史)』나 후쿠자와 유키치(福沢諭吉)의 『문명론지개략(文明論之概略)』 등에서는, "가마쿠라 정부", "가마쿠라에 정부를 열다", "호조 아시카가(北条足利)의 정부(政府)" 등 "정부"라는 용어를 사용했다. 다구치는 경제학자이자 문명사가로, 민권을 넓히는 데 힘쓰고 실업계에서도 활약했다. 또한 구판의 『국사대계(國史大系)』, 『군서류종(群書類従)』 등 일본사 연구에서 근본적인 사료를 집성·교정한 총서를 편집 간행한 유력한 민간 사가이다.

"정부"가 막부라는 말로 대체될 때 『고혼고쿠시간(稿本國史眼)』(전7책)의 역할이 컸던 것 같다(그림 2-2). 이 책은, 제국대학 문과대학의 교수였던 시게노 야스쓰구(重野安繹)·구메 구니타케(久米邦武)·호시노 히사시(星野恒)에 의해 편찬된 메이지 전기의 일본 통사다. 동 대학에 국사과가 설치된 이듬해인 메이지 23년(1890년) 10~12월에 간행되어, 교과서로 사용되었다. 책에서는 에도막부를 포함한 세 무가정권만을 막부

그림 2-2 『고혼고쿠시간(稿本國史眼)』 표지(저자 소장). 제3분책에 가마쿠라 막부는 정이대장군에 임명되어 막부를 열었다고 기록되어 있다.

라 부르고, 막부에서 정이대장군직은 반드시 갖추어야 할 요소라는 주장을 내세우고 있다.

수장이 정이대장군에 취임함으로써 막부를 열었다고 간주하는 견해는, 권위 있는 제국대학의 교과서에서 말하는 바이기 때문에, 이후의 역사교육이나 역사론·역사 서술에 매우 큰 영향을 주었음에 틀림없다.

가마쿠라 막부는 언제 생겼는가

지금 가마쿠라 막부라 불리는 권력이 언제 성립했는가라고 물으면, 보통은 1192년이라고 대답할 것이다. "좋은 나라 만들자 가마쿠라 막부"라는 연호 암기를 위한 언어유희도 있다.• 물론 1192년[겐큐(建久) 3년]은 미나모토노 요리토모가 정이대장군에 임명된 해이다. 그런데 이제까지 가마쿠라 막부의 성립을 논한 연구자들은, 그 개시 연도에 대해서 총 일곱 가지 설을 주창해왔다. 각각 요리토모 권력의 발전 단계를 가르는 중요한 사건이 있었던 해이다. 이렇듯 막부의 성립 시기에 대해서 다양한 설이 나오는 것은 각 연구자가 막부의 본질을 어떻게 생각하느냐의 차이에 의한 것이다. 1192년 설에 대해 말하면, 그 후 막부의 수장이 계속 취임하게 되는 정이대장군직의 개시에 대해 언급할 뿐, 막부의 역사적 성격을 적극적으로 설명하는 설은 되지 못한다. 형식론이어서 학계에서는 인기가 없다.

제국의 슈고

필자가 현재 가장 유력하게 생각하는 설은 분지 원년(1185년) 11월 설이다. 이것은 이때, 고시라카와 법황이 미나모토노 요시쓰네에게 핍박당해 요리토

• 좋은 나라를 일본어로 '이이쿠니'라고 발음하는데 이것은 숫자 1192의 발음과 일치한다. —옮긴이 주

모를 추토하라는 명령을 부여한 것을 역이용해, 요시쓰네 체포를 구실 삼아 "슈고(守護)·지토(地頭)"를 설치하는 것을 조정이 인정하게 한 사건을 중시하는 입장이다. 이때의 "슈고·지토"의 내용 이해에 대해서는, 매우 복잡한 논쟁이 있고, 학계에서도 결착을 보지 못했지만, 오오야마 교헤이(大山喬平)는 서국고쿠가(西國國衙)에 대한 광범위한 지배권(군사경찰을 중심으로 토지의 지배까지 이른다)을 요리토모에게 부여한 것이라고 했다. 이 "슈고·지토" 설치는 실태를 말하면 헤이케의 추토를 위해서 일본의 각지에 진격해 온 요리토모의 군세가 헤이케 멸망 후에도 눌러앉아 서국제국(西國諸國)의 고쿠가를 점거하고 있던 현상을 조정이 추인당한 것이다. 그러나 요리토모는 그것이 현지에서 예상했던 것 이상으로 대혼란을 일으켰기 때문에 이듬해 토지의 지배에 관한 권한을 포기했다. 그 결과 얼마 후 현재의 고등학교 교과서 등에서 서술되는, 제국에 슈고를 둔다는 제도로 낙착해서, 요리토모 권력도 보다 안정된 형태로 서국에까지 미치게 되었다.

슈고는 유력 고케닌이 임국(任國) 내 고케닌에 대한 교토 오반야쿠(京都大番役: 후술 참조)의 재촉과 모반자·살인자의 체포를 책임지게 한 직무이다. 또 개개의 장원이나 고쿠가료의 향(鄕)을 단위로 설치된 지토는 "슈고·지토" 설치 이전에 헤이케의 관계자나 모반자들이 각각 장원·고쿠가료에서 가지고 있던 각종 권리·권한을 인계한 것이다. 그것은 지쇼·주에이 내란의 전투의 일환으로 해당 토지가 실력으로 점거 혹은 후일 몰수되어 그 처분권이 요리토모에게 일괄 부여, 이후 점거의 주체나 군공이 있던 고케닌들에게 은상으로서 부여되는 형식으로 성립했다.

이상의 학설은 이 사건을, 막부가 동국에 본거지를 둠과 함께 제국 슈고(일본국 전체의 군사·경찰)라는 국가적인 역할을 분장함으로써 전국적인 공권력이 된 기점으로 보는 입장이다. 이 설은 겐큐(建久) 원년(1190년) 11월, 요리토모가 상경하여 법황과 대면해, 일본국총추포사(日本國總追捕使)·총지토(總地頭)의 지위를 확인받고, 고케닌을 이끌고 제국 슈고를 담당하게 되었다는, 별개의 획기를 중시하는 설과도 상통하는 부분이 있다.

이렇게 가마쿠라 시대의 국정은, 왕가·셋칸케를 모시는 조정세력, 엔랴큐지(延暦寺)·고후쿠지와 같은 대사찰·종교세력에, 새로 막부가 더해져 운영되게 되었다. 이상 3개 세력은 상호 모순대립을 품으면서도 법령발포·관직임면·의례(公家), 체제적인 종교(寺家·社家), 군사·경찰(武家)이라는 각각의 직능적인 역할을, 상호보완적으로 분담하면서 완만하게 국가를 구성하게 된 것이다. 연구자들은 이를 권문체제(權門體制)라고 부른다.

2. 국가수호의 담당자

고케닌 제도

요리토모의 권력을 지탱했던 것은 고케닌 제도로, 헤이케 멸망 무렵까지 사가미(相模)·무사시(武藏)를 중심으로 다수의 동국의 무사가 요리토모와 주종관계를 맺고, 서국에서도 헤이케 추토를 위해 요리토모가 파견한 유력 고케닌의 밑으로 달려간 사람들이 적지 않았다. 그들은 이전부터 미나모토씨(源氏)의 게닌이었던 자들 이외에, 기소 요시나카의 게닌이나 헤이케의 고케닌이 귀순한 자들, 장원의 장관(莊官)이나, 제국의 재청관인 등 다양했다. 이 중에는 무에 숙달했지만, 아직 "무사의 가"를 형성하기에는 이르지 못한 자도 있다.

헤이케 추토의 과정에서 요리토모를 따르게 된 서일본의 무사는, 슈고가 고쿠가에 명해 국내의 무사나 무에 숙달한 지방영주를 리스트업해, 이것으로써 일괄적으로 인정된 자들도 많았다. 그들(서국 고케닌)은 동국의 고케닌을 일군으로 하면, 한 급 낮게 취급되는 이군의 고케닌이라 해야 할 존재이다. 국마다 각각 30명 정도 있었던 것 같다. 이렇게 전장이 요구하는 절박한 군사동원에 의해 거대한 고케닌 집단이 형성되었다.

그러한 요리토모 권력을 내란 후에도 유지하기 위해 분지 5년(1189년), 오슈의 후지와라노 야스히라를 치는 전투가 강행된다. 전국 규모로 주목할 만한 무사가 동원되고, 불참한 자는 영지를 몰수당했다. 『아즈마카가미(吾妻鏡)』(가마쿠라 후기에 막부 자신이 편찬한 가마쿠라 막부의 사적을 편술한 사서)는 오슈 후지와라씨 공격에 참가한 군사를 "28만 4000기"라고 기록한다. 터무니없이 과장된 숫자인데, 같은 『아즈마카가미』에는, 요리토모가 분지 원년 요시쓰네를 치기 위해 상경 준비를 할 때(실현되지는 않았다) 가마쿠라에 모인 관동의 고케닌은 "지바 쓰네타네(千葉常胤) 이하 주요 인물 2096명"이라고 한다. 여기에 좀 덧붙인 수가 실제 수에 가깝지 않을까?

오슈 후지와라씨 공격은, 선조인 요리요시가 무공을 올렸다고 하는 전9년 전투의 재현을 의도하고 있었다. 진군 경로나 아베 사다토를 친 내력이 있는 구리야가와(厨川)에 머무는 날짜를 같게 하거나, 사다토의 전례대로 야스히라를 효수하고, 게다가 그 역할을 사다토의 당시 일을 맡았던 무사의 자손들에게 시키거나 하는 등이 그렇다. 요리토모는 고케닌들에게 전9년 전투를 "추체험"시키는 것으로써 스스로가 요리요시의 정통 후계자이며, 동원된 무사들에게 겐케(源家) 대대의 게닌이라는 의식을 갖게 하는 효과를 노린 것이다. 가와치겐지가 전9년 전투에 의해 동국에 세력을 구축했다는 관념도 이러한 요리토모의 연극적 정치에 의해 만들어진 신화였다.

교토 오반야쿠

가마쿠라 막부의 교토 오반야쿠, 별칭 내리 오반야쿠(内裏大番役)는 당시 천황이 거주하던 내리를 제국의 고케닌을 동원해 교대로 경호하는 것을 말한다. 번(番)이란 교대로 근무하는 사람들의 모임을 의미한다. 요리토모는, 겐큐 3년(1192년) 이후 각국의 무사들에게 고케닌인지 아닌지, 거취를 강요해 고케닌이라고 생각하는 자에 대해서는, 그 국의 슈고가 재촉하여 상경하여 오반야쿠를 하게 하는 체제를 구축했다. 이로 인해 고케닌을 원치 않은 자는 "히고케닌(非御家人)"이라 불리게 된다. 가마쿠라 고케닌에게 부과된 역할에는 항례(恒例)와 임시(臨時)의 역할이 있고, 항례의 역할은 가마쿠라 도노에 대한 봉사가 주 임무였다. 임시의 역할은 가마쿠라 도노를 직접 봉사의 대상으로 하지 않는 역할로, 막부 내지 가마쿠라 도노가 부과할 직무가, 배하의 고케닌 집단에 전가된 것이다. 그리고 가마쿠라 막부에 있어서는 항례의 역할보다도 임시의 역할 쪽이 우선되고, 임시의 역할 중에서 가장 중시된 것이 교토 오반야쿠였다. 고케닌에게 주인인 가마쿠라 도노를 보호하는 역할보다 교토의 천황을 보호하는 역할 쪽이 중하다는 기묘한 사실은 막부가 국가적인 군사·경찰을 직무로 하는 권력이라는 것을 단적으로 말하고 있다.

즉, 국가의 군사·경찰을 담당한다고 해도 그것이 널리 정치나 사회에 인지·승인되어 안정적으로 존속해가기 위해서는 누구라도 알 수 있도록 일상화하고 사람들의 눈에 띄는 것이 아니면 안 된다. 그 효과적인 방법이 국가를 대표하는 천황의 "옥체"의 안온을 실현하고, 수도의 평안을 유지하기 위한 교토 오반야쿠이다. 그리고 상경하여 이 오반(大番)의 역할을 맡았다는 실적이야말로 고케닌이 고케닌 신분을 유지하기 위한 가장 중요한 요건이며, 또한 그때까지 무사로 인정받지 못했던 무에 숙달한 존재들이 무사로 인정받는 최고의 기회이고 명예로운 무대이기도 했다. 이렇게 무사 성립의 제3기가 시작된다.

헤이케는 막부가 아닌가

막부에 대해 길게 설명해왔다. 말하고 싶었던 것은, 막부란 자명한 존재가 아니라 근대 역사학이 탄생할 무렵, 정이대장군과 같은 무가권력이었지만 그들이 존재하고 있던 동시대에는 일시적인 예외를 빼고는 어느 쪽도 막부라 불리지 않았으며, 실태로서는 정이대장군 없이도 설명 가능한 정권이라는 것이다. 그래서 만약 수장이 정이대장군이 되지 않아도 막부라고 부를 수 있는 무가권력이 따로 존재하지 않는가라는 자연스러운 의문이 생긴다. 에도막부와 마찬가지로 "고기"라고 불린 도요토미 정권 등은 막부라고 해도 이상하지 않는 것이다.

그런데 콜럼버스의 달걀 같은 이야기이지만 헤이케 정권과 가마쿠라 막부에는 뜻밖에 공통점이 많다. 즉, 헤이케는 교토 가모가와 동쪽의 로쿠하라를 거점으로 제국의 고케닌에게 국가의 군사·경찰의 일을 하게 했다. 즉, 헤이케의 게닌(家人)도 고케닌이라고 불리고, 교토 오반야쿠의 선구가 되는 간인다이리(閑院内裏)•로 오반야쿠를 교대로 하고 있었다. 최고 실력자인 기요모리는, 셋쓰의 후쿠하라에 자리를 잡고 좀처럼 상경하지 않았다. 필자의 조사로는 내란이 시작될 때까지 11년간 불과 19회뿐이었다. 이것은 그가 고시라카와 법황의 권력에 공간적으로도 거리를 둠으로써 자립성을 확보하려 했기 때문이라고 생각된다. 그리고 법황과의 타협은 수도에 있는 자제 일족에게 맡기고, 헤이케의 이익은 정무와 의식에 숙달한 친헤이케의 유력 공경에게 대행시키려고 했다.

미나모토노 요리토모도 국가의 군사·경찰부문을 담당하고, 그 막부를 후쿠하라 이상으로 수도에서 떨어진 가마쿠라에 열고, 기요모리 이상으로 상경을 절제한다(헤이케 토멸 이후 겨우 2회). 기요모리의 친헤이케 공경을 이용하는 수법에서 한걸음 나아가, 기소(議奏)를 두어 조정에 대한 영향력을 강화하려 시도했다. 기소는 요리토모가 지명한 10명의 공경에 의해 중요한 정무를 합의하여 주상(奏上)시키는 역할이다. 또한 본래 헤이케의 본거지였던 로쿠하라를, 가마쿠라 정권의 교토 출장기관으로 재편성했다. 이것이 교토 슈고(京都守護)인데 후에 남과 북의 로쿠하라탄다이로 발전한다.

• 후지와라노 후유쓰구(藤原冬嗣, 795~826년)가 지은 헤이안쿄니조(平安京二条)에 있었던 저택으로, 저택 내에 샘이 솟았다고 하고 그 한아(閑雅)한 풍경에서 「간인(閑院)」이라고 불렸다고 한다. 헤이안 시대 전반은 후지와라씨의 저택으로 사용되었고 후반에는 시라카와 천황(白河上皇)·호리카와 천황(堀河天皇)·다카쿠라 천황(高倉天皇)·쓰치미카도 천황(土御門天皇) 등의 임시 궁궐로 사용되었다. —옮긴이 주

요리토모는 내란 중인 주에이 2년(1183년) 10월, 반란군으로서 실효 지배하고 있던 동국에 대한 행정권을 조정으로부터 인정받고, 그 후에도 동국을 권력의 기반으로 삼았다. 헤이케도 셋쓰의 서쪽 끝부터 하리마(播磨) 동부의 내력부에 이르는 광역의 요소들을 자령화(自領化)하고 있었으며, 더 나아가 세토나이카이를 중심으로 한 서일본을 세력 범위로 하고 있었다. 이러한 제도·형태 면의 유사점에서, 필자는 헤이케도 막부로 봐도 좋다고 생각하며, 가마쿠라 막부에 앞서는 로쿠하라 막부로서 학계에 문제를 제기하는 바이다.

근위대장의 의미

요리토모는 오슈 후지와라씨 멸망 후인 겐큐 원년(1190년) 11월에 상경한다. 그때 우근위대장에 취임하는데 열흘 후에 사임했다. 근위대장은 조정 최고의 무관직으로, 금중(禁中)의 경호를 임무로 하는데, 천황의 행행에 반드시 봉공하지 않으면 안 된다. 기요모리의 후계인 다이라노 시게모리(平重盛)와 동생 무네모리(宗盛)가 나란히 좌우의 근위대장에 취임했던 전례도 있다. 요리토모로 말하면, 근위대장에 오래 머물러 기존의 국제(國制)의 틀 안에 갇히는 것은 싫었을 것이다. 그러나 이 지위는 이용가치가 있어서 일단 취임한 실적은 만들어 두지는 의도였을 것이다.

또 정이대장군에 대해서 말하면, 종래 요리토모가 그것을 열망하고, 고시라카와 법황 측은 거절했지만, 겐큐 3년 3월에 고시라카와가 죽었기 때문에 드디어 실현되었다는 견해가 있었다. 그런데 근년 새로운 사료의 발견으로, 요리토모가 "전 대장(전 우근위대장) 칭호를 그만두고, 새로 정이대장군을 배명(拜命)하고 싶다"고 제의해서 조정에서 여러 가지 대장군 가운데 정이대장군을 골라주었다는 사실이 밝혀졌다(『산카이키(山槐記)』).

정이대장군은 에미시 전쟁을 치른 사카노우에노 다무라마로가 헤이안 초기에 두 번 임명되었고, 죽기 전년 다이나곤으로 승진할 때까지 계속 가지고 있었던 명예로운 관직이다. 사실 다무라마로는 23세에 조정에 출사한 이래 일관되게 근위부 무관의 길을 걸어 소장(少將)·중장(中將)으로 영진(栄進)하고 두 번째 정이대장군 취임 후 우근위대장을 겸임했다. 왕조 측은 그의 근위부와 정이대장군과의 깊은 관계를 염두에 두어 요리토모가 획득한 제국 슈고권을 어떻게든 자신들이 통제할 수 있는 범위에 잡아두고 싶다는 기대를 하고 정이대장군을 골랐을 것이다.

이제까지 주목받지 않았지만, 요리토모 이후의 가마쿠라 도노도 근위부의 차관(중장·소장)이 된 후에 정이대장군에 임명되었다. 2대 가마쿠라 도노 요리이에(頼家)는 겐큐 10년(1199년) 정월 13일, 요리토모가 죽자, 18세로 가독을 승계하고 동월 20일 우근위소장에서 좌근위중장(左近衛中將)으로 영전한다. 상중의 임관은 사람의 도리에 어긋난다는 소리도 있었지만, 동년 정월 26일, "전 정이대장군 미나모토노 요리모토의 뒤를 잇고, 바로 그 게닌 종자들에게 이전처럼 제국 슈고를 담당하게 해야 할 것이다"라는 선지가 내려졌다. 요리이에는 동년 9월에는 제국의 슈고에게 게으름을 피우는 고케닌들이 교토 오반야쿠를 하도록 독촉하고 있다. 요리이에가 실제로 정이대장군이 된 것은 3년 후인 겐닌(建仁) 2년(1202년) 22세 때이기 때문에 그 이전에는 대외적으로는 근위중장, 사에몬노카미(左衛門督)로서 임무를 맡고 있었던 것이다.

4대 구조 요리쓰네(九条頼経), 5대 요리쓰구(頼嗣)도 우근위소장에 취임한 다음 같은 날 정이대장군이 되었다. 이례적인 것은 3대 사네토모(実朝)로 겐닌 3년에 요리이에가 호조씨(北条氏)를 제거하려다 실패하자 9월 7일 12세로 정이대장군에 취임하고 동년 10월 24일 우병위좌(右兵衛佐)에 취임했다. 익년 3월에는 우근위소장이 되고 겐포(建保) 6년에 26세로 좌근위대장, 동년 우대신으로 승진한다. 요리이에들이 대장이 아니었던 것은 당시 대장의 경력은 대신이 되는 조건이고, 대신이 될 수 있는 것은 셋칸케 이외에는 후지와라씨의 간인(閑院)·가잔인(花山院) 양가, 무라카미 겐지(村上源氏)의 고가케(久我家)라는, 셋칸케에 버금가는 최상류 귀족가[이상을 세이가케(清華家)라고 한다] 출신자만이라는 관례가 있었기 때문이다. 나이가 어린 가마쿠라 도노는 차장(次將)에 그치지 않을 수 없다. 차장이라면, 이미 호겐 원년(1156년), 좌우중소장(左右中少將) 각 4인, 합계 16인으로 정해져 자리에 여유가 있다. 또 6대 무네타카(宗尊) 친왕 이후의 친왕장군이 근위차장(近衛次將)을 경험하지 않은 것은, 황족은 오히려 근위부에 의해 보호되는 대상이기 때문일 것이다.

이러한 예로부터, 가마쿠라 도노는 조정의 관직인 근위의 장관에 취임한 다음 정이대장군에 취임하는 형식이 된 것을 알 수 있다. 가마쿠라 도노 자체가 호조씨(北條氏)의 대두로 실권을 잃고 있었기 때문에, 근위의 장관이나 정이대장군도 형해화하고 있었다고 하면 그뿐이지만, 조정의 측에서 보면 그것이 국가의 군사·경찰권을 담당하는 권문과 그 수장의 본질적 모습이었다고 말할 수 있다. 역시 무로마치 시기에서는 막부의 체제가 정비된 3대 요시미쓰(義滿) 이후 그의 "가례(佳例)"를 답습해 모두 우근위대장을 경험하고[어려서 사망한 5대 요시카즈(義量), 7대 요시카쓰(義勝) 이외], 그에 앞서는 좌중장(左中將)과 정이대장군 취임에는 양자 동일 배임(拜任) 또는 대부분 정이대장군 선행이었다. 동 막부에서는 정이대장군 부재의 시기도 있고, 그 위치 평가는 높지 않다. 오히려 근위대장 임관의 의례를 위해 개최되는 배하(拜賀)의식이 당주(當主)의 교체를 과시하게 되었다.

『헤이케모노가타리』가 그르쳤다

앞서 헤이케 정권은 막부로 이해할 수 있다고 말했다. 그러나 종래는 막부의 시작은 어디까지나 가마쿠라 막부이고, 헤이케 정권은 무가정권으로서의 진가를 의심받아왔다. 그 어중간함이나 미숙함을 형용하기 위해 많이 쓰이는 말이 "귀족적"이라는 용어이다. 이것은 현재의 역사교육에서도 답습되어, 예를 들면 다년간 채택률이 최고인 고등학교 교과서 일본사 B 『상설일본사(詳說日本史)』(山川出版社)에서는 "헤이케 정권은 현저히 셋칸케와 비슷한 것으로, 무사이면서 귀족적인 성격이 강했다"라고 단정하고 있다.

무가로서 헤이케에 대한 마이너스 평가의 최대 발신원은 고전문학의 『헤이케모노가타리(平家物語)』일 것이다. 거기서는 후지가와 전투를 앞두고 헤이케 진영 내에서 사이토 벳토 사네모리(斎藤別当実盛)가 동국 무사의 강궁(強弓)과 용맹과감을 이야기하자 주변의 무사들이 덜덜 떨었다는 이야기가 있어, 헤이케의 귀족 자제도 대개는 우아하지만 기력이 결핍된 귀공자로서 조형되어 있다. 『헤이케모노가타리』는 예로부터 많은 사람들을 매료시켜왔다. 그래서 더욱 영향력도 크다. 사람들은 최근까지 그 내용을 사실이라 믿어 의심치 않고, 헤이케를 귀족화한 연약·미숙한 무가정권으로 이해해왔다. 그러나 전형적인 가마쿠라 막부 무사로 여겨지는 하타케야마 시게타다(畠山重忠)나 구마가이 나오자네(熊谷直実)가 내란 초기에는 헤이케의 편에서 행동했다는 사실이 드러내듯이, 양자의 무사 역량에 특별히 큰 차이가 있었다고는 생각할 수 없다. 졌기 때문에 약하다는 것은 결과론이다.

『헤이케모노가타리』는 놀랄 정도로 수많은 이본이 있고, 이본들 사이의 차이도 매우 크다. 현재의 『헤이케모노가타리』 제본 연구에서는 요리토모 거병 당시 관동에서의 상세한 전투 이야기를 포함하는 읽을 거리로서 만들어진 제본이 비파법사의 말하는 이야기 대본류보다 우선 성립되었다. 그리고 대량의 잡다한 정보를 모은 엔쿄본(延慶本)적인 것을 정리하면서 이야기본 계통의 제본이 성립했다[그 최고의 달성이 고등학교 등에서 배우는 가쿠이치본(覺一本)]고 생각할 수 있게 되었다. 『헤이케모노가타리』는 무사의 무용을 상찬하는 문학이 아니지만 요리토모, 즉 승리자의 입장에 선 전투전승의 채용이라는 성립 과정의 사정이 동국 무사의 용맹함을 실제 이상으로 과장하는 결과가 된 것은 아닐까.

그래서 에도막부가 요리토모의 권력을 자신의 원류로 간주함으로써 비로소 귀족정권(귀족적인 헤이케도 포함)을 압도하는 원동력이 된 동국 무사야말로 본래의 무사라는 의식이 형성되어간다.

에도막부는 요리토모 권력이 모범

도쿠가와 이에야스(德川家康)는 게이초 16년(1611년) 상경해 도요토미 히데요리(豊臣秀頼)를 신하로서 따르게 하기 위해 3월 니조성에서 대면식을 하고, 4월에는 재경(在京)의 다이묘에게 3개조 서약을 기술한 서사(誓詞)를 쓰게 했다. 그 제1조에는 "우대장가(右大將家)(요리토모) 이후 대대로 구보(公方: 장군)가 정해온 '법식'을 받들고 에도의 쇼군 히데타다(秀忠)의 금령을 굳게 지킨다"라고 했다. 이는 도쿠가와 쇼군 중심의 정치제도가, 가마쿠라 이래 무가정치의 정통한 계승임을 승낙하도록 한 문서이기도 하다. 이때는 서국의 유력 다이묘를 대상으로 했지만, 이듬해 17년에는 동국의 다이묘에도 같은 서사를 쓰게 했다. 그러나 히데요리는 여기에 서명하지 않았다.

이에야스는 『아즈마카가미』를 숙독하고 있었다(『헤이케모노가타리』가 『아즈마카가미』의 편찬 재료 중 하나라는 데 주의). 이에야스의 시의가 저술한 『이타사카보쿠사이오보에가키(板坂卜斎覚書)』에, 이에야스의 애독서는 대개 한적(漢籍)이며, 추상(推賞)하는 인물은 대부분 중국인이고, 일본에 대해서는 겨우 『엔기시키(延喜式)』(927년에 편찬된 율령의 시행세칙집)과 『아즈마카가미』와 요리토모를 열거하는 것에 불과하다고 한다. 그는 그야말로 요리토모에게 사숙하고 있고, 요리토모 이외의 정치가는 안중에 없었다.

이에야스는 어린 시절, 이마가와씨의 인질로서 슨푸(駿府: 현 시즈오카시)에 보내져 고생했다. 또한 히데요시(秀吉)에 의해 관동으로 이봉(移封)되어, 도요토미씨 멸망 후에도 에도와 관동 8개국을 기반으로 하는 국가 형태를 선택하고 있다. 소년 시절의 요리토모도 이즈(伊豆)에서 20년간 유배의 생활을 보내고, 헤이케 멸망 후에도 동국을 기반으로 하는 권력을 구축했다. 이러한 처지의 유사성이 요리토모나 그 정치에 대한 공감을 부른 면도 있을 것이다. 우대장가의 예를 정치 규범으로 삼는 태도는, 막부의 정사(正史) 『도쿠가와짓키(德川實紀)』에 "항상 가마쿠라 우밧카(右幕下)(요리토모)의 정치의 모습이 마음에 드셨는지, 그 사적(事蹟) 등을 이리저리 평론하신 것이 많다"고 쓰여 있는 것처럼, 요리토모를 향한 이에야스의 높은 관심이 반영되어 있다.

에도 막부사관의 최고봉

요리토모나 그의 막부가 도쿠가와 막부의 원류이며, 그것이 또한 현실정치의 규범이나 행위의 준칙이라고 보는 정치관의 역사판(歷史版)이라고도 해야 할 것이, 에도 중기의 유학가면서 정치가였던 아라이 하쿠세키(新井白石)의 『도쿠시요론(讀史餘論)』일 것이다. 그것은 일본의 역사를 헤이안 전기의 후리와라씨 외척의 전횡에서 시작해 남북조 분립의 왕조 몰락까지의 9단계와 요리토모의 막부개창에서 당대(도쿠가와 정권)에 이르는 "무가의 대" 5단계로 이루어진 역사로 그려 무가정치 출현의 합리와 필연을 설명하고 도달점으로서 도쿠가와의 치세를 긍정하는 역사서였다. 그래서 이 서물은 18세기 말 이전에 "막부"를 무가의 전국정권이라는 의미에서 사용한 매우 드문 예이다.

하쿠세키에게는 귀족정치야말로 지방정치의 혼란을 초래하고 무사의 대두를 촉발한 근본적인 원인이었다. 그는 "언제나 도내(都內)에 살면서, 조정의 사람들과 밤낮으로 어울리는 것이 습관이 되어 무용은 전혀 잊어버린" 헤이케나, "막부를 수도에 개설"한 무로마치 막부의 "커다란 실수"를 엄격하게 비판했다. 반대로 요리토모를 배워 동국에 막부를 정하고, 게다가 가마쿠라와는 다른 문사·무사가 겸비된 지세(地勢)의 에도를 "자손만세의 도성"으로 삼은 이에야스의 "신모(神謀)"가 상찬받는 것이다. 이 책이 근대 역사학에 끼친 영향은 매우 크다.

가마쿠라 시대라는 시대 구분

역사를 시대별로 구분할 때 가마쿠라 시대라는 호칭을 사용하는 방식은 사람들의 역사인식을 그르치기 쉽다. 가마쿠라 막부는 교토의 왕조를 부정하지 않아서 일본에는 본래의 국가체제나 그 기반이 아직 여력을 가진 상태로 유지되어 있었다. 막부가 조정에 의해 존재가 보장된다는 원칙은 막부가 망하는 날까지 변하지 않았고, 가마쿠라 시대의 다양한 사건이 막부의 역사만으로 설명할 수 있는 것이 아니기 때문이다.

그러나 고토바(後鳥羽) 상황이 막부 타도를 노렸다가 패배한 조큐(承久)의 난(1221년) 후에 막부는 조정의 권한을 차차 접수하여 12세기 후반 이후에는 황위의 계승을 좌우하고 조정 정무에 간섭을 강화했다. 또한 장원영주나 고케닌들의 영주권에도 개입하여 권력집중을 추진했다.

막부 내에서는 도쿠소(得宗: 호조씨 적통의 당주)에게 권력이 집중되어, 도쿠소의 사저(私邸)에서 행해진 근신 그룹의 회의가 사실상 정치의 의지 결정의 장이 되고, 종래의 싯켄(執權: 쇼군을 보좌하고 정무를 총괄한 최고직, 호조씨가 세습)·효조슈(評定衆: 유력 고케닌에서 선임되고 싯켄과 함께 정치와 재판을 합의 재결한 기관) 등의 지위·권한이 공동화한다. 도쿠소의 전제화와 우치칸레이(內管領: 싯켄 호조씨의 집안 살림을 담당하던 자)의 전횡은, 냉대·압박·간섭을 받은 사람들의 반발을 불러 그것이 막부 멸망의 요인 중 하나가 되었다.

3. 무로마치·전국시대의 무가와 무사

남북조 내란과 무로마치 막부

고다이고(後醍醐) 천황은 천황 스스로가 정치를 행하는 친정을 이상으로 생각해 그에 방해가 되는 가마쿠라 막부를 쓰러뜨리고자 반막(反幕)세력을 끌어모았다. 겐코(元弘) 3년(1333년)에는 보기 좋게 호조씨를 멸하고 겐무(建武) 신정권이 수립된다. 그러나 막부 타도에 큰 공이 있었던 미나모토씨 일족의 아시카가 다카우지(足利尊氏)가 반기를 들었기 때문에 신정권은 3년 만에 붕괴했다. 다카우지는 랴쿠오(曆応) 원년(1338년) 정이대장군에 취임하는데, 그 이전 겐무 3년(1336년) 11월에 사실상 법령인 겐무시키모쿠(建武式目)를 제정하여 실질적으로 막부를 발족시켰다. 고다이고는 다음 달 12월 요시노(吉野)에 들어가고, 이후 다카우지가 세운 교토의 북조(持明院統)와 요시노의 남조(大覺寺統)가 대립 항쟁하는 남북조 내란의 시대가 시작되었다.

막정(幕政)이 발족할 때 가마쿠라 막부의 여러 제도와 행정 간부들은 이어졌지만, 정권의 소재지는 교토로 옮겨졌다. 막부를 교토에 두게 된 것은 가마쿠라 막부와 같은 군사·경찰권을 장악할 뿐만의 정권이라면 본거지를 가마쿠라에 두고 로쿠하라를 활용해도 가능하지만 막부가 진정한 의미에서 전국정권이 되려고 한다면, 정치·문화·종교의 중심에서, 장원영주가 집주(集住)하고 전국의 부나 사람이나 정보가 모이는 경제·유통의 중심도시에 정권을 두지 않을 수 없기 때문이다.

고다이고 천황을 지지하는 남조 측은 각지에서 북조 측과 싸웠지만 다수의 고쿠진(國人: 남북조기 이후 재지영주의 호칭)에게 지배당한 북조 측에 압도되어 점차 제국의 거점을 잃어갔다. 내란은 햇수로 57년이라는 긴 세월에 걸쳤지만 남조 측에 실체가 있고 강력했기 때문은 아니다. 내란이 길었던 이유는 무사 중에 조정귀족이나 대사찰의 경제적 기반인 장원공령으로 침략을 주저하지 않는 급진적인 지방영주들과 왕조귀족들의 이해를 배려하는 보수파의 대립이 길어졌기 때문이다. 그것이 내부로는 무사를 지배하고 외부로는 통치한다는 막부권력의 양면을 형제로 역할 분담하고 있던 다카우지·다다요시(直義) 형제의 불화로 나타나, 간노(観応)의 소란(擾乱)(1349~1352년)이라는 큰 쟁란을 불러일으켰다. 남조 측은 연명의 실마리를 잡아, 소란으로 몰락한 보수파의 구 다다요시당(直義党)이 남조 측에 다수 가세했기 때문에 세 번이나 교토가 남조 측에 탈환되는 사태가 일어났다. 그 이후 막부에 활을 쏘는 무장들은 남조에 항복해 남조 측을 자칭하고 막부와 싸운다는 패턴이 반복된다.

그러나 조지(貞治) 원년(1362년) 이후 막부는 안정을 향하고 군사 정세도 북조군이 우세인 채 소강 상태가 계속된다. 집사(執事) 호소카와 요리유키(細川頼之)는 무사의 장원 침략을 기성사실로 인정하는데, 그 이상의 침해는 용서하지 않는다는 형식으로 권문귀족·대사사와 고쿠진·슈고 권력 쌍방의 권익을 각각 어느 정도 보호하여 그것이 무로마치 막부의 토지정책의 기조가 되었다. 이를 전후해 종래 조정이 행사하던 여러 지배를 막부가 분담하고 떠맡게 되고 교토의 시정 등도 막부 사무라이도코로(侍所)가 장악하게 된다.

요시미쓰의 시대

3대 쇼군 요시미쓰(義滿)는 에이와(永和) 4년(1362년), 교토 기타코지(北小路: 현 가미다치우리도리)의 무로마치에 새로운 저택을 지었다. 고랴쿠(康曆) 원년(1378년)에는 호소카와 요리유키를 실각시키고 실권을 장악했다. 우근위대장·내대신(內大臣)·좌대신(左大臣)·준삼후(准三后)[태황태후궁(太皇太后宮)·황태후궁(皇太后宮)·황후궁(皇后宮)에 준하는 대우법]로 역임하여 관위는 종1위(從一位)로 승진했다. 내대신에 임명된 에이도쿠(永德) 원년(1381년) 때까지의 무가풍과는 다른 구게 풍의 서명(花押)을 사용하게 되었다. 무사풍의 서명을 사용한 것은 가쿄(嘉慶) 원년(1387년)이 마지막이었고 이후 모든 사무에는 구게 풍의 서명이 사용되고 있다. 이것은 문인 "공방(公方: 쇼군의 별칭)"의 입장에서 구게·무가 쌍방을 통솔하려는 의지를 보인 것이고, 무로마치 막부가 단순한 무가정권이 아니라, 공무(公武)에 군림하는 정권의 길을 걷기 시작했기 때문이라는 의견이 있다.

메이도쿠(明德) 3년(1392년) 요시미쓰는 남조를 북조로 사실상 흡수하여 내란을 종식시켰다. 오에이(應永) 원년(1394년)에는, 쇼군직을 아들 요시모치(義持)에게 물려주고 태정대신에 임명되었지만 이듬해 출가한다. 동 4년 기타야마 도노(北山殿)의 조영을 시작한다. 오에이 8년에는 중국에 사신을 파견해 외교·통상을 시작했다. 이듬해 명나란 황제로부터 "일본 국왕"에 봉해졌다. 요시미쓰는 출가 후, 법황과 같은 대우를 요구해 권세의 절정을 맞이했다.

그 후의 무로마치 막부

그런데 4대 요시모치 시기가 되면, 요시미쓰 정치의 후반기를 수정해 공무에 초월적으로 군림하는 권력에서 "공무 양두정치" 또는 "공무 융합정치"라고 불리는 것처럼, 천황·섭관과 아시카가가의 가독이 협조해 국정을 운영하는 정치로 전환했다. 즉, 막부는 무사의 이해만 대표하는 권력이 아니라 막부 내에서도 쇼군은 슈쿠로(宿老: 재경의 유력한 슈고)와의 중의(衆議)를 중시하면서 정권을 운영하게 된다.

막부는 슈고 연합정권의 성격이 있음과 동시에 초기에 쇼군은 슈고 직을 임명함으로써 슈고를 경질할 수도 있었다. 그러나 15세기가 되면 반란이라도 일으키지 않는 한 슈고 직은 세습이 되어간다. 그것은 군사·경찰관계 이외에는 고쿠가 행정에 개입을 금지했던 가마쿠라 시대의 슈고와 달리, 이 시기의 슈고는 국내의 고쿠진 층을 가신화함과 함께 고쿠가 기구를 장악해 장원·고쿠가료에 지배력을 미치게 되어 임국과의 결합이 훨씬 강화되었기 때문이다.

그 흐름을 거역하듯이 6대 쇼군 요시노리(義教)는 유력한 슈고·정신(廷臣)·사사(寺社)를 탄압하여 쇼군으로 권력집중을 지향했다. 이 때문에 가키쓰(嘉吉) 원년(1441년) 슈고 직의 몰수를 우려한 아카마쓰 미쓰스케(赤松満祐)에게 살해당하고 말았다(가키쓰의 난). 이를 전후해 교토를 중심으로 대규모의 도쿠세이 잇키[德政一揆: 토착 주민의 잇키 중에서 특히 매매·대차계약의 파기를 명하는 덕정령(德政令)의 발포를 요구한 것]가 빈발하여 막부에 타격을 주었다. 또한 일찍이 독립적이었던 규슈에 이어서, 관동 8개국도 막부의 통제로부터 이탈하여 전란 상태에 돌입했다[교토쿠(享德)의 난].

전국시대가 시작되다

그 후 8대 쇼군 요시마사(義政)의 정치도 혼란해져서 쇼군가나 관령 하타케야마·시바 양가의 상속 문제를 계기로 오닌(應仁) 원년(1467년) 결국 오닌·분메이(文明)의 난(1467~1477년)이 시작되었다. 종래에는 이 난을 전국시대의 시작으로 보는 견해가 유력했지만, 최근에는 오닌의 난을 유발한 교토쿠(享德)의 난(1454~1483년)이 시작이라는 설, 10대 쇼군 아시카가 요시키(足利義材/義稙)가 폐위당한 메이오(明應)의 정변(1493년)에 의해 중앙정권으로서의 기능이 결정적으로 상실된 것이 시작이라는 설이 제기되고 있다. 난 이후에 지방에서는 슈고령국제가 진행되고 장원공령제는 최종적으로 해체되어 분국(分國) 지배를 강화한 슈고 또는 슈고다이(守護代) 중에서 전국다이묘(戰國大名)로 성장하는 자들이 나타났다.

무사와 지방의 관계

중세기까지 무사의 역사를 서둘러 더듬어보았다. 그러나 그것은 무가정권의 역사라고 해야 할 것이며, 그 구성원인 개별 무사들의 존립 기반에 대해서는 거의 살피지 않았다. 여기서 부족한 부분을 보충하고 싶다.

일반적인 중세 무사의 사회경제적 실체는 재지(在地)영주라고 이야기된다. 그들은 농촌을 중심으로 자신의 소령(所領)인 지역을 지배하는 영주이다. 발달한 중세 지방영주 지배의 구조를 소령·쇼시키[所職: 직무(職務)에 따라붙는 권리]의 내용에서 모델화하면, (A) 지배권이 가장 강력하게 관철되는 본거지로서의 저택이 있는 토지, (B) 저택지 주변에 퍼져 있는 직영 전답으로 장원영주나 고쿠가에 대한 공사·잡역의 납입이 면제된 땅, (C) 그 외부로 전개하는 군·향·보 등의 지역 단위라는 동심원적 3중 구조를 그릴 수 있다(그림 2-3).

(A)의 내부나 (B)에 거주하는 서민이 게닌(下人)·소쥬(所從)라고 불리는 사

람들이고, 가장 지배력이 약한 (C)에는 자립한 백성·일반 농민이 거주하고 있었고 다른 지방영주의 소령도 여기저기 흩어져 있었다. 게닌·소쥬는 영주가에 부속하는 재산시된 세습적 종자이고, 주인에게 24시간 내내 봉사해야 하는 사람들이었다. 주인이 무사인 경우에는 보조 전투원이나 인부로서 전장에도 나가야만 한다. 이에 비해 백성은 지방영주에게 1단(反)(약 1200제곱미터)당 5승(약 9리터) 정도의 가징미(加徵米: 고쿠가료·장원에서 본래의 조세와 연공에 부가해서 징수한 쌀. 조세·연공은 장원영주와 고쿠가에, 그 외는 지방영주에 납입했다)를 납부하는, 비교적 느슨하고 자유로운 관계를 기본으로 하고 있었다. (D)·(E)·(F)에는, 물론 그 지배력이 미치지 않는다.

그림 2-3 재지영주 지배의 구조 모델. 이시이 스스무(石井進)의 그림을 일부 수정함.

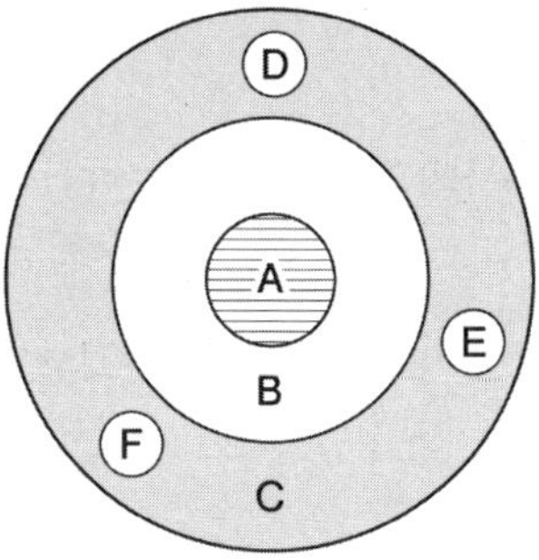

그런데 가마쿠라 고케닌과 같은 존재는 중견 이상이라면 지토 직도 포함해 소령을 3개소 정도 가지고 있었다. 예를 들면, 가마쿠라 시대 후기 아키(安芸)국을 본거지로 하는 다케하라 고바야카와(竹原小早川)씨의 조신[定心, 마사카게政景]은 쇼오(正應) 2년(1289년), 아키국 都宇莊(현 히로시마현 다케하라시)·아와(阿波)국 반자이조(板西下)장(현 도쿠시마현 고마쓰시마시)의 일부·비젠(備前)국 모카케시(裳懸)장(현 오카야마현 세토시)·가마쿠라 고메마치(米町: 현 가마쿠라시 오마치)의 집을 아들 마사무네(政宗)에게 물려주고 있다. 다케하라 고바야카와씨는, 가마쿠라 막부의 유력 고케닌 고바야카와씨[小早川氏: 거병 이래 요리토모를 도와 활약한 도이 사네히라(土肥實平)의 자손]의 분가이다. 유력 고케닌 정도면 그 소령은 전국에 산재하고, 사실 고바야카와씨의 본가는 다케하라시(竹原氏)를 상회하는 소령을 갖고 교토에도 7개소의 가옥과 토지·우지데라(氏寺)를 소유하고 있었다. 그들은 의외로 도시적인데 지방의 소령은 일족과 유력 로토에게 관리시키고 있었다. 그것은 지역에 밀착한 영역 지배라고 단언하기에는 이질적인 요소를 포함하는 지배구조일 것이다.

무사의 저택지

중세의 무사가 일상을 보냈다고 하는 재지의 저택지(屋敷地)는, 연구자들에게 "거관(居館)" 혹은 "방형관(方形館)"이라고 불려왔다. 그 유적은 일반적으로는 충적지(沖積地)·선상지(扇状地), 그리고 자연적 제방의 미고지(微高地)나 그다지 높지 않은 태지(台地)·하안단구(河岸段丘) 등 수전경작과 관계가 깊은 지점에서 발견되며, 1정(町) 1정약(町弱)(1정은 109미터)의 방형, 면적으로는 8000m^2 정도의 규모가 많다. 평지의 방형관은 사주(四周)에 토루(土壘)를 쌓고 그 외측에 해자나 물 없는 해자를 두른다. 토루와 해자로 둘러싸인 저택지의 내부를 호리노우치(堀ノ内)·도이(土居)라 하고, 그곳에는 안채·마구간·창고·망루·매집(鷹屋)·지불당(持仏堂)·묘소(墓所) 등의 건물시설이 늘어서고, 약간의 전답도 존재했다. 해자는 햇볕을 받게 해 차가운 용수의 온수화를 기도했고, 가뭄 방지의 저수 역할을 하는 등 농업용수를 안정시키는 기능도 갖추었다. 또한 유사시에 거관에 엄중한 방비를 하느니보다, 퇴피(退避) 전용의 성채를 요충지에 따로 만드는 편이 훨씬 효과가 있었다. 당시의 무사가 거관의 배후 산지에 성채를 만들어 양자를 병용하는 사례가 많았던 것은, 이러한 판단이 섰기 때문이다.

이것이 통설이지만, 1970년대 이래의 중세 성곽사나 성곽 고고학의 발전으로 통설에 수정이 요구되고 있다. 애초에 해자와 토루의 출현은 무사의 본고장이라 불리는 동국에서도 14세기 이후, 일반화되는 것은 15세기까지 내려온다고 하며, 중세 전반으로는 소급되지 않을 가능성이 높다고 지적된다. 또한 중세 무사가 거주한 재지의 시설을, 당시 "관(館)", "거관"이라고 부르는 습관은 없었다. 관을 다치·다테라고 읽으면 공적인 성격을 갖는 고쿠시 등 "귀인의 저택"이고, 게다가 재직 중의 일시적인 임시 거주의 건물을 의미한다. 문헌사료에 의하면 무사의 본댁(本宅)에는 오로지 "야시키(屋敷)"라는 말이 사용된다. 그것이 성곽화하는 것은 비상사태에 한정되어 있으며 일상적으로는 성곽이 아니라는 것이다.

해자가 농업용수로 이용되었다는 설도 산록의 저택지와 산성의 세트 관계도 모두 증명이 끝난 것이 아니다. 개별적인 예외가 있다고는 해도 산성이 대량으로 출현하는 시기 자체가 14세기경까지 내려온다는 것이 타당할 것이다. 성곽사의 나카이 히토시(中井均)의 교시에 의하면, 산록의 저택과 산상의 성채가 밀접한 관계를 갖고 성립하는 것은 15세기 중엽이라고 한다. 14세기는 남북조 내란 시기이고 15세기 중엽은 전국시대의 시작이다. 통설의 형성은, 메이지부터 다이쇼기(大正期)에 걸쳐 무사의 농촌 발생과 거주를 강조하는 입장에서, "거관"이라는 장중한 한자어가 선택되어, 거기에는 무사의 거점답게 토루나 해자 등의 방어시설이 있는 게 당연하다는 판단이 작용한 결과라고 생각하는 것이 타당한 것 같다.

이상은 지방무사의 본거에 대한 문헌·유구·주변 지형의 면밀한 고찰에 입각한 연구의 진전으로 명백해진 사실이다. 다만 그 구체적인 내실에 대해서는 금후의 연구를 기다리는 부분이 많다.

신분제의 변화

남북조·무로마치 시기(중세 후기)에 들어가, 무가는 전체적으로 점점 세력이 커져 갔다. 무가의 융성은 장원공령제의 쇠퇴나 해체, 왕조 제 세력의 감퇴를 불러일으킨다. 그 때문에 무가에 귀속한 사무라이에 비해 그 외의 여러 권문에 속한 사무라이의 존재가 희미해져 간다. 이 경우 무가의 사무라이(家中)의 핵심은 당연히 무사이기 때문에, 점점 사무라이와 무사가 같은 것으로 묶이게 된다. 중세 후기의 신분제는 전기 정도의 체계성도 영속성도 갖지 못하는 불안정한 것이며, 전국시기의 사회변동으로 더욱 상당 부분이 부정되어가는 과도기적인 것이었다. 동시에 대국적으로는 근세 신분제로 접속하는 요소도 보이기 시작했으며, 근세 에도시대의 준비 단계라는 의미를 겸비하고 있다.

신분제에 변화를 초래한 배경으로는 민중의 주체적 역량 증대가 손꼽힌다. 유력 백성 중에서는 백성·평민(凡下)의 경계를 넘어 사무라이 신분으로 상승하려는 움직임이 활발해지고 있었다. 전국시기 오우미(近江)의 "다가신사문서(多賀神社文書)"에는, "신자무라이(新侍)"라 불린 백성들이 나타난다. 제국의 같은 존재는 실력의 신장과 함께 농업을 버리고 무예를 배워 가문의 격(家格)의 상승을 노려서 곤궁한 사무라이의 계보를 사들이고 스스로 사무라이라 칭했다고 한다. 구로사와 아키라(黒澤明) 감독의 명작 〈7명의 사무라이〉(1954년)에서 미후네 도시로(三船敏郎)가 연기한 기쿠치요(菊千代)는 강도에게 부모를 살해당한 백성의 아들이라는 설정으로, 훔친 계보를 들고 자신은 사무라이라고 주장한다. 그러나 바로 그런 사무라이가 수없이 나타났던 것이다. 이런 신자무라이(地侍: 지자무라이) 슈고의 피관(被官: 가신화한 하급 무사)이 되어 군세로 징집되었다.

4. 도요토미 정권에서 막번체제로

다이코겐치

전국의 쟁란은 오랫동안 계속되었지만, 종반에 오다 노부나가가 두각을 드러내, 에이로쿠(永禄) 11년(1568년), 망명 중인 아시카가 요시아키(足利義昭)를 받들어 입경하고 그를 쇼군직(15대)에 올린다. 이어서 덴쇼 원년(1573년), 적대 관계가 된 요시아키를 교토에서 추방해 무로마치 막부를 끝내고, 전국의 절반을 평정하기에 이르렀다. 노부나가가 아케치 미쓰히데(明智光秀)의 반란으로

횡사하자 하시바(후에 도요토미) 히데요시(羽柴秀吉)가 노부나가의 통일사업을 이어받아 덴쇼 18년, 이를 완성시킨다.

도요토미 히데요시(豊臣秀吉)의 시대는 평화의 도래에 의한 공전의 번영과 문화의 고양을 경험했다. 도요토미 정권이 내세운 핵심 정책은 다이코겐치(太閤検地: 전국적인 토지조사)와 가타나가리(刀狩: 칼사냥)이다. 전국다이묘도 가신이 된 고쿠진이나 지자무라이들의 토지를 조사했지만, 토지의 면적을 연공액[관문(貫文)이라는 전(錢)으로 환산한 전화(錢貨)의 액]으로 표시하고(貫高制), 그 간다카(貫高)가 그들에게 부과되는 군역의 기준액이 되었다. 이에 비해 다이코겐치는 토지를 상·중·하·하하 등급으로 나누어 각각의 도다이[斗代: 고쿠모리(石盛)]라고도 한다. 1반(反)당 고쿠다카(石高) 환산률, 가령 상전(上田)은 현미 1석(石) 5두(斗)로 한다. 1석은 약 180리터)를 결정하고 여기에 겐치에 의해 확실한 면적을 곱하여 각 경지의 석고를 산출한다.

이제까지 전국다이묘는 실제로 겐치를 하지 않고, 영내의 가신에게 토지의 면적, 연공량 등의 정보를 제출시켰지만, 다이코겐치 이후에는, 봉행이 현지를 실제로 측량해서 토지의 면적·수확고를 비롯해 실상을 파악하는 방법이 취해졌다고 이야기되어왔다. 그러나 그 후의 연구에 의하면 전국다이묘의 겐치에서도 현지의 측량이 있었고 그것에 의해 증분(增分)이라 불리는 추가 부담이 있었던 사례가 확인되었다. 또한 다이코겐치의 기준이 되는 두대(斗代)는 언뜻 수확고로 보일 정도로 과대했으나, 종래 각각의 등급의 토지가 부담하고 있던 조세나 중간 착취 기타를 합산한 것의 표준치를 토대로 한 연공액이라고 주장되고 있다. 다이코겐치로 통일권력에 의한 현지의 파악이 비약적으로 증진한 것은 틀림없지만, 전국다이묘로부터의 연속성도 고려해야만 하는 것이 연구의 현 단계일 것이다.

고쿠다카세이

다이코겐치는 덴쇼 17년(1589년)부터 본격화되어, 에도 초기에서 전기에 걸친 대규모의 겐치로 계승되었다. 그 결과 겐치는 마을마다 통일된 기준으로 실행되었고 논은 물론 쌀을 생산하지 않는 화전·저택지·황무지에도 각각의 고쿠다카가 부여되었다. 그 고쿠다카를 마을 범위에서 집계해 무라다카(村高)가 정해졌다. 촌의 토지는 개별적인 형상은 제거되어 고쿠다카라는 계량이나 비교가 가능한 숫자로 변환되었다. 나아가 이런 방식이 전국 방방곡곡에 보급되어 고쿠다카세이(石高制)가 확립한 것은 중요한 의미가 있다.

영주는 무라다카에 3~4할의 연공솔(年貢率)을 붙여 연공을 부과한다. 촌에서는 그것을 촌인에게 할당했기 때문에 할당금의 대소·유무에 의해 각자의 신분·격식이 정해진다. 고쿠다카는 또 주군으로부터 가신에게 봉록지(知行地)가 수여될 때의 봉록할당장[知行宛行狀: 봉록의 할당을 표시하고 그 권리를 보장한 문서. 히데요시가 다이묘에게 준 경우는 영지주인장(領知朱印狀)이라고 한다] 등에 기재된다. 그것이 군역을 매길 때의 기준이 되었다. 다만 다이묘의 고쿠다카나 어느 국의 고쿠다카는 겐치에 의해 결정된 무라다카의 총합이 아니다. 그것은 수납된 연공의 양을 참고로 정치적으로 결정된 것이며 이 고쿠다카를 오모테다카(表高)라고 하여 다이묘의 격식을 표시하게 되었다.

백성 신분과 병농분리

중세의 장원공령제하에서는 하나의 경지에 복수의 권리나 부담이 서로 겹쳐져 있었는데, 다이고겐치는 이러한 복잡한 상태를 정리해 하나의 경지에는 한 사람의 경작자라는 1지 1작인 제도가 실시되었다. 그 결과 농민은 자신의 전답의 보유권을 인정받았지만, 동시에 연공의 부담과 경작의 전념이 부과되었다. 백성은 신분에 동반하는 역으로 축성이나 군량 운반의 노역을 제공하는 의무도 부과되었다.

히데요시는 덴쇼 19년(1591년) 조선 출병에 군역 동원수를 결정하는 기준으로 전국의 다이묘에게 그 영국(領國)의 고젠초(御前帳: 국군별로 오모테다카를 기재한 지배의 기본 장부)와 고오리에즈[郡絵圖: 군 단위로 그려진 그림, 구니에즈(國絵圖)라고도 한다]의 제출을 명했다. 또한 같은 해 이른바 "신분통제령(身分統制令)"에 의해, 무가봉공인(武家奉公人)[아시가루(足輕)·츄겐(中間)·고모노(小者) 등 사(士)와 백성의 중간적 존재]이 조닌이나 백성으로, 또 백성이 상인·직인(職人)으로 되는 것을 금지시켰다. 그리고 분로쿠(文禄) 원년(1592년) 히토바라이레이(人掃令)를 내려서 직업별로 호수·인수를 조사·확정하는 전국적인 호구조사가 시행되었다. 이것도 같은 해 시작되는 조선에서의 전쟁을 수행하기 위한 노역 인부의 확보가 목적이었다.

히데요시 정권이 발령한 여러 정책에 의해 지배 신분으로서 무사(兵)와 피지배 신분으로서 백성(農)이 구별되어 무사가 다른 모든 자를 지배하는 체제가 시작되었다. 이것이 병농분리인데 현재 그 구체적인 양상에 대해 이제까지의 이해에 비판적인 검토가 더해져서 무가봉공인의 신분이나 실태, 공급원, 그 동향을 중심으로 가타나가리, 무사의 성하집주(城下集住) 등의 문제에까지 미치는 활발한 논의가 전개 중이다.

칼사냥(가타나가리)과 싸움정지령

어쨌든 병농분리에 의해 신자무라이도 포함한 농촌의 하급 무사는 사·농의 어느 한쪽으로 정리되어간다. 하극상에 종지부를 찍고 사(士)는 히데요시를 정점으로 하는 다이묘 이하의 봉록(知行)체계에서 위치가 정해졌다. 덴쇼 16년(1588년) 7월, 도요토미 히데요시는 칼사냥(가타나가리)령을 발포하고 배하의 다이묘에게 명하여 백성의 무기를 수집하도록 했다. 중세 사회에서는 마을도 자력구제의 주체이기 때문에 마을마다 대량의 무기가 있었다. 산야의 용익이나 용수 분쟁을 원인으로 하는 마을과 마을의 분쟁은 끊이지 않는다. 분쟁의 현장에서는 백성이 집단으로 무기를 휘둘러 서로를 죽이고 상처 입힌다. 그것을 억지하지 않으면 안 되고 이를 위해서는 마을에 있는 무기를 가두어놓고 그 사용을 동결시킬 필요가 있다. 그래서 히데요시는 정권 성립 당초부터 농민의 "싸움"을 정지하는 법령을 내렸다.

칼사냥령은 그것에 연동하는 조치인데, 촌과 백성이 무장권(칼을 차고 사람을 죽이는 권리)을 행사하는 것을 금한 것이었다. 또한 휴대권(帯刀權)을 원칙적으로 무사에게만 한정했다. 물론 칼사냥령의 "본심은 (백성의) 잇키(一揆)를 정지하기 위해서"라는 면은 중요하다. 그러나 도쿠가와 막부는 히데요시의 칼사냥령을 폐기하지는 않았지만 적극적으로 계승하지도 않았다. 싸움정지령은 계승했다. 백성들은 칼을 휴대하는 것은 금지당했지만, 완전하게 무장 해제당한 것은 아니며, 촌에는 많은 무기가 남겨져 있었다. 산에 가까운 마을에서는 농작물을 망치는 멧돼지를 퇴치하는 데 총이 불가결하다. 총은 감정을 통해 말하자면 농기구로서 소유를 인정받았다. 칼사냥은 백성 신분임을 명시하기 위한 신분법령이라는 점에도 주의해야 할 것이다.

도쿠가와씨의 패권

히데요시의 두 번에 걸친 조선 출병은, 조선 땅에 필설로 다할 수 없는 인적·물적 피해를 강요했을 뿐만 아니라, 국내에서도 도요토미 정권을 피폐시켜 그 지배를 근저에서 동요시키는 결과가 되었다. 조선에서의 패색이 짙어진 게이초 3년(1598년) 히데요시가 죽었다. 도쿠가와 이에야스는 히데요시로부터 정권 운영을 위탁받은 고다이로(五大老)의 필두인데 2년 후 세키가하라 전투에 승리함으로써 실질적으로 덴카비토(天下人)의 위치에 올랐다.

세키가하라 전투는 본래 도요토미 대 도쿠가와의 싸움이 아니고, 전투 후에 도요토미가가 하나의 다이묘로 전락한 것도 아니다. 이긴 쪽의 형식상 총대장은 이에야스였다고 해도, 격파한 상대는 주로 이시다 미쓰나리(石田三成) 등 히데요시가 발탁한 다이묘, 승리에 공헌한 것도 히데요시가 발탁한 다이묘들이었다. 그래서 이시다 쪽 참가를 이유로 몰수된 662만 석의 8할은, 승자가 발탁한 다이묘에게 더 많이 배분되었다. 이에야스는 다이묘에게 영지를 할당하는 권한을 사실상 획득했지만 그는 당시 아직 히데요시가 영지 할당이나 가증(加增) 때 다이묘 앞으로 발급한 영지주인장을 낼 수가 없었다. 도요토미 아래에서 동배였던 다이묘들이 자신에게 신종할지 아직 확고하지 않았기 때문이다.

에도막부의 성립

이에야스는 미나모토씨의 일족 닛타씨의 후예라는 계보를 창작해, 게이초 8년(1603년) 조정으로부터 정이대장군에 임명되어 에도에 막부를 열었다. 그는 게이초 9년부터 11년에 걸쳐, 히데요시가 한 것처럼 여러 다이묘에게 구니에즈(國絵圖)와 고젠초(御前帳)를 제출하게 하고 이로써 다이묘 영지의 장악을 시도했다. 게이초 10년 쇼군직을 사임하고, 아들 히데타다에게 쇼군 선하(宣下)를 받게 했다. 선하를 위해 상경했을 때, 그 행렬의 예법은 미나모토노 요리토모가 헤이케 멸망 후 겐큐 원년 처음으로 상경했을 때의 선례에 따랐다고 한다.

게이초 12년 이에야스는 에도성을 히데타다에게 넘기고 슨푸로 옮겼고, 도쿠가와 누대의 가신과 관동을 중심으로 한 지배도 맡겼지만, 아직 도쿠가와씨의 교체가 이루어진 것은 아니었다. 히데타다를 쇼군에 앉힌 것은 도요토미 히데요리에게는 정권을 넘기지 않는다는 정치적인 의지의 표명이었기 때문에 그 후에도 이에야스는 실권자로서 계속 권력을 쥐고 있었다.

이에야스는 조선 출병 실패의 교훈에서 다이묘들을 전쟁으로 몰아내지 않고 에도로 참근(參勤)하고, 전국 지배의 거점이 되는 성이나 조카마치를 건설하고, 주요 하천의 치수공사에 동원함으로써 체제의 유지·강화에 힘썼고, 대외적으로는 히데요시가 파괴한 중국·조선과의 관계 수복에 임했다. 이렇게 하여 다이묘의 지지를 얻은 이에야스는 게이초 20년 5월, 신종을 거부한 히데요리를 오사카성에서 멸하고 도쿠가와 정권을 안정시킨 것이다. 그리고 안심한 탓인지, 이듬해 겐나(元和) 2년(1616년)에 사망했다.

히데타다가 대군을 이끌고 상경한 것은 그 이듬해이다. 다이묘들의 공봉(供奉)은 이에야스가 갖고 있던 다이묘들에 대한 군사지휘권이 이제는 히데타다로 이동한 변화를 나타내고 있으며, 상경의 목적의 하나도 그것을 과시하는 데 있었다. 이때 도쿠가와 쇼군에 의한 다이묘·구게·몬제키(門跡)·제사사(諸寺社)에 대한 영지주인장이 교부되어, 이후 쇼군이 교체될 때마다 발부되는 영지주인장의 출발점이 되었다.

막번체제

에도막부는 게이오(慶應) 3년(1867년) 15대 쇼군 요시노부(慶喜)가 다이세이(大政)를 봉환하기까지 264년간 안으로는 전국을 통치하고 밖으로는 일본을 대표하는 정부로서 기능했다. 중앙정권인 에도막부와 독립된 영국(領國)인 번(藩)을 갖는 정치사회체제를 막번체제라고 부른다. 막부는 히데요시가 창출한 전국 지배 체제를 완성시킨 측면이 있다. '고기'라는 호칭의 공통성뿐만 아니라 이 점에서도 히데요시 정권은 막부라고 불러 이상하지 않다.

막부는 후다이(譜代) 다이묘와 하타모토(旗本)·고케닌으로 구성된 군사조직이고 동시에 그 수장인 쇼군이 전국에 지배를 미치고 있었다. 다이묘는 부케쇼핫토(武家諸法度) 등에 의한 통제를 받았는데 영내의 정치·경제·법제 등은 원칙적으로는 독립성이 인정되었다. 그러나 다이묘는 막부의 의향을 헤아려 이에 추종하는 정책을 시행했다.

막부의 지배조직

막부 초기의 지배조직은 이에야스라는 카리스마 지배자의 은총과 신뢰에 의해 발탁된 측근자(出頭人)들이 도시요리(年寄)·부교슈(奉行衆)·다이칸가시라(代官頭) 등의 명칭으로 능력에 따라 필요한 정치적인 역할을 하고 있었다. 측근자의 권세는 주군의 신임에서 유래한 것으로 천하인의 교체로 잃게 되는 것은 피할 수 없다. 이에야스 사망 후 혼다 마사즈미(本多正純) 무리가 실각한 것에 뒤이어 히데타다가 사망하자 3대 쇼군 이에미쓰(家光)는 히데타다 실권자 시대의 구 도시요리를 가까이하지 않고 있었다. 그리고 새로운 도시요리슈(年寄衆)의 직무를 단계적으로 한정하고 성문화하여, 합의와 월번제(月番制)를 채용해 오오메쓰케(大目付: 사무를 감독하고 다이묘의 행동을 감찰 적발했다)·산부교(三奉行: 寺社·江戶町·勘定) 등과 동렬의 쇼군 직할 하부 기관으로 만들었다. 그러나 이에미쓰가 병으로 정무에서 멀어지자 정권의 지연·정체가 일어났다.

간에이 15년(1638년) 병에서 회복한 이에미쓰는 오오메쓰케 이하의 제직(諸職)을 마쓰다이라 노부쓰나(松平信綱) 등 3명의 지배하에 두게 했다. 이 시점이 로쥬의 제도적인 성립이라고 간주된다. 이 외에 이에미쓰의 친위대장 출신의 "육인중(六人衆)"이 "젊은 노인"으로 대두했다. 이들이 와카도시요리(若年寄)• 의 전신이다. 이후 로쥬는 주로 막부의 전국 지배에 대한 문제를, 와카도시요리는 하타모토·고케닌 등을 지휘 관리하여 막부 내부를 장악했다.

하타모토·고케닌

도쿠가와씨의 군단은 당초 후다이 다이묘와 하타모토의 구별은 없었다. 다만 3번(三番)인 오반·쇼인반(書院番)·고쇼구미(小姓組)를 주력으로 하는 쇼군 직

• 말 그대로 '젊은 노인'이라는 뜻이다. —옮긴이 주

할군의 재편을 통해서 하타모토가 만들어지고, 그 과정에서 1만 석 이상의 가신을 후다이 다이묘로 하고, 도쿠가와씨의 군단에서 독립시켰다. 에도시대의 다이묘 기준인 1만 석 이상이라는 규정은, 간에이(寛永) 11년(1634년)의 로쥬법도나 익년의 하타모토를 대상으로 하는 쇼시법도 개정에 의해 정해진 것이다.

하타모토는 쇼군에게 알현할 수 있는 오메미에(御目見) 이상의 격식이 있는 자로, 하타모토와 오메미에 이하의 가신인 고케닌들을 총칭해 지키산(直参) 또는 바쿠신(幕臣)이라고 한다. 교호(享保) 7년(1722년)의 조사에서는, 하타모토가 5205명, 고케닌이 1만 7399명 있었다. 하타모토·고케닌은 에도 거주가 의무였다. 하타모토의 막부 근무봉사는 유직(有職)이 원칙이지만 직업이 무역인 자들도 적지 않았다. 유직의 하타모토는 군사적인 의무에 종사하는 반카타(番方)와 행정·사법·재정 관계의 야쿠카타(役方)로 나뉘어 처음에는 번이 중시되지만, 태평한 시대가 계속되었기 때문에 얼마 후 역이 중시되게 되었다.

반카타는 에도성의 경비(일부는 1년 기한으로 오사카성·교토 니조성으로 파견)나 쇼군의 행차 경호를 임무로 하고, 오반 이하의 삼번에 신반(新番)·고주닌구미(小十人組)를 더한 5개의 번이 있다. 반카타에게는 반토(番頭)가 임명되어, 구미가시라(組頭)·반시(番士)를 이끌어 그 임무에 임했다. 반카타의 일부에는 하급직으로서 요리키(与力)·도신(同心) 등의 고케닌이 배치되었다. 야쿠카타는 행정·사법·재정 등의 여러 역할을 봉사했지만, 직종에 따라서는 하급직으로서 고케닌이 배치되었다.

다이묘와 번

다이묘가 지배하는 영역과 그 지배기구를 번이라고 부른다. 그러나 번은 공식적인 칭호가 아니며, 쇼군이 다이묘에 대해 소령(所領)을 하사하는 문서를 영지주인장이라고 하는 것처럼, 당시에는 "료치(領知)"라고 불렸다. 번이라는 단어가 행정 단위로서 공식적으로 사용된 것은 메이지 원년, 유신정권이 구

다이묘령을 번이라고 부른 때부터 3년 후인 폐번치현(廃藩置県)까지의 짧은 기간이었다.

번은 에도시대 초기에는 200개가 채 되지 않았으며, 막부 말에는 266번이었다. 간분(寛文) 4년(1664년)의 번을 영지고별(領知高別)로 보면, 50만 석 이상이 6개 번인 반면 5만석 미만의 번이 숫자상으로는 6할에 이른다. 또한 번은 쇼군가와의 관계에서 신판(親藩)·후다이·도자마(外様)로 나누어진다. 후다이번의 번주(藩主)는 도쿠가와씨가 패권을 쥐기 이전부터 도쿠가와씨의 가신이었던 자 중에서 1만 석 이상의 영지를 가진 로쥬를 비롯해 막부의 요직에 그들을 취임시켰다. 도자마 다이묘는 도쿠가와씨의 전국 통일 과정에서 신종했던 다이묘들로 전국다이묘의 계보를 잇는 자와 오다 노부나가·도요토미 히데요시가 세운 다이묘들로 나뉜다. 간에이의 부케쇼핫토(武家諸法度)(1635년)에 의해 후다이 다이묘에게도 참근이 의무가 되는 조치 등으로 점차 도자마 다이묘화되었다.

다이묘는 가신을 성하 집주시켜, 번과 역을 담당하게 한다. 후자에는 민정에 임하는 마치부교(町奉行), 고오리부교(郡奉行)나 다이칸 등 이외에, 사사(寺社)·감정(勘定)·긴조(金蔵) 등의 여러 부교·관리가 배치되었고, 에도 저택에도 가로(家老)·부재중집사(留守居役)나 긴반(勤番)의 반시를 상주시켰다. 많은 번에서는 상급 가신인 사무라이[죠시(上士)·시분(士分), 그 상층이 기시(騎士)], 하급 가신인 가치(徒士, 下士), 그리고 아시가루(足軽) 이하로 이에를 3개 신분으로 구분하는 제도가 생긴다. 사무라이와 가치(徒士)는 번주의 오메미에의 유무로 구별되는데, 막부로 말하면 사무라이가 하타모토, 가치가 고케닌에 해당된다. 3개 신분 각각의 구분은 엄격하다. 그러나 사무라이·가치라는 무사 신분과 아시가루 이하와의 차이는 전자의 차이보다 훨씬 크다. 아시가루는 1대에 한정되지만 하타모토로서 하역이나 잡역을 사용할 수 있었던 자들이 많다. 대개는 영내의 농민이 고용되고 곧 퇴임하여 농촌으로 돌아갔다. 발달한 근세 사회는 병농분리라기보다는 사농분리라고 말해야 할 것이다.

지방 지배(지가타치교)와 쌀 지배(구라마이치교)

에도시대의 다이묘 영지는 지배 방식에 따라 다이묘가 직접 지배해 연공을 거두어들이는 직할지(구라이리치)와 가신에게 할당하는 급지로 나눌 수 있다. 가신이 급지를 지배하는 형태는 지방 지배(地方知行)와 쌀 지배(藏米知行)가 있었다. 지방 지배는 전국시대의 소영주처럼 다이묘로부터 무슨 마을 몇 백 석이라는 형식으로 일정한 토지·백성을 녹으로 주고 그가 직접 급지를 지배해서 연공을 취하는 형식이다. 대개 상사(上士) 이상의 가신에게 허가되어 막부에서도 중상급의 하타모토에서 보인다. 그렇지만 에도시대에는 다이묘의 영주권이 강대해져 가신의 지배는 행정재판권이나 조공징수권 등에는 제한이 가해져, 그들의 성하집주가 진행된 것도 있어서 초기에 비해 상당히 약해졌다.

이에 비해 급지는 명목상 지정되어 있지만, 막부의 대관이나 번의 관리가 일괄 지배해 급지의 연공에 상당하는 쌀·돈을 막부나 번의 쌀 창고에서 봄·여름·겨울 3절기로 나누어 지급한 쌀 지배와 급지를 가지지 않는 하타모토·고케닌의 미천한 자나 번의 중하급 무사를 대상으로 쌀 지배와 같은 방식으로 로쿠다카(祿高)의 액면대로 지급한 기리마이토리(切米取)가 있었다. 그 외 같은 번의 쌀 창고에서 지급하는 것이지만, 통상 1인 1개월분의 식량을 현미 1두 5승(약 27리터)으로 정해 매월 지급하는 후치마이(扶持米)가 있다. 이것은 몇 사람을 부지한다는 형식으로 표현되는데, 오로지 아시가루 층을 대상으로 한 것이다.

에도시대 초기에는 20만 석 이상의 큰 번의 다수는 지방 지배를 취하고 있고, 지역적으로는 동북이나 변경에 많았다. 그러나 17세기를 통해 많은 번에서 지방 봉토를 폐지하고 쌀 지배로 이행해간다. 겐로쿠(元祿) 3년(1690년)에도 현존하며, 지방 지배의 번은 도자마와 오반을 중심으로 39개, 구라마이 봉토는 후다이번과 중소번을 중심으로 204개 있어, 17세기 말에 봉토제의 주류는 쌀 지배가 되었음을 알 수 있다. 중세 무사는 중소 독립 자영업자, 근세 무사는 봉록 생활자에 비유하면 좋을까. 그러나 근세의 무사가 샐러리맨이 되었다고까지는 말하기 어렵다. 봉록은 순전히 급료가 아니라 조상의 활약, 특히 무공에 의해 도쿠가와씨나 다이묘로부터 약속된 가로서의 재산, 세습적인 경제적 특권(家祿·世祿)이었기 때문이다.

지방 지배에서 쌀 지배로의 이행이 무사의 성하집주와 같이 확고한 정책적 의지를 갖고 추진된 결과인지 아닌지는 알 수 없다. 왜냐하면 도쿠가와의 초기 3대와 5대의 쓰나요시(綱吉) 쇼군의 기간 동안 많은 다이묘가 개역(改易)되었기 때문이다. 개역은 사분 이상의 자의 적을 박탈하고 그 지행·봉록·가옥을 몰수하는 것을 말한다. 이 외에 감봉, 전봉(國替, 移封), 역의 몰수 등도 행해졌다. 그 결과 많은 무사가 지행을 잃고, 또한 거듭되는 전봉에 의해 원래 본거지와의 관계를 잃고 새로운 땅에서 지방 지배를 재건할 수 없었다.

제3장

무기와 전투

1. 중세 전기의 전투 양상

궁마의 기예의 실제

무사의 기예가 궁마의 기예, 마상의 사예에 있는 점은 이미 강조했다. 그러나 그것을 구사한 전투의 구체적인 장면을 재현하는 것은 무척 어렵다. 그중에서 다음의 사례는 하나의 참고가 될 것이다.

지쇼·주에이(겐페이) 내란의 초기에 사가미의 미우라씨는 당시 헤이케 편이었던 하타케야마 시게타다들 무사시의 무사와 가마쿠라 유이가하마(由比ヶ浜)에서 싸웠다(고쓰보 전투). 엔쿄본『헤이케모노가타리』에 그 당시 미쓰우라 일족의 와다 요시모리(和田義盛)가 역전의 무사인 사네미쓰(真光)에게 "방패 찔러 싸우기"는 몇 번 했지만, "말 타며 싸우는 싸움"은 이번이 처음이라고 말하자, 사네미쓰는 "옛날" 전투에서는 말을 쏘는 것이 없었지만 "중간"에 우선 상대 말의 불룩배(배가 불룩하게 쳐진 부분)를 쏘아 적을 낙마시키는 일이 시작되었고, "근대"에는 처음부터 의도적으로 말을 나란히 달리는 마상 격투가 되어 말 사이에 떨어지면 칼로 승부를 보게 되었다고 말하는 장면이 있다.

방패 찔러 싸우기

와다 요시모리가 익숙해 있던 "방패 찔러 싸우기"를 정식화하면, 이하의 내용처럼 될 것이다. 전투는 서로 화살을 쏘아대는 것으로 시작되었다. 양군은 전장에 방패를 담장처럼 늘어놓고 대치한다. 이때 쌍방의 거리는 병력의 크고 작음에 따라 1정(109m)에서 5, 6단(55~65m) 정도이다. 양군은 함성을 세 번 외치고, 전투 시작의 작법으로서 기마병을 출격시키고 우는살을 쏘고 상대방도 같이 기마무사를 출격해 우는살을 되쏜다. 우는살은 화살촉을 붙인 화살로, 끝이 갈라지고 안쪽에 날이 있는 화살촉을 붙인 것을 많이 사용한다. 공중을 날 때 화살촉의 구멍에 바람이 들어가 독특한 소리를 낸다.

그리고 방패 너머로 서로 화살을 쏘아댄다. 집단에 의한 일제사격으로, 화살은 하늘에서 빈틈없이 쏟아진다. "비같이 쏜다", "쉴 새 없이 화살이 날아온다"라는 상투적인 표현이 그것이다. 양군이 예상외로 접근하고 있는 것은 활의 유효 사정거리와의 안배일 것이다. 군사소설 등에서 이 부분의 서술은 화려하지 않기 때문인지 너무 간략하고 내용도 유형 표현의 범위를 벗어나지 않는다. 그러나 궁시의 전투는 그 우열이 전투의 귀추를 결정할 정도로 중요했다. 그때 보병의 활만이 아닌 기마무사도 방패로 몸을 보호하면서 말을 멈춘 채로 마상에서 활을 쐈을 것이다. 이것도 기사에 포함된다.

요시모리는 이때 34세였지만, 방패 찔러 싸우기, 말 달리면서 싸우기 경험은 없었다고 한다. "말 타며 싸우는 싸움"이란, 서로 말을 달리며 활을 쏘는 싸움이고 활을 쏘기 쉬운 궁수 전방에 적을 두고 쏘아 맞추는 말과 활 양쪽의 기예가 요구된다. 무사로서 경험도 부족하지 않았을 그도 그렇다면, 방패 찔러 싸우기야말로 일본의 일반적인 전투였을 것이다. 『후소랴쿠키(扶桑略記)』 덴교 3년(940년) 2월 8일조에 의하면, 다이라노 마사카도가 패사한 날에 사살(射

殺)된 자가 197명, 포획당한 무기로서 방패 300매, 활·야나구이(활을 넣어서 휴대하는 용기) 각 199개, 칼 51개로 대량의 방패로 몸을 보호하면서 궁시弓矢(활과 화살) 중심의 전투가 행해졌던 것을 알 수 있다.

애초에 전쟁을 의미하는 고어인 이쿠사(イクサ)의 이쿠(イク)는 어원적으로는 이쿠타마(生魂)의 이쿠와 같이 힘이 넘치는 것을 찬양하는 말, 사(サ)는 "사치(サチ, 矢)"와 동근(同根)으로 화살의 의미라고 한다. 무기로서 힘이 있는 강한 화살의 뜻, 또 그 활을 쏘는 일, 쏘는 사람, 나아가 "전쟁" 등의 용례를 통해 활을 서로 쏘는 전투의 의미로 전개했던 것이다.

말 달리며 싸우기

방패 찌르기 싸우기가 계속되어 적에게 동요가 있다고 생각되면 방패 사이로부터 기마무사들이 밀고 나간다. 이때 각각의 기마무사는 주변에 도보의 소집단을 이끌고 있다. 처음에는 이 소집단이 더욱 밀집해서 어느 정도 정돈된 대형을 취했을 것인데, 시간이 지남에 따라 소집단마다 흩어져 적과 우군이 뒤섞여 혼전의 상태가 된다. 말 달리며 싸우기가 있다고 하면 이 단계일 것이다. 곧 승패의 귀추가 명확해지면 패자 측은 36계 줄행랑을 찾게 된다. 싸움에 져서는 용자도 겁쟁이로 일변하기 때문에 이미 말 달리며 싸우기 등은 드물 것이지만, 그래도 분지 5년(1189년) 오슈 전투의 유일하다고 할 격전인 아츠카시야마(阿津賀志山) 전투의 예가 있다.

이 싸움에서 패배한 오슈 후지와라씨 쪽의 총대장 구니히라(國衡)가 달아나려고 논둑을 지날 때, 뒤쫓아온 와다 요시모리가 그를 돌려세워 승부를 겨루도록 소리 질러 불렀다. 그러자 구니히라는 이름을 대고 말을 돌렸고 서로가 궁수가 되도록 위치를 잡았다. 구니히라가 14촉의 활을 시위에 메길 때, 요시모리는 13촉의 활을 쏘았다. 요시모리의 활이 구니히라가 화살을 쏘기 전에 구니히라의 갑옷 왼쪽 소매를 쏘아서 가슴에 명중했기 때문에 구니히라는 그 고통으로 거리를 두고 후퇴했다. 요시모리는 두 번째 화살을 메겼지만, 그때 하타케야마 시게타다가 대군을 이끌고 끼어든다. 도망간 구니히라는 오슈 제일의 준마를 타고 있었지만 논두렁에서 벗어나 질척한 논으로 들어갔기 때문에 몇 번이고 채찍을 때려도 말은 길로 올라서지 못했다. 그래서 시게타다의 객분(客分) 오쿠시 지로(大串次郎) 무리가 재빠르게 목을 쳤다.

화살 한 속(束)은 엄지손가락 이외의 손가락 4개의 폭으로, 표준적인 화살의 길이는 12속이므로 두 사람의 화살은 모두 큰 화살이다. 구니히라의 14속 화살은 요리모리의 13속에 비해 잡아당기는 데 한층 더 힘과 시간이 걸린다. 그래서 우선 갑옷의 왼쪽 소매를 쏘아 관통시켰다. 이 전투의 예는 기마무사가 각자 상대를 왼쪽 편에서 봤을 때의 대전이고, 둘다 말은 타고 있지만 말은 멈추거나 느긋하게 이동하면서 싸우는 인상을 준다. 그 의미는 후술할 것이다. 그러나 내란이 시작되었을 때, 말 달리며 싸우기 경험이 없던 요시모리가 오슈 전투의 시점에서는 이미 숙달자로 등장하고 있는 것이 흥미롭다.

말을 노리는 것은 '근대'의 경향

그런데 엔쿄본의 사네미쓰(直光)의 발언은, 같은 부분이 『겐페이세이스이키(源平盛衰記)』에서는, "옛날에는 말을 쏘는 일은 없었다. 근년은 적의 갑옷에 틈이 없기 때문에, 우선 말의 불룩배를 쏘아 주인을 떨어뜨려서, 다시 일어나려는 틈을 뒤쫓아쏘는 것"이라 쓰여 있다. 엔쿄본에서는 "중간"의 말을 노리는 것으로부터 "근대"의 마상의 격투, 지상의 칼싸움이나 격투로의 변화가 쓰여 있지만, 이 기사에서는 "근년"에도 말을 노리는 일이 있었다고 하므로 실제로 양자는 병존하고 있었던 것 같다.

겐페이의 내란기는 갑옷의 방어력 향상이 눈부신 시기로, 갑옷의 틈이나 투구의 안면에 맞지 않는다면 치명상은 입지 않는다. 본래 말 달리며 싸우기는 자신도 상대도 이동하고 있어서 화살을 적중시키는 것은 어렵다. 그러므로 자연스럽게 과녁이 큰 말을 노리는 것이다. 엔쿄본의 "중간"이 언제를 염두에 둔 것인지는 알 수 없지만, 양자의 "근대", "근년"이 겐페이의 난에 가까운 시기인 것은 물론이다. 효과적인 활쏘기는 난이도가 높고, 그림에 그린 것 같은 말 달리며 싸우기는 "옛날"이라고 해도 그다지 많았다고는 생각하기 어렵다. 더구나 이전의 전투에 비해서 참전병력은 열 배, 백 배 늘어나고 숙련자는 상대적으로 소수가 된 겐페이 내란의 전투가 말 달리며 싸우기 중심으로 움직이지 않았던 것은 당연하고, 그렇다고 해도 말을 노리는 것이 유행하는 것이 역사적 단계였다.

뒤쫓아쏘기

『겐페이세이스이키』가 말하는 뒤쫓아쏘기는, 기승자가 일본의 독특한 혀가 긴 등자(舌長鐙)를 밟고 말 위로 올라타 달아나는 좌전방의 적에 앞으로 기운 자세로 활을 쏘는 궁술을 가리킨다. 사냥은 평화로운 시기에 무사의 궁마의 기예를 단련하는 중요한 기회이고, 가마쿠라 시대 초기에는 요리토모가 주최하는 대규모 사냥이 종종 열렸다. 전방을 달리는 말 탄 적의 배후에서 화살을 쏘는 것도 뒤쫓아쏘기다. 이때 자신이 보아 전방의 적과의 상대 속도는 제로에 가깝게 되어 맞은편에서 스치는 경우에 비해 적의 공격이 없고 목표를 맞추는 여유도 있으므로 명중률은 훨씬 높아진다. 또한 등자 위에 서는 것은, 일본 활은 230cm를 넘는 세계적으로 봐도 대단히 장궁이기 때문에, 구라쓰보(鞍壺: 안장의 앞과 뒤 사이, 즉 사람이 걸터앉는 곳)에 앉은 채로는 다루기 어렵고, 무릎의 탄력에 의해 발사 시 말의 상하 움직임을 흡수하기 위해서일 것이다(그림 3-1).

그림 3-1 야마토구라(大和鞍: 일본화한 안장)의 명칭도 ※ 출처: 『古典参考資料図集』(國學院高等学校)

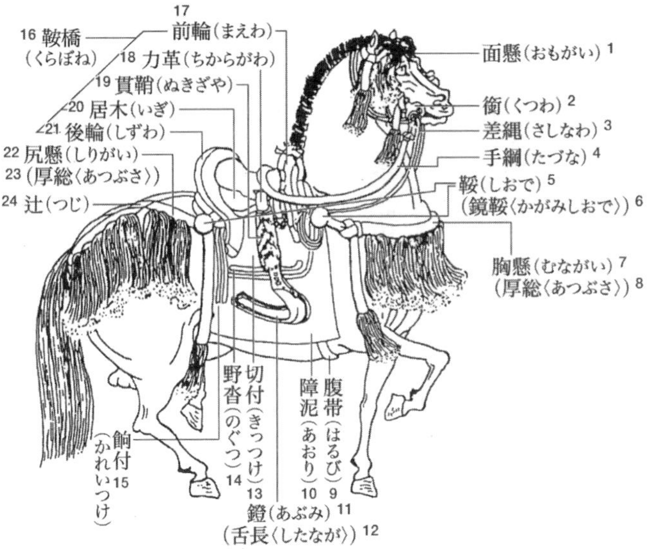

1 오모가이: 재갈 고정용으로 말의 머리에 두르는 끈
2 구츠와: 재갈
3 사시나와: 말의 재갈에 매어 끄는 줄
4 다즈나: 고삐
5 시오데: 안장의 앞 둔덕과 뒤턱의 좌우에 달아, 가슴걸이와 꼬리걸이를 매는 끈
6 가가미시오데: 원형걸쇠
7 무나가이: 가슴걸이. 말의 가슴에서 안장에 거는 끈
8 아쓰부사: 술 장식
9 하루비: 뱃대끈. 안장을 고정시키기 위해 말의 배를 동여매는 띠
10 아오리: 말다래
11 아부미: 등자
12 시다나가: 긴 혀 모양
13 깃츠케: 안장의 골격 부분 아래에 대는 두 장의 깔개 중 위의 것, 아래는 하다츠케(肌付)라고 한다
14 노구츠: 안장의 복대 아래 테두리에 붙인 가늘고 긴 쇠 장식
15 가레이츠케: 안장의 시즈와 좌우의 시오데에 부착한 긴 끈
16 구라보네: 안장의 뼈대를 이루는 부분으로 마에와, 시즈와, 이기 등으로 구성된다
17 마에와: 구라보네에서 앞 부분이 고리 모양으로 높아진 곳
18 치카라가와: 구라보네의 앞뒤의 링 모양으로 솟아 있는 곳에 걸어, 두 발을 디디는 곳 위쪽의 금속도구에 연결하는 가죽끈
19 누키자야: 이기 위에 얹혀 놓은 안장
20 이기: 안장의 마에와와 시즈와 사이에 걸쳐진 나무
21 시즈와: 안장의 뼈대를 이루고 있는 부분 중 말의 등에 걸치는 부분
22 시리가이: 꼬리걸이. 말꼬리에서 안장에 거는 끈
23 아쓰부사: 술 장식
24 츠지: (辻総의 준말) 시리가이에 장식용으로 술을 다는 데 사이를 떼어 점점이 단 것

일본의 재래마

그들이 타던 일본의 말을 소개해보자. 1953년 가마쿠라시 자이모쿠자(材木

그림 3-2 가마쿠라 시대의 재래마 복원 모형
※ 출처: 馬の博物館

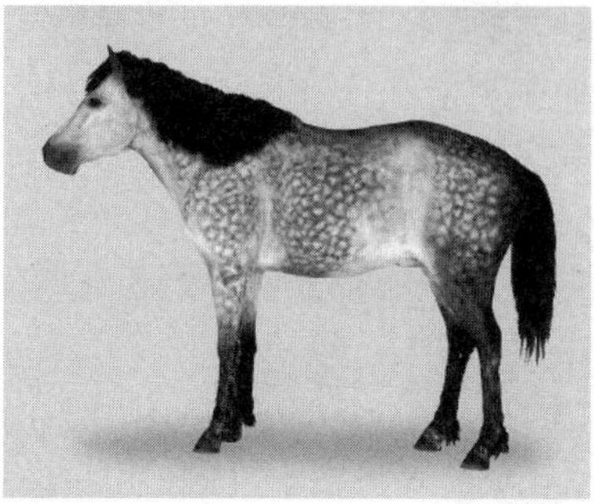

座) 유적에서 닛타 요시사다(新田義貞)의 가마쿠라 공격전에서 전몰했다고 판단되는, 엄청난 인골과 다수의 말뼈가 발굴되어 화제였다. 수의학자인 하야시다 시게유키(林田重幸)는 출토된 가마쿠라 말의 사지 뼈를 조사하여 말들의 몸 높이(말굽에서 어깨까지)가 109~140cm, 평균 129.5cm로 중형 말의 범주에 들어간다고 밝혔다. 자이모쿠자의 말은 군마로 추정되므로 당시로는 큰 말임에도 불구하고, 평균 158cm의 서러브레드(horoughbredt: 영국산 경마용의 우량종 말), 150cm 정도인 현대 일본 말과 비교하면 상당히 작다(그림 3-2).

말이 실을 수 있는 중량은 말 무게의 3분의 1이 표준이며, 이것을 초과하면 주행력이 3할 감소한다고 한다. 갑옷은 무겁다. 유품의 실측에서는 가마쿠라 전기까지 갑옷 각 부 한 벌에 22.66~32.4kg 정도다. NHK가 〈역사로의 초대: 요시쓰네 기마군단〉이라는 TV 프로그램(1979년 방영)을 위해 한 실험에서, 체고 140cm, 체중 350kg의 재래마에 갑옷·투구·안장의 무게에 상당하는 45kg와 사람 50kg로 합계 95kg의 중량을 얹자 구보(驅步)(분속 약 300미터)에서 곧바로 속보(빠른 발걸음으로 걷는 분속 150미터)로 떨어졌다. 10분이 지나자 말은 목을 크게 흔들며 겨우 달리는 상태였다고 한다.

현재 148cm 이하는 포니로 분류되기 때문에 당시의 말은 모두 포니이다. 현재의 경주마에 익숙한 사람들에게는 어쨌든 빈약하게 비칠 것이다. 서러브레드는 영국의 재래마에 동양종인 아랍 등을 교배해 100년 이상 걸려 인공적으로 만들어낸 품종이다. 현대 일본마도 전전 육군에서 쓰기 위해 재래마를 서구종에 의해 개량을 거듭한 산물이기 때문에 크기를 단순하게 비교하는 것은 재래마에게 안 된 일이다.

거세하지 않아 사나운 말

재래마는 사나운 말이라고 한다. 이른바 "성질 거친 말"인데, 사람을 차고 사람에게 덤벼드는 신경질적인 말을, 당시는 "고명한 악마(惡馬)"라고 불렀다. 설령 빈약한 체격이어도 지나친 하중을 어떻게든 버틸 수 있었던 것은 이런 사나운 성질 덕분이다. 사나운 말(驛馬)인 것은 애초의 성질에 더해 거세를 하지 않았기 때문이다.

가축을 무리로 기르는 목축민은 소수의 우수한 수컷에게는 생식을 맡기고 나머지는 네 살이면 거세하고 훈련을 거듭해 목축·교통·역전·수렵·전투에 이용했다. 거세된 수컷은 암컷을 향한 성적 충동이나 생식능력이 없고 성질도 온순하다. 일본 열도에서는 유사 이래 목축이 발달하지 않았었다. 그래서 가축을 무리로 관리할 필요가 없었다. 중국 문화를 열심히 배운 일본이지만 환관제도, 즉 인간의 거세를 수입한 사실이 없었던 것은 목축 문화의 발상을 이해할 수 없었기 때문이라고 한다.

메이지 시대에 근대 육군이 발족해도 군마는 수컷뿐이고 거세가 정착한 것은 한참 후의 일이었다. 1894년의 청일전쟁, 1900년의 의화단 사건 때도 수말을 갖고 나갔다. 의화단 사건에서 베이징에 출병한 것은 열강의 연합군이었지만 주력은 일본과 러시아의 군대였다. 일본군의 정강함은 높이 평가받았다고 하지만 말은 그렇지 못했다. 사람들을 차버리거나 물어버리거나 해서 "일본군은 말 모양을 한 맹수를 사용하고 있다"고 조롱당했었다.

어쨌든 거세하지 않았기 때문에 발정기에는 큰일이었다. 『벳쇼나가하루키(別所長治記)』에 이런 이야기가 있다. 덴쇼 7년(1579년)의 여름, 오고 사다노리(淡河定範)라는 무장이 셋쓰 단조산(丹生: 현 효고현 고베시)에서 히데요시군과 대전했다. 오고는 한 가지 계책을 냈는데, 사전에 암말 50~60마리를 모아 히데요시의 동생 히데나가가 이끄는 오백여기가 공격해 왔을 때 일제히 풀었다. 공격한 측의 말(수말)은 암말들을 쫓아가느라고 이리저리 뛰어다니느라고 넘어지고 자빠졌고, 이런 대혼란을 틈타 오고 측이 승리했다고 한다.

말에게는 고삐잡이가 있다

말 달리며 싸우기에서 말을 조종해 달리거나 좌우로 돌아가게 할 경우 활을 당기는 양손은 봉쇄되고 말고삐는 사용할 수 없다. 타는 사람의 의지를 감지시킬 때는 등자로 말의 몸을 찌르거나 두드리거나 철썩 때린다. 또는 상체를 전후로 기울이거나 한다. 그러나 당시와 현재(서양 마술)는 안교(鞍橋)[전륜(前輪)·후륜(後輪)·거목(居木)으로 이루어진 안장의 주요 부분]나 등자의 구조가 현저하게 달라서 말을 제어하는 방법, 걷게 하는 방법부터가 다르다. 일본 안장은 서양 안장보다 안호(鞍壺)가 넓고 두텁다. 다리가 짧은 일본인에게 말의 배를 무릎으로 압박하는 것은 어렵다.

기질이 거친 사나운 말인 데다가 말의 고삐를 잡아주는 사람이 따로 없다면 어떻게 할 도리가 없다. 말 탄 무사의 고삐잡이는 보통은 2명으로 좌우 양측에서 잡는다(짐말은 1명). 고대의 건아(健兒)는 군사(郡司) 자제에서 징집되는 기병인데 중남(中男: 조세부담 의무가 있는 17~20세의 남자) 2명을 "마부"로 부여했다. 실제 전장에서는 도보(徒步)로 수행하는 잡색이나 사인(舍人)이 고삐잡이 역할을 수행한다.

고삐잡이가 붙는다고 하면, 특별한 경우를 제외하고 질주하지 않는다. 행군이나 전투 중의 이동 속도는, 고삐잡이·잡색의 걷는 속도나 뛰는 속도에 의해 결정된다. 영화나 TV에 나오는 기마무사 집단이 질주하는 모습은 용맹하다. 그러나 당시 그러한 장면은 실제로 없었다. 몸집이 작은 기수를 태운 오늘날의 대형 경주마라도 전력 질주가 가능한 것은 대략 200~300m이다. 게다가 재래마는 편자도 붙이지 않았다. 말굽이 딱딱해서 편자를 붙여 보호할 필요가 없었기 때문이라고 한다. 그러나 일본중앙경마회의 측정에 의하면 경주마가 전력 질주할 때 말굽에는 체중의 8배 중량이 실린다. 말굽에 중량을 실어 박차고 뛰어나가지 않고서는 장시간 달리게 하는 것이 어렵다. 말 달리며 싸우기도 오늘날 상상하는 것보다 훨씬 완만한 움직임 속에서 이루어졌을 것이다.

중세 유럽의 기병도 백병(白兵: 칼, 검, 창 등의 총칭)을 휘두르며 하는 돌진 같은 건 없었다. 승마 습격은 구보(驅步)나 습보(襲步: 최대 속도로 달리는 것)가 아니라 대개 상보(常步: 말이 걷는 속도로 가장 완만한 것) 또는 속보를 하며 말 위에서 활을 이용하고, 소총이 출현한 이후로는 마상 사격하면서 적에게 접근했다. 마상 사격을 금하고 오직 백병으로 돌진하게 된 것은 스웨덴의 칼 12세나 프로이센의 프리드리히 대왕 이후, 즉 18세기부터이다.

기병이 백병으로 돌격하는 장면은 중세에 관한 한 공상의 산물이라고 하지 않을 수 없다. 말을 탄 효용은 그 속도에 있는 것이 아니라 도보의 병과의 신분적인 격차의 과시, 즉물적으로는 도보로는 부담이 너무 큰 무구·마구·장속(裝束) 등의 무게를 말에게 맡기기 위해서라는 견해가 있다.

갈아타기·잡색·동자·깃발잡이

전장에서 말을 쏘는 것이 당연해지자 말도 소모품으로 변화한다. 그렇지 않아도 말의 피로를 생각하면 전장에서는 상시 교체마를 준비해야 한다. 갈아타기는 주인의 교체마를 타고 따라가는 종자로, 상황에 따라 승마를 공출하는 역이다. 이 외에 도보로 교체마를 끄는 자도 있다. 남북조 내란 초기의 일이지만, 야마노우치 쓰네유키(山内経之)라는 무사시의 무사는 다카우지씨의 코노모로후유(高師冬) 측에 속해 관동 북동부를 전전하는 중 주인 없는 집에 많은 편지를 보냈다. 그중에는 격전으로 종자나 승마·마구가 부족하기 때문에 빌린 안장·마구에 백성을 태워 이쪽으로 보내라, 안장이나 마구가 없으면 말을 도보로 끌고 오라고 지시한 것이 기록되어 있다.

군사소설에는 지상의 칼싸움이나 격투에서 형세가 불리해 까딱하면 화살을 맞을 것 같은 상황에서, 잡색이나 동자가 달려와 등 뒤에서 적을 해치우는 장면이 자주 나타난다. 말이 화살에 맞아 뒹굴고 사람은 걸어야 하게 된 상황을, 종자가 즉시 "말에서 뛰어내려 주인을 끌어올려 내 말에 태운다"라고 표현한 장면도 있다. 참으로 "궁수는 좋은 종자를 가져야 할 것이다"(『겐페이세이스이키』 권21).

격투나 뒤쫓아쏘기의 싸움에서 화살을 맞고 쓰러진 적에게 달려가 목을 치는 것은 도보의 종자의 역할이었다. 역으로 주인이 화살에 맞았을 때 "적에게 목을 빼앗기지 않으려고 갈아타기 종자 말에서 뛰어내려 주인의 목을 잘라 떨어뜨리고"(『겐페이세이스이키』 권20)라는 장면도 있다. 그들은 전투원으로는 인정받지 못했지만 주인의 전투를 시중들었고 때로는 그 이상이었다. 야마노우치 쓰네유키의 다른 편지에는 주인 없는 집에 도망쳐 온 "마타도모(又ども: 종자의 노복)"를 엄하게 추궁해 다시 전장에 돌아가도록 지시하고 있고, 많은 종자들이 전투 도중 도망간 사실을 알 수 있다[다카하타후도태내문서(高幡不動胎内文書)]. 매우 위험한 일이었기 때문이다.

그 외 깃발잡이(旗指)라고 불렸던 사람들이 있다. 깃발은 군·집단의 표상, 적과 우군을 구분 짓기 위해, 또는 자군의 위용을 떨치기 위해 사용한다. 그 존재는 이미 율령의 군대에도 보이지만, 가마쿠라 이후로는 개인이나 자가의 현시를 위한 표지로도 사용했다. 주인의 깃발을 들고 주인의 전후에 따르는 것이 깃발잡이다. 전투원이면서 바람의 저항을 받는 무거운 깃발을 들기 때문에 활이나 화살통을 들지 않는다. 눈에 띄기 때문에 적의 공세를 받기 쉽고 소모율은 극히 높았다.

말은 먹여야만 한다

말은 생물이다. 먹지 않으면 안 된다. 여물의 확보는 전근대의 군대에 가장 중요한 사항 중 하나였다. 원정하는 군대는 말을 방목해 풀을 뜯게 하면서 전

진했다. 이치노타니(一ノ谷)의 헤이케를 공격한 요시쓰네의 군세는 약 100km의 이동에 3주야가 걸렸고, 추정 행군 속도는 시속 4km로 산출된다. 말이 배를 채우기 위한 시간은 1시간 내외다. 곡물이 없을 때는 대량의 풀을 먹어야 하는데 넓은 지역을 걸으며 먹을 필요가 있었다. 그래서 대략 반나절 방목해 풀을 뜯게 하고 나머지 반나절은 움직였다고 생각된다. 때문에 동절기 눈이 깊이 쌓인 곳에서는 진군이 불가능했다. 나라시대의 진수장군 오노노 아즈마히토(大野東人)는 오슈 산맥 종단직로를 뚫기 위해 한 번은 데와에 들어갔지만 "적의 땅은 눈이 깊고, 여물을 얻기 힘들다. 때문에 눈 녹고 풀이 나면 새로 파견한다"라고 하고 다가성으로 후퇴하고 있다.

풀베기의 일

방목할 수 없는 때나 축사의 경우에는 사람이 풀을 베어 먹여야만 한다. 헤이안 전기까지의 중앙의 마료에는 풀 베는 잡역부 148명이 분속해 있었다. 4월 11일부터는 푸른 풀, 10월 11일 이후는 건초를 먹인다. 무사의 경우에도 이 일에만 종사하는 종자와 그것을 운반하는 "풀베기 말"이 존재했다. 이런 종자는 섭관기에는 이세 헤이시 고레히라(유형)의 풀베기와 후지와라노 야스마사의 소치기가 말싸움을 했다는 기사가 있는 것처럼, 소치기와 동급이다. 겐페이의 내란기에 헤이케가 이반한 지방무사에 대해 "어제까지는 헤이케를 섬기며 말의 풀을 베고 물을 긷던 놈들인데"라고 마구 욕하는 데서도 어엿한 신분이 아니었음을 알 수 있다.

전투를 목전에 둔 전장에서도 풀베기가 적진 근처까지 풀을 베러 가기도 했던 것 같고, "겐페이 서로가 말에게 풀을 먹이고 병량을 먹이는 등 하는 중에, 미나모토씨의 풀베기를 헤이케가 포박하고, 헤이케의 풀베기를 미나모토씨가 포박해, 각각 전투의 중의의 결과를 힐문하는" 상황을 볼 수 있다.

그들도 "가신하인까지 갈퀴와 낫자루를 들고"라고 하듯, 여차하면 풀을 베는 용도의 칼몸이 직각으로 휘어진 자루가 긴 낫을 들고 전투에 참전해 "말이든 사람이든 구별하지 않고 자르고, 찌르고, 베고, 치고, 회오리바람이 불 듯 날뛰었다"고 하는 데서 알 수 있듯이 전력에 상당히 도움이 되었다.

물론 말은 배합사료로도 키운다. 옛 마구간의 좋은 말에게는 조 1, 쌀 3에 찐 콩 2의 비율로 섞은 다음 소량의 소금을 첨가해서 먹였다. 전국다이묘는 원정에 나가기 앞서 이런 것을 말의 사료로 준비해 보급했다. 덴쇼 15년(1587년) 히데요시의 규슈 공격 때에 군량이나 말의 사료는 동원된 무사가 규슈의 진에 달려올 때까지는 자변하고 도착해서부터는 지급되었다. 행군 중 방목이나 전장에서 풀베기에 쓰는 시간을 생각하면 군대의 행동은 훨씬 통제되고 신속해졌을 것이다.

2. 칼에 관한 이모저모

마상의 칼싸움

엔쿄본 『헤이케모노가타리』에서는 "근대"에 말을 나란히 달리게 하여 맞붙어서 떨어뜨린다. 그 후에는 대도(大刀)나 요도(腰刀)의 전투가 된다고 한다. 대도는 선 채로 대도로 싸우는 것이고, 요도는 상대와 맞붙어서 갑옷의 빈틈으로 급소를 관통시키는 격투에서 사용한다. 중세에 실전에서 사용되었던 대도·우치가타나(打刀)·나기나타(薙刀) 등을 날붙이(打物)라고 해서 그 전투를 날붙이 전투라고 했다. 대도와 우치가타나는 몸에 차는 외장의 차이인데, 대도는 날을 밑으로 해서 매달고, 우치가타나는 날을 위로 해서 왼쪽 허리에 꽂는다.

그렇지만 대도의 전투라고 해도, 당시의 전투는 "대도를 빼 들고 싸우는데, 적의 투구의 머리통을 너무 세게 때려서 소리를 내며 부러져" 또는 "투구의 머리통을 쳐서 대도를 서로 맞대고 부딪칠 때 불꽃이 튀는 것이 번개와 같다"라고 말할 만큼 맹렬한 기세로 적의 갑주를 두들겨 상대의 전투력을 마비시키는 것이다. 전형적으로는 투구의 머리 부근을 후려갈겨 그 타격으로 뇌진탕을 일으킨다. 날붙이 전투에 대응하여 실전에 사용되는 대도도 칼끝에서 6~9cm를 제외하고는 날카롭게 연마하지 않는다. "대합날(蛤刃)"이라고 부르는 두터운 호검(豪劍)이다. 연마해서 몸이 얇은 칼은 금방 날이 망가져서 도움이 되지 않는다.

14세기 남북조 시대가 되면 마상에서 대도를 사용하는 전투가 시작된다. 이때 자루를 양손으로 쥐고 상대를 치는 것은 어렵다. 대부분은 오른손으로 한 손 베기가 된다. 검법도 에도 후기 이래로는 호구나 죽도를 사용하는 타격의 계고법(稽古法)이 시작되어, 그 이전의 실전 경험은 사라졌지만, 일본에서 본래 칼은 한 손으로 사용한 것이다. 요마술(要馬術)이란 전장에서 필요한 마술을 말한다. 그러나 에도 후기의 마술가 누마타 비비(沼田美備)의 『오오쓰보류군마적요(大坪流軍馬摘要)』에서는 "말 위에서 대도로 때리는 것"으로서, 말 위에서 대도를 뽑을 때 몸을 말의 우측으로 기울여 뽑지 않으면 말의 목을 치고 말고삐를 자르는 일이 있다고 말한다. 아시카가 다카우지상이라고 알려진 기마무사상을 비롯해 중세의 회화 사료에서 칼집에서 뺀 대도가 전사의 어깨에 걸려 있는 것은 이 때문이다.

같은 책에서 대도치기의 경우 "말이 베이면 곧 패배하는 것이기 때문에" 그 점에 신경을 써서 "적의 대도를 받아내는 것처럼 해서, 아무렇지도 않게 주고받고 지나가게 하여, 내 말을 이동시켜 뒤에서 베어야 한다. 조금이라도 마주 오는 적을 베어서는 안 된다"라고 가르친다고 한다. 뒤쫓아쏘기처럼 적의 배후로 돌아가서 베는 전투술이다.

가마쿠라 말기 이래, 그때까지 목 주변에 둘러져 있던 시코로(錣: 투구의 좌우에서 후방으로 늘어져 있는 두건)가 평평하게 뻗은 삿갓 모양이 되어 어깨에서 등을 넓게 덮을 수 있게 되고, 전국시대에는 하라마키[腹巻: 본래 동환(胴丸), 갑옷에 비해 도보의 병사용으로 간편한 갑주]의 몸통 배면의 맞닿는 부분의 틈을 배판(背板: 속칭 겁쟁이판)으로 덮을 수 있게 된 것도, 날붙이 전투에서 배후로부터 베이는 것에 대비했기 때문일 것이다. 또한 『오오쓰보류군마적요』에서 말이 베이지 않도록 주의하라고 한 점은, 바꿔 말하면 상대의 말을 노리라는 말이며, 적의 말의 다리 또는 목을 대도로 쳐서 말이 넘어진 틈을 타 베어야 한다고도 설명하고 있다.

일본도의 출현

일본의 도검에 일본도라는 명칭이 사용되는 것은 일본화 등과 같이 거의 막말 이후 일본 고유의 방법으로 제작된 도검이라는 정도의 의미이다. 따라서 어떤 형식을 가지고 일본도라고 부르는지는 논자에 따라 제각각이다. 그러나 보통은 시노기즈쿠리(鎬造)로 아름답게 휘어진 만도(彎刀) 형식을 말한다(그림 3-3).

고대의 대도는 도신이 직도 형식이고 히라즈쿠리(平造) 내지 기리하즈쿠리(切刃造)로 도신의 슴베(莖)를 목제 자루에 넣는 형식이었다. 이 둘은 결국 쇠퇴하고 일본도가 출현하기까지, 우선 나라시대부터 헤이안 시대 전기에 걸쳐 히라즈쿠리의 와라비테도(蕨手刀)가 출현하고, 이어서 히라즈쿠리의 게누키가타도(毛抜形刀), 이어서 히라즈쿠리로 자루에 휨이 있는 게누키가타도, 나아가 동일하게 자루가 휜 시노기즈쿠리의 게누키가타 대도가 출현한다(그림 3-4).

이것들은 어느 것이나 자루와 도신이 연속된 쇠로 만들어져 있다. 와라비테도는 동북지방에서 발달해 포로 대장장이가 만든 에미시의 검, 게누키가타 대도는 위부(衛府)의 관인의 야켄(野劍: 야외 출행 때 찬 실전용 대도), 이른바 위부의 대도이고, 원정 시기에는 "포로의 검"이라고도 불렀다. 포로는 "이후"라고 읽혔다고 하며, 유직 연구가 스즈키 게이조(鈴木敬三)는 포로 대장장이의 작품이 위부의 대도에 채용되어 포로가 "이후"라고 불리게 된 것으로 추측하고 있다.

각종 자료를 종합하면 시노기즈쿠리의 게누키가타 대도는 10세기에 들어와서 출현했다. 또한 초기 일본도의 완성 시기는 10세기 후반이라 하고, 대표

그림 3-3 일본도의 각 부 명칭

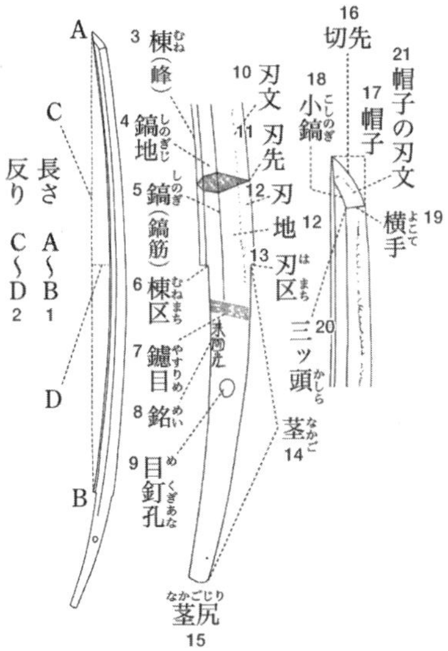

1 길이
2 휨
3 무네: 칼등
4 시노기지: 시노기에서 칼끝까지의 밋밋한 부분에 대해 시노기와 칼등 사이의 높은 부분
5 시노기: 칼날과 등 사이의 불룩한 부분
6 무네마치: 칼등과 손잡이의 경계
7 야스리메: 줄눈 칼자루에서 나카고를 쉽게 빼기 위한 것
8 메이: 제작자의 이름
9 메쿠기아나: 칼이 자루에서 빠져 나가지 않도록 대나무·동·철 등의 못을 박는 구멍
10 하몬: 열처리로 칼날에 생기는 무늬
11 하사키: 날끝
12 하지: 칼에서 열처리가 들어가지 않은 부분
13 하마치: 칼과 슴베와의 경계를 마치(區)라고 하는데 칼날쪽 경계는 하마치라고 한다
14 나카고: 손잡이와 결합되는 칼 몸체의 자루 부분
15 나카고지리: 슴베 꽁무니
16 깃사키: 칼끝
17 보시: 깃사키 부위의 열처리된 부분
18 고시노기: 칼의 앞부분으로 측면보다 앞에 있는 시노기지
19 요코테: 칼끝과 경계에 있는 칼등에서 날에 걸쳐 옆으로 나와 있는 선
20 미쓰카시라: 시노기와 고시노기와 요코테의 접점
21 보시노 하몬

그림 3-4 와라비테도(蕨手刀)에서 일본도로 변화. 출토된 칼의 원도는 石井昌國씨에 의한다.

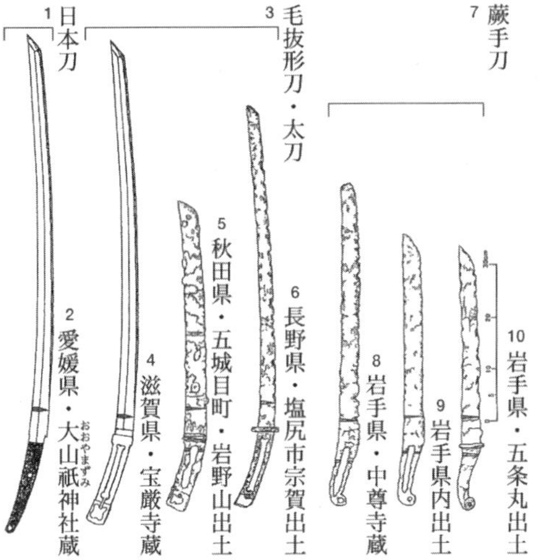

칼의 변화는 크기와 휨과 모양에서 결정되는데 특히 그 이름은 칼자루의 모양에서 유래된다. 와라비데는 고사리라는 뜻이고, 게누키는 족집게라는 뜻이다. 와라비테도의 손잡이는 고사리가 말리듯이 고불고불한 모양이고 게누키가타도는 족집게 모양으로 틈이 벌어진 모양이라고 한다. (옮긴이)

1 일본도
2 에히메현·오야마즈미 신사 소장
3 게누키가타토
4 시가현·호곤지 소장
5 아키타현·고죠메쵸·이와노야마 출토
6 나가노현·시오지리시소가 출토
7 와라비테토
8 이와테현·츄손지 소장
9 이와테현 내에서 출토
10 이와테현·고조마루 출토

적 명공의 이름이 있는 일본도의 출현 연대는 11세기 후반 이후, 넓게 각지에서 만들어지게 된 것은 12세기로 여겨지고 있다. 시노기쓰쿠리의 게누키가타 대도에서 슴베 가공 목재 자루의 일본도로 직접 연속하는지 여부는 아직 확증이 필요하다. 그러나 일본도의 출현에 있어서 와라비테도나 게누키가타 대도라는 에미시 또는 포로에 의해 만들어진 도검이 매개하고 있던 것은 부정하기 어려울 것이다.

칼은 활을 당할 수 없다

현재 마상에서 공격할 수 있는 게누키가타 대도가 출현한 것으로써, 중세적 기마 개인 전술이 출현했으며, 이것이 바로 "전술혁명"이라는 설이 제기된다. 그러나 중세의 무사가 마상에서 칼을 휘두른 예는 가마쿠라 말기까지 없고, 중세 기마병의 주력 병기는 어디까지나 활과 화살이었다. TV나 영화에서는 기마병의 무기가 대개 칼로 그려지지만 칼을 휘두르는 모습은 배우가 연기할 때 활보다 쉽고 보는 사람에게 친숙하기 때문일 것이다. 실제의 역사는 이와 다르다.

당연한 이야기지만 칼은 접근 전 이외에는 활을 당할 수 없다. 아쿠타가와 류노스케의 "야부노나카(藪の中)"의 소재가 된 『곤자쿠모노가타리슈』 권29 제23은 아내를 데리고 단바(丹波)로 향하는 남자가 도중에 일행이 된 남자의 꼬임으로 그의 멋진 "대도"와 자신의 변변치 않은 활과 화살을 교환한 결과로 야마시로·단바 사이 덤불 속에서 활과 화살로 협박당하고 나무에 묶이고 아내는 욕보이고 말과 "대도"를 빼앗기는 한심한 이야기이다. 이야기 끝의 평론은 "산중에서 생면부지의 남자에게 활을 넘겨주는 것은 참으로 어리석다"였다.

또한 『곤자쿠모노가타리슈』 권23 제15는 제1장에 등장했던 다치바나노 노리미쓰가 젊은 시절에 여자와 몰래 만나기 위해서 궁궐의 동쪽 대궁대로를 내려가다가 도적 집단을 만나는 이야기이다. 노리미쓰는 "무사의 가" 출신은 아니었지만 담력과 판단력이 뛰어나고 힘도 센 자였다. 위험을 깨닫고 도망가는 노리미쓰와 도적들 사이에 죽을 힘을 다한 싸움이 계속되고, 노리미쓰는 쫓아오는 3명을 차례차례 칼로 쓰러뜨리는데 강도를 만난 노리미쓰가 상대의 모습을 살펴보니 "활은 보이지 않고, 대도가 번쩍 하고 빛나 보였기" 때문에 "활은 가지고 있지 않았다"라고 안도했다고 한다. 활과 칼은 무기로서의 위력이 전혀 다른 것이다.

이전 도에이(東映) 시대극 영화에서 주인공의 화려한 솜씨에 많은 사람이 쩔쩔매게 되면 적의 수령(대개 惡家老나 악덕 상인)은 비장의 수단으로 활이나 총을 꺼내 든다. 그러면 주인공은 "멀리서 적을 공격하는 무기(飛道具)라니, 비겁하다"라고 외친다. 그러나 이 시대에 이런 불만은 그 누구도 할 수 없는 말이었을 것이다.

일본도 신화

도검을 제작하는 데는 고도의 기술이 필요하다. 여기에 예리한 형태를 향한 경외, 찬미의 감정이 더해지기 때문에, 예로부터 세계 각지에서는 도검을 신비한 힘의 상징으로 여겨졌다. 일본도에는, 더욱이 미술 감상의 요소가 더해진다. 현재 미술관·박물관 등에서 볼 수 있는 이상할 정도의 아름다움은 표면은 검푸르게, 담글질한 칼날 부분은 하얗게 갈고, 무네(棟)와 시노기지(鎬地)는 갈아서 바탕색보다 더 검은 광택을 내고, 칼끝에는 나루메라는 마무리를 거쳤기 때문이다. 평화로운 에도기에 칼의 날카로움을 중시하게 되어 칼을 가는 방식이 변화하고 나아가 메이지가 되어, 명인이라고 칭송된 혼아미 나리시게(本阿弥成重)가 나타나, 그때까지의 전통 기술에 미적 감각을 더해 오늘날 볼 수 있는 미술적인 도검연마의 기법이 확립되었다.

근년은 도검 붐이고 게다가 젊은 여성 팬이 많다고 한다. 그것을 "일본 칼 여성", "칼 여성"라고 한다는데, 아름다움에만 눈을 빼앗겨서는 곤란하다. 도검의 본래 목적이 사람을 살상하는 데 있는 것은 누구도 부정할 수 없다. 이런 실용의 견지를 무시하고 일본도를 말하는 것은 본말전도라 할 것이다.

실용·기능의 시점이 빠지면 여러 가지 오해가 난무한다. 예를 들면, 세계 제일로 잘 베어진다든가, 칼이 휘는 것은 말 위에서 휘두르기 위한 편의를 생각해서 만든 것이라든가 하고 이야기되는 것이다. 그러나 칼이 휘는 본래 목적은 시노기즈쿠리와 조합해 타격력을 강화하는 데 있었던 것 같다. 시노기즈쿠리의 과정에서 일본도의 모양을 두드려서 나올 때 약간의 휨이 생기고, 그것을 가열 후 수조에서 급냉하면 얇은 날 측과 두터운 몸 측이 냉각 속도의 차이 등으로 인해 팽창과 수축의 정도가 달라서 결국 현저한 휨 현상이 생기는 것이다.

전장에서 일본도를 사용하면

세계에서 제일로 잘 베어지는 도검인지 아닌지를 사람으로 실험할 수는 없다. 전쟁 전의 일본 군대에서 군도는 군장품의 하나로, 장교나 일부 하사관이 허리에 차고 있었다. 그중 대부분은 "쇼와도(昭和刀)"라 불리는 대량 생산품이지만, 가문에서 전해지는 일본도를 차던 사람도 있었다. 후자의 일본도의 특질이나 위력을 웅변해주는 자료는, 중일전쟁 당시 군속으로 종군해 약 2000 자루의 칼을 수리하고 손본 경험을 정리한 나루세 세키지(成瀨関次)의 자서전 『싸우는 일본도』(1940)를 들 수 있다.

그는 "흥미로운 것은 병종, 전투의 난이도, 지형 등에 따라 칼의 손상에 공통점이 있다는 것이다. 예를 들면, 혈전을 벌인 부대의 칼을 손에 들어보면 도장으로 찍은 것 같은 손상이 있는데, 칼자루를 감는 실이 닳아 끊어져 있는 것, 쓰바모토(鍔元: 칼몸과 날밑이 닿는 곳)가 흔들리고 자루에 박은 못이 부러져 있는 것, 칼몸의 끝이 대부분 왼쪽으로 구부러져 있는 것, 같은 칼몸의 앞쪽으로 칼날의 이가 빠진 것, 이 네 가지 점이다"라고 한다. "실전에서는 소위 명도

(名刀)는 필요 없다. 다만 끈질기고 날이 강한 칼이 좋다"라고도 한다.

해설하면, 일본도는 잘 드는 것과 부러지지 않음, 단단함과 연함의 모순된 성질을 추구하기 위해, 내부에는 탄소량이 적은 부드러운 심철(芯鉄), 날 부분에는 고탄소의 아주 단단한 강철을 사용해, 그것들을 심철과 인철(刃鉄)의 중간 강도의 피철(皮鉄)로 감싼다. 피철을 너무 단단하게 하면 부러지기 쉽다. 부러지는 것보다는 휘는 편이 낫다. "위부의 대도"의 예이지만, 겐페이 내란의 방아쇠가 된 모치히토의 난에서 왕을 체포하기 위해 쳐들어온 게비이시를 상대로 하세베 노부쓰라(長谷部信連)는 특별 주문한 대도를 빼 들고 분전하는데, "대도가 구부러지자, 얼른 내려가 다시 누르고 다시 밟고"(『헤이케모노가타리』, 권4)라는 구절이 있다.

구부러지기 쉬운 것은, 일본도 정도의 완만한 휨으로는, 내리치면 베기보다는 때리기가 되기 때문이다. 17세기 중반 이래 태평시대에는 전국시대 이전의 길고 무거운 호장함 대신 좁은 폭과 화사함이 선호되었다. 또는 오래된 도검을 자루 부분부터 갈아서 길이를 맞추어, 짧고 폭이 좋은 것으로 바꾸었다. "일본도 신화"를 믿고 철도 잘린다고 생각해서 칼을 내리쳤기 때문에 금세 휘어버리는 것이다. 또한 일본도의 자루는 자루를 그 형태로 판 2장의 판자로 끼워 백미를 끓인 풀로 칠해 붙이고 양단을 쇠 장식으로 채우고 못 구멍을 뚫는다. 그 위에 실이나 끈으로 튼튼하게 감는다. 감는 것은 자루가 부러지지 않도록 보강하고 자루를 쥐었을 때 감촉을 좋게 만들기 위해서다. 그러나 이것으로는 자루의 강도가 부족해서 주로 대나무를 깎아 만든 자루에 박는 못이 부러지거나 쓰바모토가 흔들렸다.

마상에서 지상의 싸움으로

마상의 활이 마상의 칼로 바뀌는 14세기가 되면 적의 투구에 닿도록 날의 길이가 90cm가 넘는 큰 칼이 출현한다. 그러자 그때까지 총체적으로 소형이고 머리에 쓰는 것이 고작이었던 투구의 머리 부분이 커지고, 또 투구와 안감 사이에 골풀(菅)이나 등심초(藺草)를 짜 넣은 완충재를 넣게 되고, 나아가 무로마치 시기에는 완충 효과를 높이기 위해 안감을 투구에서 뜨게 해서 붙일 수 있게 만든다(浮張). 맞았을 때의 충격 완화시키기 위해서다.

그러나 마상에서 무거운 큰 칼을 한 손으로 휘두르는 것은 말에게도 무사에게도 매우 위험하다. 마상에서 적과 너무 떨어져서 싸우면 칼을 휘둘렀을 때 자세가 무너지기 쉽고, 또한 적의 칼날에 말이 상처를 입기 쉽다. 따라서 마상의 칼싸움이 확대되자, 곧 말에서 내려 칼싸움을 하는 것으로 이행한다. 이 점은 예수회 선교사 루이스·프로이스가 전국시대의 일본 사정을 전해 "우리(유럽인)는 말에서 싸우는데 일본인은 싸우지 않으면 안 될 때는 말에서 내린다"고 증언하는 대로이다. 메이토쿠(明德)의 난(1391년) 직후에 성립된 "메이토쿠기(明德記)"에도 기마무사가 적에게 "말을 달려가 등자를 뛰어넘어 내려서서" "쓰바모토까지 피에 물든 칼을 오른쪽 겨드랑이까지 끌어당기고" "쳐들어갔다" 등의 기사가 보인다.

중세에 기병의 돌격이 있을 수 없는 것에 대해서는 이미 설명했다. 몽골 "기마군단"도 종종 말에서 내려 싸웠다고 하는데, 일본 전국시대의 전투에서도 적어도 서전(緖戰)은 양군이 말에서 내려 싸우는 것이 상식이었다. 나가시노(長篠) 전투에서 다케다군의 부대는 "대장을 비롯해 주인이었던 자, 7, 8인은 말을 타고, 나머지는 말을 후방에 남기고, 땅에 내려서 창을 휘둘러" 싸웠다. 또한 미카와(三河) 무사의 전형이라 불리는 오쿠보 히코자에몬 다다노리(大久保彦左衛門忠教)도, 오사카 여름의 진 당시에 패주하는 적을 기마로 추격한 것은 "처음부터 무너진 적"이었기 때문이며, "전투 당시에는 모두 말에서 내려 말을 후비(後備)보다 더 멀리 보낸다"는 것이고, "언제나 말을 타고 있을 것"이라고 생각하는 것은 어리석은 짓이라고 가르치고 있다. 말을 타고 하는 돌격은 승패가 정해졌을 때 어지럽게 흩어지는 적을 추격하는 경우에 한한다는 증언은 중요하다. 『오오쓰보류군마적요』도 "칼싸움은 경우에 따라서는 말에서 내려 싸우는 편이 유리하다는 설이 있다"라고 말한다. 이 책이 무로마치·전국시대의 실전의 체험을 반영하고 있는 것은 부정할 수 없을 것이다.

부상의 대부분은 화살에 맞은 상처

칼싸움이 퍼진 중세 후기에도, 군충장(軍忠状: 자신의 군공을 주장에게 보고해 후일 논공행상의 증거로 삼는 문서) 등에서 보는 한, 전상(戰傷)에는 화살에 맞은 상처가 압도적으로 많다. 남북조 시기의 전투·부상문서(手負注文테오이추분: 부상을 열거해 보고한 문서)를 망라적으로 수집한 토마스·콘란의 전상(戰傷) 연구에서는 721건의 사례 중 화살자국(矢疵)이 523건(73%)이고, 전국시대의 빈고 시가와타키 야마조(備後志川滝山城) 공격 때 부상문서를 조사한 야타 도시후미(矢田俊文)의 연구에서는 227건 중 126건(56%)이다. 한편 대도·언월도·창 등의 근접 전투로 입은 부상의 예는 훨씬 적다. 콘란의 데이터에서는 전체의 27%이며, 야타의 경우도 베인 상처·창상을 합쳐서 23%에 불과하다.

이러한 숫자는 화살은 치사율이 낮기 때문에 '부상'으로 세는 것에 비해 칼로 싸우는 근접 전투에 의한 부상은 대개 치명상이 되기 때문에, 군충장에서는 전사(戰死)로 일괄되어 그 원인이 기재되지 않기 때문인 것으로 생각된다. 보다 근본적으로는 근접 전투 자체가 상상보다 많지 않고 남북조 시기에서도 격전이 계속된 겐코·겐무 연간(1331~1338년)을 제외하고, 전투의 중심이 활싸움이었기 때문일 것이다. 본장의 모두에서 방패 찌르기 싸움 서전의 활싸움의 우열이야말로 승패의 분수령이라 본 것은 이러한 판단에 의한 것이다. 겐페이의 내란에서도 어느 귀족이 고시라카와 법황에게 "동국의 무사는 인부에 이르기까지 활과 화살을 차고 있기 때문에 이 헤이케가 당해낼 수가 없습니다"(『구칸쇼(愚管抄)』 권5)라고 보고하고 있다. 본래 전투원이 아닌 인부들도 활을 갖게 하여 상식을 뛰어넘는 대량의 활을 쏘아 전장을 압도한 것이 요리토모가 승리한 한 원인이었다.

이처럼 활싸움이 기본이면서 아직 날붙이나 격투 등 근접 전투가 무시할 수 없는 비중을 차지한 것은 무엇 때문인가? 이 의문에 대해서는 무사에게 있어 무공의 단적인 표현이 적의 목을 따는 것이었기 때문이라는 스즈키 신야(鈴木眞哉)의 지적이 시사적이다. 그는 활(후에는 총) 중심의 원거리전이 기본이었던 일본의 전투가 백병전 중심으로 인식되어온 이유를 목을 베기 위해서는 싫어도 적과 접촉해야만 하는 점에서 찾고, 비도구(飛道具)로 부상한 적의 숨통을 끊는 것은 창 등의 날붙이이고 목을 베는 것은 칼이 아니면 안 되었기 때문이라고 한다. 이 경우 주로 와키자시(脇差) 같은 작은 칼이 사용되었던 것 같다.

3. 창과 총과 성: 전국시대의 전투

단창과 장창

"창"에는 보통 "槍", "鎗"의 한자를 사용한다. 그러나 일본 중세 이후 자루식(茎式)의 "창"에는 일본 한자인 "야리(鑓)"를 사용한다. 자루에 구멍이 있는 창은 구별해서 호코(鉾)라고 불렀다. 고대에 "槍"이라고 기재되어 있는 것은 호코다. 호코는 자루의 중앙을 잡고 한 손으로 찌르는 것인데, 야리는 자루 끝의 이시즈키(石突: 지면을 찌르는 부분)에 가까운 부분을 오른손으로 잡고 왼손의 손바닥 위를 놀려서 찌르거나 또는 돌려서 사용한다. 가마쿠라 시대 말기부터 도보와 칼싸움의 발달에 따라 사용되어, 무로마치 시대 말기에는 상하에 널리 보급되었다.

한 간(間)(2.7미터)의 자루가 있는 것을 단창(手鑓), 두 간 이상을 장창(長柄)이라고 한다. 단창은 모치야리(持鑓)라고도 하며 활과 화살로 교체하는 마상의 무사가 가장 잘 다루는 무기이다. 장창은 가즈야리(数鑓)라고도 하며 도보의 병사 아시가루의 무기였다. 노부나가는 덴분(天文) 22년(1553년)경, 장인인 사이토 도산(齋藤道三)과 오와리의 도미타 쇼토쿠지(富田聖徳寺)에서 회견했다. 『신쵸고키(信長公記)』에 의하면, 종자들에게 "3간(間) 반의 주창" 500개와, 활·총을 500정 갖고 회견했다고 한다. "3간 반의 주창"이란 자루를 주홍색으로 칠한 길이 3간 반의 창을 말한다. 6.4m라는 것은 전례가 없는 길이였다.

야리는 단순히 찌르거나 휘두르거나 하는 것뿐이라면 1간 반이 다루기 쉽고, 너무 길면 엄청 무겁다. 자루의 소재에 따라서는 휘어서 끝이 흔들린다. 떨어져 있는 목표물을 긴 창으로 정확히 찌르는 것은 어렵다. 잘못 찔러서 적이 자신에게 뛰어들면 끝장이기 때문이다. 그래서 장창과 같은 긴 창을 유효하게 다루려면, 창의 길이를 맞추어 집단으로 창끝을 한 줄로 이어 빈틈없이 늘어서서 적의 돌입을 막는다든가, "일동, 마음을 하나로 모아 창끝을 나란히 맞추어 위에서 적을 때려 눕히"거나, 비스듬히 휘둘러 베어 눕히는 방식이 기본이다. 당시의 기록에는 "서로 때리고 치기"라는 기술이 간간이 보인다.

화승총의 등장

총(화승총)은, 덴분 12년(1543년), 규슈의 다네가시마(種子島)에 표착한 포르투갈인에 의해 전래되었다고 한다. 이것은 『뎃포키(鉄炮記)』에 쓰여 있는 바인데, 전래 후 60년이나 지난 저술이므로 다 믿을 수는 없다. 중앙의 권력자가 덴분 20년 전후 센슈사카이(泉州堺: 현 오사카부 사카이시)에서 총을 입수하여 남규슈에도 총이 전해졌다는 형적이 있으므로 다네가시마만을 총의 전래 창구라고 하는 것은 무리가 있다. 서양인이 일본에 전했다고 하나 실제로는 당시 동아시아 해역에서 활동했던 중국인 왜구의 역할이 큰 것 같다. 총이 일본 각지에 퍼진 것은, 총을 애호한 제12대 쇼군 아시카가 요시하루가 증답품(贈答品)으로 다이묘들에게 하사했던 것과 직업적인 포술사(炮術師)가 각지를 전전하며 총의 운용 기술을 가르쳤기 때문이다. 총기 전래의 결과로서 즉각 전투 기술과 성곽의 구조가 일변했다는 군사 일변도의 설이 있지만, 초기의 포술비

전서 중에는 조수를 향한 발사법의 기재가 매우 많다. 이것은 전래 후, 총이 우선 수렵의 도구로서 퍼졌다는 것을 나타낸다.

모리 모토나리(毛利元就)는 에이로쿠 10년(1567년)경, "특히 요즈음은 총이라고 부르는 무기가 나타나 세상에 의외의 일(피해)뿐이므로 신상에 방심하는 일이 없도록. 다른 사람에게도 이 취지를 잘 전하도록"이라고 가신에게 명하고 있다. 모리에게 한정되지 않고 전국다이묘의 전투나 군역 관계의 사료에 총이 나타나는 것은 에이로쿠 연간(1558~1570년)에 들어와서부터이며, 총의 군용화는 생각만큼 신속하지는 않았다. 총의 생산지로서 유명한 곳은 사카이(堺)지만, 이외에 오미 구니토모(國友: 현 시가현 나가하마시)의 지역이 있다. 구니토모에는 1555~1560년경에 총 만드는 대장장이가 있었고 증답용의 고급 총을 만들었다. 대량의 총이 전투에 투입되는 덴쇼 연간(1573~1593년)이 되면, 구니토모 대장장이의 활동은 활발해져서, 타국에 돈을 벌러 나갔고 그대로 다이묘에게 고용되는 대장장이가 적지 않았다.

총이 전투에 효과를 거두게 되자 다이묘들은 직할지에서의 수입을 재원으로 기동력이 뛰어난 총포대의 편성에 노력하게 된다. 또한 총의 상비화로 포술사는 다이묘 가신의 각 조의 실전에 도움이 되는 연습을 엄격하게 시켰다. 기슈(紀州)의 네고로(根來)·사이카(雜賀)(현 와카야마현 이와데시·와카야마시)에서는 이른바 승병·지자무라이들이 대량의 총을 장비해서, 용병으로서 기내(畿內)의 제국을 전전(轉戰)했다. 총은 히데요시의 조선 출병 때 주력 병기로서 위력을 발휘했고 오사카의 진의 무렵에는 기술적으로 정점에 도달했다.

나가시노 전투의 실상

활은 총보다 명중도, 파괴력, 사정거리 등 많은 면에서 떨어지지만, 총의 보급 후에도 주로 아시가루의 병기로서 계속 사용되었다. 활에는 화약이나 탄환처럼 비싸고 조달이 어려운 소모품은 불필요하고, 폭발이나 불발이 없으며,

비가 와도 사용에 문제가 없으며, 빨리 연속 사격할 수가 있고, 조작 훈련에도 시간과 비용이 들지 않는다는 등의 이유로 총의 약점을 보충하기 때문이다.

바로 전의 역사서 등에서는 오다 노부나가는 일찍이 총에 주목해 총으로 하는 전투를 군사적으로 체계화하여 덴쇼 3년(1575년) 나가시노의 전투에서 3000정의 총을 1000정씩 3단으로 구성해 각 단이 교대로 일제사격을 반복해 무적을 자랑하던 다케다의 기마대에게 궤멸적인 타격을 입혔다는 식으로 설명되어 있다. 그러나 이 통설은 현재 부정되고 있다.

이미 말했던 것처럼 기마만으로 편성된 기병대는 당시 존재하지 않았다. 다케다군에서도 각각의 가신이 봉록(知行高, 貫高)에 따라 지정된 수의 기마무사나 도보의 병사들을 이끌고 달려가 각자 정해진 사무라이 대장의 지휘하에서 행동했다. 유력한 무장(寄親)에게 가세하는 요리코(寄子: 요리키(寄騎)=與力)이다. 예를 들면 나가시노 전투 이듬해, 하지카노 덴에몬 마사히사(初鹿野伝右衛門昌久)는 134관 300문의 연공을 거둘 수 있는 봉록지에 대해 군역으로서 총 1정·활 1장(張)·단창 5개·소기(小旗) 1개의 8인이 부과되었다. 본인 1기(騎)를 더하면 인원은 9인이 된다. 기마의 하지카노는 자신이 이끌고 온 소집단과 일체로 행동하고 있고, 여기에서 추출되어 기마병으로서 집단생활이나 단체훈련을 하고 있던 것은 아니다.

또한 오다 군(織田軍) 측에서도 총을 1000정씩 정연하게 교대하면서 쏘는 것은 낭비하는 탄환이 많고, 화약을 취급하는 점에서 위험하고, 총수의 기능 습득에 개인차가 있으므로 사실상 불가능하다. 애초에 기마군단이 모든 전선에 걸쳐 동시에 일제히 돌격한다는 사실 자체가 있을 수 없는 일이기 때문에 그럴 필요도 없었다(그림 3-5).

또한 3000정이라는 것은, 그것을 기록한 『신쵸고키』의 저자 오타 큐이치(太田牛一)의 자필본에서는 "1000정 정도"라고 되어 있다. 이케다가 문고본(池田家文庫本)에서는 "1000(千)정 정도"의 "千"의 글자에 "三"으로 가필되어 있어서, 이것이 본문이 되어 퍼져버린 결과라고 생각된다.

그림 3-5 나가시노 전투의 현장(저자 촬영). 중앙의 도랑 모양의 하천이 렌고가와(連吾川)이다. 왼쪽 구릉이 오다군의 진지. 『고요군칸(甲陽軍鑑)』[다케다 신겐(武田信玄)의 전략과 전술을 기록한 병서—옮긴이 주]은 "나가시노의 전장은 말을 10마리나 나란히 달릴 수 있는 곳이 아니다"라고 말한다.

중세의 성에서 근세의 성으로

전국시대로 들어가는 15세기 중반 이후, 산상의 성채가 대량으로 만들어져 그것과 산하의 저택이 일체가 되었다. 군사적인 긴장이 고조되자 산성에 많은 군사가 장기간 체류할 필요가 생겨 성채는 확장되고 주거 기능이 증가했다. 전국다이묘의 본성에서는 산록의 저택이 별장이라면 산상의 성곽은 거성(居城)에 해당한다. 다이묘의 권력이 강해지자, 고쿠진 영주(國人領主)의 본성은 다이묘의 지성(支城)으로 위치하게 되었다. 또한, 다이묘는 영국(領國) 지배와 원정의 필요로부터, 목적에 맞는 각종 지성을 신축했다. 이러한 움직임은 축성술을 비약적으로 발전시켰다.

이윽고 다이묘의 거성은 군사상의 거점만이 아니라 정치·경제의 중심으로서 역할이 중시되게 된다. 이 때문에 가신단의 집주와 그것을 경제적으로 지탱하는 조카마치의 건설이 필요해졌지만 종래의 산성에서는 지형적으로 무리인 경우가 많았기 때문에 평야 또는 평야 중에 작은 산으로 옮기게 되었다. 그 빠른 시도가 오다 노부나가의 아즈치(安土)성이다. 아즈치성에서는 산정의 덴슈(天主)[요시히데의 오사카성 이후에 덴슈는 권위를 과시하는 데 머무르고 다이묘는 혼마루고덴(本丸御殿)에 거주한다]에 노부나가가 거주하고, 오오테몬(大手門)에서 덴슈·혼마루에 이르는 대석단(大石段)의 양편에 돌담으로 조성된 많은 곽이 있어 가신들이 거주하게 했다. 평야에 쌓은 근세의 성곽에는 총 등에 대비하기 위해 방어력을 강화하는 궁리가 들어 있다. 그 중심은 해자와 돌담으로 해자는 넓고 깊어졌으며 성 옆에는 돌담이 만들어졌다.

노부나가의 후계자가 된 히데요시는 덴쇼 11년(1583년)에 오사카 이시야마 혼간지(石山本願寺)의 옛 성을 활용하면서 대규모의 축성을 시작했다. 축성은 1기(혼마루), 2기(니노마루), 그리고 6년의 중간기를 끼고 3기는 분로쿠(文祿) 3년(1594년)부터, 4기는 그의 사망 직전부터 시작되어 게이초 5년(1600년)까지 계속된다. 아즈치는 근세 조카마치의 선구였지만, 오사카는 더욱 대규모였다. 3기에는 성하를 에워싼 외곽의 해자도 건축되고, 성 남쪽의 우에마치(上町) 대지에는 여러 다이묘의 저택을 모아 사찰을 배치하고, 수운(水運)이 좋은 사방의 저지에는 상인·직인의 마을이 만들어졌다. 성의 방어와 마을의 경제적 발전의 견지에서 무가지구(武家地)·사원지구(寺院地)·상업지구(町屋)를 계획적으로 배치한 오사카는 근세 조카마치의 모범이 되었다.

왜성에서 오사카 낙성까지

히데요시는 조선 출병을 하면서 전진기지로서, 히젠(肥前)의 동쪽 마쓰우라(松浦) 반도 북단에 나고야(名護屋)성을 쌓는다(1591년). 또한 조선에서의 전황이 뜻하지 않게 흘러가자, 전쟁 목적을 조선 남반부 4도의 할양으로 전환하여 부산을 중심으로 하는 조선 반도의 남해안·도서부에 약 30개의 성을 쌓았다. 이들 성에서 점령지와 보급로의 확보를 실현하려고 한 것이다. 축성은 조선에 진주한 각 다이묘가 맡아서 2, 3개월의 강행공사로 완성했다. 기본적으로는 일본식 성곽인데 선착장과 배후의 산정에 설치한 주곽 부분을 2개 이상의 장대한 성벽으로 연결했고 그 내부에 거주 구역이나 물자 집적에 이용할 수 있는 토지를 포함한 성이 있다. 이들을 왜성(倭城)이라고 하며, 그 후 일본의 축성기술 발전에 끼친 영향은 매우 크다.

게이초 5년(1600년) 세키가하라 전투에서 승리를 거두고 천하인이 된 도쿠가와 이에야스가 에도성에 입성한 것은 덴쇼 18년(1590년)의 오다와라(小田原) 전투 이후이지만, 게이초 8년 막부를 열자 이듬해 증축에 들어가 게이초 11년부터 근세 성곽으로의 대개축을 개시했다. 에도성은 그 후 여러 차례 공사에 의해 막부의 본거지다운 위용을 갖춘다. 역시 건축공사는 오사카성 등의 경우처럼 공사할 곳을 정해 다이묘들에게 분담시키는 방식으로 행해졌다(천하공사). 그 결과 돌담 만들기를 비롯해 성 만들기의 최신 노하우가 전국에 퍼졌다.

이에야스는 게이초 19년부터 오사카성을 공격해 이듬해 도요토미씨를 멸망시킨다. 오사카의 진은, 오사카성 공성전이 중심이 되어 근세의 성곽이 실전에서 어떤 방어력을 발휘하는지 시험할 기회가 되었다. 도쿠가와군은 겨울의 진에서는 성을 공격해도 항복하지 않아서 애를 먹었지만, 여름에는 정략으로 외곽 해자나 니노마루, 산노마루의 해자를 메웠기 때문에 오사카 측은 성 밖에서의 전투를 강요당해 병력을 잃고 성을 지탱하지 못하고 패배했다.

현재의 오사카성은 히데타다 시대의 겐나 6년(1620년)이 되어서 도요토미씨의 시대를 지상에서 완전히 지워버리기 위해 혼마루 부분에서 9m 이상 흙을 쌓아 올리고 그 위에 10여 년간 걸려서 새로운 오사카성을 쌓은 것이다. "해자의 깊이, 돌담의 높이" 모두 히데요시의 "옛 성보다 배로 증가"하고 덴슈도 훨씬 크고 장소도 다른 전혀 별개의 성이다.

중세와 근세의 군역 차이

전국다이묘의 군역이 간다카를 기준으로 한 것에 비해, 근세의 군역은 고쿠다카에 따라 부과되었다. 언뜻 같아 보이지만, 전국다이묘에서는 출진하는 전투원의 수와 그들이 휴대해야 하는 무기의 종류와 수량만이 군역의 내용으로서 규정되어 있었다. 근세에서는 그 이외에 출진을 화려하게 장식하기 위한 도구류나 군량을 운반하는 요원을 포함한 총수가 군역의 대상이 되었다.

게이안(慶安) 2년(1649년)에 군학자(軍學者)이며 하타모토였던 호조 우지나가

(北条氏長)가 3대 쇼군 이에미쓰의 명령으로 작성한 군역 규정의 안(실제로 발포되지는 않았다)에는, 예를 들어 900석의 하타모토는 총인수 19명을 차출한다고 되어 있다. 그 내역은 "사무라이[실태는 와카토(若党: 젊은 무사). 말을 탈 자격이 없는 무가봉공인으로 전투에 참가했다] 5명, 갑주수행 2명, 활수행 1명, 총 1명, 창수행 2명, 1명, 짚신수행 1명, 말고삐잡이 2명, 신발상자 수행 1명, 도구상자 수행 2명, 마바리 2명"이었다. 짚신수행 이하는 무기를 들지 않는 인수이며, 갑주수행은 주인의 갑주를 운반하는 자, 도구상자 수행은 외출할 때 필요한 세간 장신구와 갈아입는 용도의 의복들을 안에 넣어 막대를 통해 종자에게 들게 한 자이며, 마바리는 병량·탄약, 설영(設営) 도구 등을 운반하는 짐말을 다루는 자로, 제각각 그것을 전업으로 했다.

신분제 사회는 신변의 시중을 들게 해 주인의 신분을 두드러지게 하고, 무위를 과시하기 위한 요원이 필요하다. 중세에도 이런 비전투원이 있었지만 그것은 동원하는 측의 부담이 아니라 동원이 요구되는 측의 부담으로 전장에 나타났다. 그렇게 되면 부담은 "양식을 적에 의한다"(『孫子』, 作戰篇)고 하여 원정처에 전가되어 현지 마을에서 약탈이 상태화한다. 평화로운 근세 사회에서는 그것은 용납되지 않는다. 그래서 군진 중의 병량은 동원하는 측이 부담하고, 때문에 총인수를 파악할 필요가 있었던 것이다. 그러나 이러한 인수를 상시 데리고 있는 것은 부담이 크다. 그래서 치중(輜重) 요원에게는 군역으로 징발된 백성들이 할당되었다. 또한 막부의 규정에는 직접 제시되어 있지 않지만 전쟁 수행에 불가결한 목수, 대장장이 등의 직인도 직인 신분에 따르는 군역으로서 전진(戰陣)에 동원되었다.

전국시대 전투관계의 서책에는, 자주 2만 명이라든지 5000명이라든지 하는 군세가 등장한다. 그 모두를 전투원이라고 생각하기 쉽지만, 위에 말한 사정에 따라 전투에 직접 참가하는 것이 상정되는 인원은 총인수의 3분의 1 정도에 불과했다. 군사조직으로서는 상당히 비효율적이다.

전투의 사상자 수는

참전병력 가운데 전투원의 비율이 낮은 것뿐만이 아니다. 전국다이묘의 대소 가신은 시대가 거슬러 올라갈수록 느슨하게 조직된 동맹자에 가깝다. 그들은 자신의 힘으로 토지와 민중을 지배하고 있는 영주, 제2장에서의 비유로 말하자면 "중소 독립 자영업자"이다. 참전의 동기도 전장이 공적을 세우고 이득의 기회였다. 그래서 다이묘의 무리하고 위험한 명령에는 따르지 않고 전황이 불리하다 싶으면 가볍게 전선을 이탈했다. 병사를 자신이 조직해야만 하는 영주들에게 이에노코(家子)나 하인과 같은 대대로 집살이 해온 종자는 귀중한 재산이며, 가볍게 사지로 투입할 것이 아니다. 종자가 심신에 평생 고칠 수 없는 장애가 생긴 경우 영주는 그의 남은 인생을 책임지고 보살펴줘야 하기 때문이다. 그렇지 않으면 누가 주인의 명에 따르겠는가?

이러한 배경에서 다수의 사상자가 나오는 무력충돌은 드물게밖에 일어나지 않는다. 격전으로 유명한 에이로쿠 4년(1561년)의 가와나카지마(川中島) 전투에서 1만 3000명의 우에스기군 가운데 사망자 3400명, 부상자 6000명, 2만 명의 다케다군의 사망자는 4500명, 부상자는 1만 3000명이라고 기록되어 있는 책이 있지만 절대로 있을 수 없는 일이다. 애초에 참전병력이 과대하고 사상자도 아마 그 10분의 1 이하일 것이다. 일본 육군에서 군대는 30%의 손해로 일시 전투력을 잃고, 50%로 전멸적 타격을 받는다고 한다. 그 기준으로 말하면 양군은 벌써 궤멸했다.

일본 육군처럼 폭력을 동반하는 비인간적 군기를 갖고 있어도 다수의 사상자가 나오면 사람은 공포와 패닉으로 싸울 수 없게 된다. 강력한 통제력이나 사람들에게 죽음을 감수하게 하는 "숭고한" 전쟁 목적이 없는 군대에서 이런 터무니없는 손상이 나올 리가 없다.

4. 실전 체험과 태평한 무사

가토 기요마사 첫 출전의 체험

무예나 전투는 생명을 뺏고 빼앗는 것이다. 누구든지 본심은 목숨이 아까울 것이 당연하다. 무사라는 입장상 전투는 두려운 것이라고 스스로 말한 증언은 드물다. 가토 기요마사는 히데요시가 키운 맹장이라는 이미지가 강하다. 그러나 사실 그가 전장에서 활약한 것을 나타내는 확실한 사례는 조선 출병 이전에는 시즈가타케(賤ヶ岳) 전투밖에 남아 있지 않다. 이 전투는 노부나가 후계의 지위를 놓고 히데요시와 시바타 가쓰이에(柴田勝家)가 싸워, 덴쇼 11년(1583년) 오우미·에치젠(越前) 국경 부근에서 전투에 이른 것이다. 기요마사는 후쿠시마 마사노리 무리와 함께 "일곱 창(七本槍)"의 한 사람으로서 공명을 올렸다. 그 경험을 아들에게 한 이야기가 전해진다.

"내가 히데요시 공을 따르며, 처음으로 일번창을 했던 시즈가타케의 전투였다고 생각되는데, 비탈길을 오르자 맞은편에 적이 있었다. 그 적과 마주쳐서 전투가 시작되었다. 그때 마음속에 적의 방향은 '한밤중 같아' 아무것도 보이지 않는다. 그래서 '눈을 감고 염불을 외워 그 어둠 속에 뛰어들어 창을 찔러 넣은 순간 반응이 있다고 생각하자 적을 죽이고 있었다. 그러고 나서 점차 피아가 구분되기 시작했다"(『갓시야와(甲子夜話)』 권1). 무섭다기보다는 정신없다고 해야 할지도 모르지만 솔직한 이야기이다.

이다 가쿠베에(飯田覚兵衛)는 말한다

기요마사와 관련된 이야기를 하나 더 하자. 이다 나오카게(飯田直景)라고 하면, 2016년 4월 16일 구마모토(熊本) 지진에서 돌담이 크게 무너져 건물의 바닥 면이 드러나 한 조각 귓돌이 간신히 지탱하는 상태가 된 이다마루(飯田丸)

에 그 이름을 남긴 인물이다. 기요마사와는 죽마고우로 모리모토 가즈히사(森本儀太夫), 쇼바야시 하야토(庄林隼人)와 나란히 가토가의 삼걸로 불렸다. 무용이 뛰어나고 창을 다루는 데는 그보다 나은 자가 없다고 할 만큼 달인이었다고 한다.

그런 가쿠베에가 "나는 일생 재정부장(기요마사)에게 속아왔다. 처음 전투에 나서 공명을 세웠을 때 수많은 동료가 총에 맞아 죽었다. 위험한 일이다. 벌써부터 무사의 사관은 할 만한 일이 아니라고 생각했지만, 돌아가자마자 기요마사가 오늘의 대단한 활약은 뭐라 비유할 말이 없다고 말하며 칼을 주었다. 이렇듯 전장을 떠날 때는 매번 후회했지만, 기요마사는 그럴 때마다 즉시 옷(陣羽織)이나 상장을 주고 사람들도 모두 선망하고 치켜세웠기 때문에 거기에 꾀여서 할 수 없이 전투를 지휘해 사무라이 대장이라고 불리게 되었다. 재정부장에게 속아 본래의 의지를 잃어버린 것이다"라고 말했다(『常山紀談』 권18).

그는 기요마사가 죽은 후에도 그의 아들 다다히로(忠広)를 섬겼고, 가토 다다히로가 개역된 후에는• 구로다 나가마사(黒田長政)를 섬기고 있어서, 실화인지 아닌지는 알 수 없지만 후세에 그런 인물이라고 믿어지고 있었던 것은 확실하다. 기요마사는 히데요시로부터 전투 능력보다는 오히려 재정운영이나 행정수완이 기대된 능리였다는 의견도 있기 때문에, 그렇다면 가쿠베에에 대한 교묘한 대접도 그렇겠다고 납득할 수 있을 것이다.

문치주의와 그 결과

겐나엔부(元和偃武)란 겐나 원년(1615년) 도요토미가가 멸망하여 긴 전국의 쟁란이 최종적으로 끝나서 일본국이 평화롭게 된 상태를 말한다. 엔부(偃武)

• 막부에게는 눈엣가시 같았던 가토가의 세력을 제거하기 위해서 부친 기요마사로부터 물려받은 영지인 구마모토번을 몰수당하고 다른 번으로 옮겨 간 것을 말한다. —옮긴이 주

는 무기를 눕혀 사용하지 않는다는 의미이다. 그리고 4대 쇼군 이에쓰나(家綱) 무렵부터 막번정치가 이른바 무단정치에서 문치정치로 전환했다. 문치정치란 막부의 지배와 신분제 질서를 법령이나 제도의 정비, 의례의 존중, 인민교화의 중시 등에 의해 유지하려는 정치를 말한다.

이에쓰나를 이어받은 5대 쓰나요시의 시대가 되면, 막번체제의 기초도 굳어졌다. 쓰나요시는 덴나(天和) 3년(1683년) 역대 최초의 부케쇼핫토(武家諸法度)를 발하여 제1조에서 그때까지 "문무궁마(文武弓馬)의 길, 오직 서로 즐겨야 할 것"이라고 했던 것을 "문무충효를 힘쓰고 예의를 바로 해야 할 것"으로 고쳤다. 쓰나요시는 무공에 의해 상승을 꾀하려는 전국시대 이후 무사의 논리와 가치관을 사회에서 추방하려 했다. 그래서 나온 것이 개뿐만 아니라 생명이 있는 모든 것의 살생을 금한, 생명연민의 령(쇼류이아와레미노레이)(1687년에서 1708년까지 반복해서 발령), 이와 표리의 관계에 있는 죽음을 혐기하고 피의 불정(不淨)을 피하는 복기령(服忌令: 1684년 발령, 이것도 몇 번이고 추가 보충령이 나왔다)이다. 후자는 전장에서 죽여 얻은 적장의 목을 놓고 논공행상을 한 무사의 사회에는 본래 존재하지 않았던 것이었다.

무의 후퇴

태평세상과 문치정치에서는 무사의 세계로부터 무나 무공을 존중하는 의식이 점차 옅어지는 것을 피하기 어렵다. 이미 에도 전기에 일부러 말의 힘줄을 절단하는 "근골(筋骨) 자르기"라는 악습이 행해지고 있었다. 특정한 힘줄이 잘린 말은 보행할 때 다리를 높이 들기 때문에 보기에 좋다. 또 달리는 능력은 떨어지지만 말을 못 타는 무사라도 잘 탈 수 있게 된다. 막부는 덴나 연간(1681~1684년) 이것을 금지했다. 말을 얌전하게 만든 것은, 전에 기술한 것처럼 거세하지 않아서 기질도 사납고 다루기 어려웠기 때문이다.

8대 쇼군 요시무네(吉宗)는 기슈 번주일 때부터 솔선하여 무예를 장려하고 있었지만 쇼군이 되자 더욱더 장려한다. 교호(享保) 4년(1719년) 5월 쇼인반(書院番)·고쇼구미(小姓組)의 반시(番士)의 마술(馬術)을 관람하니 그 타는 모습이 미숙하고 위태로워 평소 말을 다뤄본 경험이 없어 보였다. 요시무네는 궁마를 연습하라고 했던 명령이 소홀시되었다고 판단하여, 양 번• 반토(番頭)에게, 이후는 반시(番士)에게 마술연습을 시키도록 명했다.

또한 교호 10, 11년의 시모사 고가네하라(下総小金原: 현 치바현 마쓰도시)에서 대규모 사슴사냥 때는 양 번에 오반(五番)을 더한 삼번의 번사에게 몰이꾼의 역할을 맡게 했다. 당시 쇼군의 근신(近習)이나 번사 중에는, 신발 신는 방법도 모르고, 허리 묶는 방법도 이상하고, 벌판을 달리는 데도 여성이나 어린아이 같이 가냘픈 자가 적지 않았다. 고가네하라의 대사냥에는 처자와 이별의 잔을 나누며 겁내면서 나온 사람도 있었다고 한다. 다만 요시무네가 오번의 하타모토에게 무예를 장려한 것을 갖고 무단복고(武断復古) 정치로 역행했다는 견해가 있지만 그것은 요시무네의 하타모토 강화라는 진의를 착각한 것이며, 문치적 경향은 오히려 교호의 개혁에서 한층 더 진전되었다.

그 후에도 무예의 장려는 여러 번 반복되지만 말을 못 타는 무사는 점점 늘어났다. 『썩은 나무(古朽木)』(1780년 간행)라는 통속소설에 다음과 같은 내용이 있다. 요즘의 힘센 젊은 사무라이는 말만큼 위험한 것은 없고, 또 겉보기도 나쁘다고 해서 권문가마를 탄다. 그래서 마술도 명을 받고 나갈 때 낙마하지 않을 정도로 타면 감지덕지했다고 한다. 권문가마는 다이묘의 가신이 주인의 용무로 다른 가에 갈 때 주인에게 빌린 가마이다. 작자는 본명 헤이자와 쓰네토미(平沢常富)라는 아키타 번의 호위역으로 어엿한 상급 무사였다. 헤이자와의 말이 과장이 아니라면 무사의 승마 특권은 근세 중기의 시점에 이미 유명무실해진 것이다.

• 쇼인반과 고쇼구미반 두 번을 가리킨다. —옮긴이 주

죽도의 검술은 스포츠

태평의 시대가 계속되어 문치정치로 전환하자, 무사사회의 신분질서는 고정되고 무는 신분 출세의 수단이 되지 않게 된다. 에도 전기에 융성했던 교토 산주산겐도(三十三間堂)의 먼 거리 활쏘기(당의 남단에서 북단으로 활을 쏘는 경기), 특히 하루 밤낮 동안에 꿰뚫는 화살의 수를 다투는 "오오야카즈(大矢数)"도 18세기 중기 이래 거의 시행되지 않았다. 17세기 후반에 무예 기법은 검술과 창술로 분화하여 1류 1번, 즉 그 번에서만 볼 수 있는 번 고유의 검술 유파, 창술 유파가 생기고, 이것은 가업 세습의 "무예"가 되고 비전되어 타 유파와 타 번과의 실력대결도 없는 폐쇄적인 것이 되었다. 이렇게 궁·마·창·검 "4예"의 틀이 생겼다. 4예 담당자는 세습의 가록(家禄)을 가지는 "무사"이며, 아시가루 이하는 4예의 즐거움에서 배제되고 포박술 등 치안 관계의 무술에 종사했다.

그것이 18세기 말 이후가 되면 막부나 번의 개혁의 필요로 가업의 세습에서 능력 본위의 인재 등용으로 흐름이 변하여, 무예는 재검토되어 시합검술이 유행하고 도장에서 검술연습이 성행하게 된다. 그때까지 무사의 4예로서 검술(형태의 연습과 마음의 수양을 중시)과는 다른, 사람을 상대로 자유난타로 때리는 형식의 격검유파(단련성과 시합의 실기를 중시)의 형성이다. 이것은 아시가루 병졸들이 담당자가 되어 촌락에서 성행했던 무술이 4예의 검술에 파급해 그것을 끌어넣어 활성화한 것이었다.

오늘날에 이어지는 죽도 경기는 근세 후기인 19세기에 시작된다(그림 3-6). 신체의 급소인 얼굴·팔뚝·목·몸통을 견고한 방어구로 감싸고 그곳을 현재와 같은 "4할 죽도"로 타격하는 "죽도타격시합"이 시작되어 시합 기법도 변화했다. 칼로는 불가능한 기술도 시행되었다. 그것은 무의 형태를 취하고 있지만 안전을 중시하는 경기이며 스포츠이다. 예를 들면 죽도의 표준적인 길이인 자루 포함 3척 8치(115cm)는, 만약 진검이라면 무겁고 도저히 죽도를 다루듯이 자유롭게 다룰 수 없다. 에도시대의 진검은 날 길이가 2척 3치(70cm) 이하

그림 3-6 죽도시합 풍경(『호쿠사이망가즈록(北齋漫畫圖錄)』에서)

이며 소지가 규제되었다.

이윽고 에도·오사카·교토의 3도에서는 일반 서민도 단련할 수 있는 마을의 검술 도장이 난립한다. 마을도장의 융성은 무사사회라는 좁은 신분의 테두리를 넘은 일종의 사회현상이다. 도장을 주최하는 지바 슈사쿠(千葉周作), 사이토 야쿠로(斎藤弥九郎) 등 막말의 에도에서 검객으로 이름을 떨친 자들 다수가 농민 또는 아시가루 병졸이라는, 무사와 농민의 경계 신분 출신이었던 사실은 그 결과일 것이다. 저 유명한 곤도 이사미(近藤勇)도 농민 출신이고 신센구미(新撰組) 이전은 검술도장 주인의 양자였다. 죽도시합은 별로 잘하지 못했던 것 같은데, 상대의 기량을 한눈에 파악하는 힘이 있었다고 한다. "죽도타격시합"은 스포츠이고 진검을 사용한 칼싸움과는 다르다는 것을 이야기하고 있다.

낭인

시대극에서 친숙한 낭인(浪人)은 원래 "로닌(牢人)"이라고 썼다. "로로닌(牢籠人)"을 줄인 말로, 로로(牢籠)는 곤궁하다는 뜻이다. 에도막부의 성립 초에는 막부의 다이묘 제거 정책 때문에 낭인이 엄청나게 증가하여 40만 명에서 50만 명이나 되었고, 벼슬길이 끊긴 낭인의 생활난은 불온한 기운을 만들어냈다. 그래서 게이안 4년(1651년), 유이쇼세쓰(由井正雪), 마루바시 추야(丸橋忠弥)

무리가 계획한 "타도막부"의 음모 사건 등을 계기로 낭인 발생의 원인이 되는 다이묘 개역(改易)의 조건을 완화시켰다. 17세기 후반 이후 그들의 적(籍)은 조닌의 공동체인 정(町)에 파악되어, 신병이 마치부교의 지배하에 놓이는 등 법적으로는 서민의 취급과 거의 다르지 않지만 신분적으로는 성씨와 대검(帶劍)이 허가되는 무사 신분에 속했다. 가난한 낭인은 마을 저택의 나가야(長屋)에 살며 우산 만들기(傘張) 등의 부업으로 생활을 견뎌냈지만, 마을도장을 열어 무예를 가르치거나, 학문·문예 등 다른 예능을 생업으로 하거나 했다. 서당의 선생 등 서민교육에 공헌하는 자도 많아서 근세 지식인의 한 형태가 되었다. 낭인시대의 야마가 소코·아라이 하쿠세키·오규 소라이·치카마쓰 몬자에몬(近松門左衛門) 등이 그 대표이다.

사쿠라다 문 밖의 변에서는

연극이나 영화에서 칼싸움, 연기로서의 "다테(殺陣)"는 가부키나 신국극(新國劇)의 난투를 기반으로 화려하게 꾸민 일종의 무용이다. 그렇다면 실제 칼싸움은 어떠했을까?

사쿠라다 문 밖의 변은 안세이(安政) 7년(1860년) 3월 3일에 미토(水戸)의 존왕양이(尊王攘夷)파 18명이 에도성으로 등성 중이던 다이로 이이 나오스케(井伊直弼) 일행을 사쿠라다 문 밖에서 습격해 목을 벤 저명한 사건이다. 일행은 수행원인 가치 이상 26명, 아시가루·신발수행 등을 포함해 총원 60여 명이었다. 이날 봄 치고는 드물게 대설이 내렸기 때문에 모두 비옷을 입고, 칼을 녹슬게 하는 눈의 침투를 막기 위해 나사(羅紗)나 기름종이로 만든 자루 주머니를 씌우고 그 주머니는 칼집에 묶어두었다.

다이묘 행렬 구경을 가장한 한 무리가 있었다. 그중 한 사람이 소장(訴狀)을 손에 들고 대로의 가마에 소청하는 듯한 모습으로 선두에 접근해 다가온 무사에게 칼을 휘둘렀다. 행렬이 흐트러지고 가마 주변을 둘러쌌던 가치의 대부분이 전방으로 달려 나온 순간에 단총의 발사음이 울려 퍼지고 남은 무리가 일제히 칼을 빼 들고 길의 좌우에서 달려들었다.

나오스케의 수행원은 비옷과 자루 주머니를 쓴 채 이리저리 쫓기다가 겨우 이를 벗어나서 반격에 나섰지만 이미 사상자가 속출해 있었다. 이 난투를 목격한 자는 적지 않지만 현장의 앞에 있는 마쓰다이라 오오스미가미(松平大隅守)의 저택의 창문에서 혼잡한 전투를 시종 바라본 자가 있었다. 오키쓰(奧津)라고 하는 기쓰키(杵築)번 부재중집사는 그 담화 기록에 "진검은 일정한 사이를 두고 서로 경쟁하는 것이라고 옛날부터 듣고 있었지만, 그렇지 않고 칼의 중간 또는 쓰바모토 가장자리에서 겨루었는데 승패가 나자 곧 4, 5명이 쓰러졌다"라고 한다. 배운 검술의 자세를 완전히 잊고 몸을 밀착시킨 채 서로 칼을 날밑으로 받은 채 밀어내는 격렬한 승부가 여기저기서 펼쳐지고 있었다.

습격자도 정신없이

다른 사료에서는 습격자 쪽도 놀라서 어찌할 바를 몰랐던 것을 알 수 있다. 암호문답도 잊고 아군끼리 공격하는 일도 있었으며, 습격한 쪽의 여러 명이 "칼을 빼 들고부터는 거리도 확실히 알지 못하고 마구 싸웠다. 눈은 어렴풋하고 마음은 꿈속 같고, 실로 시합 연습과는 다른 것이었다", "눈앞은 어렴풋하고 마치 새벽 같았다", "마음이 조급해 마구 휘둘러 연습과는 완전 다르다"라고 회상하고 있다. "눈앞이 어렴풋하다"는 것은 가토 기요마사의 첫 출전 때와 같다.

사전에 습격의 순서를 확인하고, 몇 번이고 스스로 타이르며 몸차림을 갖추고 있어도, 목숨이 왔다 갔다 하는 첫 체험이란 그런 것일 것이다. 아시가루 이하는 사건의 발발과 함께 뿔뿔이 흩어져 도망쳤지만, 히코네(彦根) 번사 중에도 싸움터에서 벗어나 마쓰다이라 오오스미가미(大隅守)의 통용문으로 도망가 떨고 있던 자도 있었다.

히코네번에서 으뜸가는 검객이었던 수행감찰 가와니시 츄자에몬은 침착하게 몸을 지키며 분전했다. 폭도의 습격이라고 판단하자 일단 물러서 칼자루 주머니와 우비를 벗고 몸차림을 갖춘 다음 가마 옆에서 좌우 2개의 칼을 휘두르며 사력을 다해 방어했다. 1명을 베어 쓰러뜨렸지만 전후좌우에서 베여 결국 그 자리에서 쓰러졌다.

다시 오키쓰의 이야기로 돌아가면, 가마 주변이 허술해진 시점에서 "덩치 큰 남자 1명과 비슷한 키의 남자 1명이 가마를 노리고 곧바로 가미시모(裃: 무사의 예복)를 입은 나오스케를 끌어내려 1명이 등을 칼로 세 번 쳤는데 공을 차는 듯한 소리가 세 번 났고, 덩치 큰 남자가 나오스케의 목을 베고 칼로 꿰어 큰 소리로 외쳤다. 잘 들리지 않았지만, '이이 장관'까지는 들렸다"고 한다. 나오스케는 단총에 맞은 부상으로 움직일 수 없었던 것 같다. 이렇게 쓰니까 긴 시간의 사건처럼 들리겠지만, 담배를 세 모금 필 정도의 짧은 시간이었다고 한다.

결국 히코네 번사는 4명이 즉사하고, 사건 후 부상을 입었던 4명이 죽었다. 습격한 쪽도 1명 사망, 3명이 부상해 자결, 2명이 중상으로 후에 사망했다. 사건 후 현장의 눈 위에는 절단된 수많은 손가락과 귀와 코 조각들이 흩어져 있었다. 맞부딪힌 칼을 쓰바모토에서 멈춘 채 서로 밀었기 때문에, 칼자루를 잡는 손의 손가락이 잘리고 귀·코도 잘려 떨어진 것이다.

히코네 번사의 칼

사건 현장에는 구부러지거나, 톱의 이처럼 심하게 칼날의 이가 빠진 칼이 남겨져 있었다고 한다. 필자는 이때 사망한 번사의 칼이 히코네시의 히코네성 박물관에 소장되어 있는 것을 알게 되어 특별히 허가를 받아 자세히 살펴봤다. 칼은 3자루인데, 가와니시 츄자에몬(河西忠左衛門: 날길이 85cm), 나가타 다로베에(永田太郎兵衛: 날길이 65cm), 고시이시 겐지로(越石源次郎: 날길이 62cm)

그림 3-7 고시이시 겐지로가 사용한 칼의 칼끝과 허리 부분의 손상
※ 출처: 彦根城博物館蔵

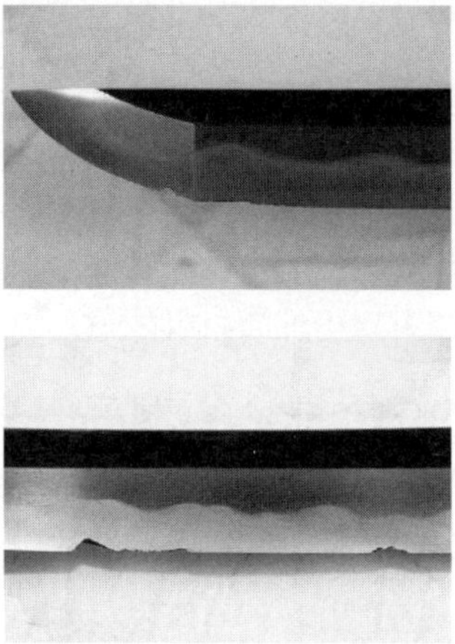

가 사용한 것이다. 고시이시의 검은 나가와키자시(長脇差)라고 불린다. 가장 길이가 긴 가와니시의 검은, 자루에 못 구멍 2개와 원래 구멍을 금속으로 메운 흔적이 2개 있는 것으로 보아 원래는 더 장대한 칼이었을 것이다. 3인 모두 나오스케의 가마 바로 뒤에서 대기하고 있었다. 가와니시와 나가타는 전투 중에 사망했고, 두부에서 이마까지 갈라진 고시이시는 귀가 후 당일에 절명했다.

가와니시와 고시이시의 칼날은 이가 빠진 상태가 심한데, 특히 고시이시의 칼은 날끝과 허리 부위 두 곳에 깊고 큰 상처가 남아 있다(그림 3-7). 두 칼 모두 다시 갈았는데, 이가 빠진 부분이 크지 않다면 눈에 띄지 않겠지만 이 정도로 큰 상처는 지울 방법이 없다. 사건 직후에는 더 심각한 상태였다는 생각이 든다. 칼싸움의 격렬함을 말하는 물증인데, 자세히 살펴보는 도중 소름이 돋았다.

제4장

"무사도"를 둘러싸고: 무사의 정신사

1. 고대·중세에 있어서 무사의 민낯

속담에 나타난 무사상

많은 일본인은 무사를 전사이자 일종의 논리적·도덕적 존재로 생각해왔다. 민간에서 전승되어온 속담을 모은 『리겐다이지텐(俚諺大辭典)』이라는 책이 있다. 무사에 관한 속담을 찾아보면 "무사에게 두 말은 없다", "무사의 목숨은 의(義)에 따라 가볍다", "무사의 삼망(三忘: 무사가 전장에 나갈 때 잊어야 할 세 가지 일, 집과 처자와 내 몸의 일을 잊고 일에 매진할 것)", "무사의 한마디는 철석과 같다", "무사는 동병상련", "무사는 정을 안다", "무사는 슬픔을 안다" "2명의 군주를 섬기기는 어렵다", "무사는 냉수 먹고 이 쑤신다", "무사는 뜨내기" 등이 열거되어 있다.

속담의 표리

위 속담의 각각에는 출전이 기록되어 있다. 대부분은 가부키나 조루리(浄瑠璃)·꼭두각시 인형극 작품이다. 그래서 이것은 에도시대 이래 서민 사이에서 공유되어온 무사상이라고 해도 좋다. 동시에 준비된, 이래야 한다고 생각된 기대치도 포함되어 있어서 실상과의 사이에는 상당한 거리가 있을 것이다. 속담에는 정반대의 현실을 염두에 둔 역설이나 빈정거림도 있으며, 때로는 양의적으로 해석해야 한다. 그 쌍방향이 조화하기 어려운 것이 되면 "무사는 뜨내기"와 "2명의 군주를 섬기기는 어렵다"와 같은, 정반대의 속담이 병립한다. 전자의 출전은 쇼토쿠(正徳) 2년(1712년)에 출판된 『인토쿠타이헤이키(陰徳太平記)』다. 이 책은 전국시대의 주고쿠 지방을 주된 무대로 하고, 모리(毛利)씨의 제패를 중심으로 기술한 군사소설이다. 후자는 옛날부터 이야기되었지만, 특히 에도시대에는 당연한 도덕법칙이었기 때문에 쌍방의 속담에는, 전국시대 이전과 에도시대의 무사정신의 바람직한 모습에 대한 변화, 시대차가 반영되어 있다고도 말할 수 있다.

어쨌든 역사에 정통한 사람은 몰라도, 많은 독자에게 있어서 속담의 무사상은 그다지 위화감이 없다고 생각된다. 흔해 빠진 시대소설에서는 속담에 들어 있는 양과 음의 의미를 정의의 주인공과 악당 가로·악당 다이칸들이 각각 분담해, 최후에는 정의파가 이긴다는 대단원으로 끝난다. 이리하여 무사의 이미지는 전체적으로 양으로 보전되어간다.

무사의 도

무사의 정신사가 에도시대와 전국시대 이전에는 차이가 있다는 점에 대해 보다 상세하게 말해보고 싶다. 무사가 9세기에 귀족사회의 한구석에서 등장해서 스스로 독자적인 생활방식을 자각했을 때 "무사의 도", "활 잡는 몸의 관례" 등의 말이 생겨났다. 전자는 직업 신분인 무사가 갖춰야 할 능력에 관한 말이며, 무라는 예능의 수득(修得)·실천의 도정, 또는 얻어진 방법·역량(기술)을 말한다. 그리고 중세의 다른 도와 같이, 특히 정신적·윤리적인 것은 포함되어 있지 않다. "무사의 도"는 "강단(剛胆)하고 준민(俊敏), 솜씨가 뛰어나고, 판단력이 뛰어난" 전투 능력(『곤자쿠모노가타리슈』 권15-7)의 보유에 중점이 있고, 그렇게 해서 비로소 중세적인 "도"일 수 있는 것이다.

물론 무사는 전사인 이상 전장에 임하면 죽음과 맞닥뜨리게 된다. 죽일 뿐만 아니라 죽임당하는 것을 피할 수 없으므로, 죽음에 대한 각오가 무사의 자기 단련 중 큰 비중을 차지했다. 따라서 "활 잡는 몸의 관례"는 대장군의 앞에서 부모가 전사하고 아들이 쓰러져도 뒤돌아보지 않고, 더욱더 시체가 겹치도록 싸우는 것을 궁극의 이상으로 한다. 그러나 문제는 무엇을 위해 누구를 위해 싸우는가이다.

주인의 복수(아다우치) 그 최초

오슈 후지와라씨가 멸망한 해의 이듬해인 분지 6년(1190년), 고 후지와라노 야스히라의 가신의 일부가 가마쿠라 권력에 저항하여 데와에서 봉기하는 사건이 일어났다. 이때 주모자인 오카와 가네토(大河兼任)는 "예부터 지금까지 가까운 친족 또는 부부가 원한이 있는 적에게 보복하는 것은 통상의 일이나, 아직 주인의 적을 쳤다는 예는 없는데 나 가네토가 그 예를 시작하기 위해 가마쿠라에 가는 것이다"라고 봉기의 취지를 늘어놓았다(아즈마카가미, 동년 정월 6일).

가네토가 정말로 이런 말을 했는지, 주인의 복수가 봉기의 진짜 동기였는지, 또 가네토 이전에는 주인의 적을 친 예가 없었는지 등등 의문이 생기겠지만, 그러한 의문은 일단은 아무래도 좋다. 중요한 것은 『아즈마카가미』가 일부러 이 발언을 기술하는 태도를 취한 점인데, 여기에는 육친 부부의 복수라면 몰라도, 주인을 위해 목숨을 바치는 무사란 진기해서 특필해야 할 것이라는 편자의 판단이 나타나 있는 점에 주의해야 할 것이다. 이것은 『아즈마카가미』가 편찬된 가마쿠라 후기 사회에서 무사의 주종제가 실제로 어떤 것이었는지를 추측할 수 있게 해주는 좋은 재료이다.

주종제의 두 유형

과거 일본 중세, 특히 전기의 주종관계에 대해서는, 서유럽 봉건제의 주종제와 달리 주종에 계약의 관념이 옅고 종자의 주인에 대한 일방적·헌신적 봉사를 특징으로 한다는 이해가 보통이었다. 이것들은 주로 전전(戰前)에 비교제도사가나 법제사가들이 역설한 생각인데, 당시 주종제의 실태를 정확하게 파악하고 있다고 할 수 없다. 단순히 부정확할 뿐만이 아니다. 이기주의나 욕망의 극복, 무사(無私)의 헌신과 국가(천황)에 대한 절대 공순 등, 전전에 강조되었던 대일본제국 신민으로서 도덕관이 무의식적으로 짙게 투영되어 있는 점에 문제가 있다.

현재 연구에서 중세 무사에는 "게닌" 형과 "게라이(家礼)" 두 유형이 존재한다. 전전 이래 이야기되어온 유형은 "게닌" 형 주종제에만 해당하는 특징으로, "게닌"은 인신적인 지배·예속 관계에 묶여 있는 종자이고, "게라이"는 기한제로 한정된 양의 봉사를 수행하고 거취 향배를 권리로 갖는 종자로 보는 이해가 통설이다. 이 구별에 따르면, 어디까지나 주인을 섬겨 최후를 함께하는 가신 등은 "게닌" 형, 『아즈마카가미』에서 주인의 복수를 위해 일어서는 일이 드문 무사들은 "게라이" 형이다. 유력 무사의 주류는 후자인데, 그들의 특징적인 기질은 주인에 대한 강한 자립심일 것이다.

모반은 무사의 명예

분지 3년(1187년), 하타케야마 시게타다(그림 4-1)는 모반의 혐의를 받고 그럴 의지가 없음을 기록한 기청문(起請文: 서약에 어긋날 때는 신불의 벌을 받는다는 뜻을 쓴 문서)의 제출을 요구받았다. 이때 시게타다는 "자신과 같은 용사가, 무위를 등에 업고 뻐기며 사람들의 재물을 탈취하여 처세하고 있다는 허명이 퍼지게 된다면 그것은 가장 큰 치욕이며, 모반을 계획하려 한다는 소문이라면 오히려 명예라고 말해야 할 것이다"라고 말하고, "단, 미나모토가의 당대(當代: 요리토모)를 무장의 주인으로 모시고부터는 전혀 두 마음 없다. 시게타다에게 거짓이 없다는 것은 요리토모가 이전부터 알고 있다"라고 주장하며 기청문의 제출을 거부했다(『아즈마카가미』 분지 3년 11월 21일). "모반의 소문이 퍼지는 것은 무사의 명예"라는 말은 무사의 자립의식을 가장 첨예한 형태로 표현하고 있지만, 그것은 시게타다만의 사상이 아니다. 그들은 실로 자존심이 높고 다루기 어려운 존재였다.

그림 4-1 하타케야마 시게타다의 것으로 전해지는 갑주(武蔵御嶽神社所蔵、赤糸威鎧) [사진은 모조품(青梅市郷土博物館所藏)]

따라서 무가의 수장에게 요구되는 중요한 자질 중 하나는 모든 기회를 잡아 그들과 온정의 끈을 맺으려 노력하고, 또 그들의 긍지나 명예를 손상시키지 않으려고 은상이 공평하도록 숙고하는 자세였다.

이에 비해 근세 막번체제에서 주종관계는 실태는 어떻든 원칙으로서는 주군이 절대이다. 전체로서 훨씬 개성적이고 생기가 풍부했던 중세의 무사가 근세풍의 주종원리를 감수하기까지 긴 과정, 특히 다이코겐치와 병농분리를 거쳐 자신의 수입원을 가진 자립한 존재에서 쇼군이나 다이묘로부터 주어지는 급지나 봉록에 의지해 살아가는 존재가 된 것에 대해서는 제2장에서 설명했다.

항복한 사람을 어떻게 처우하는가

주종관계가 이와 같은 것인 이상 싸워서 이득 없는 상황에서 항복하는 것은 반드시 비난을 받아야만 하는 태도가 아니며, 또한 투항을 받아들이는 측이 관대한 것은 전혀 이상한 일이 아니다. 항복이나 배반은 거취의 자유의 연장이기 때문이기도 하다.

미나모토노 요시이에는 후3년 전투를 종식시킨 가네자와사쿠의 전투에서 포획한 기요하라 다케히라(清原武衡: 이에히라의 숙부)의 목을 치려고 했다. 다케히라는 요시이에의 동생 요시미쓰에게 살려달라고 호소했다. 요시미쓰는 요시이에에게 "무사의 도에서는 항복한 사람을 관대하게 처우하는 것이 고금의 예이다. 굳이 다케히라의 목을 벤다면 그 마음은 어떠할까"라고 물었다. 이것에 대해 요시이에는 "항복한 사람이란 전장을 피해 남의 손에 잡히지 않았지만 후에 스스로 죄를 반성하고 목을 내밀어 출두하는 자를 말한다. 다케히라는 전장에서 생포된 다음에 꼴사납게 잠깐의 목숨을 아까워한다. 이것을 항복했다고 해야 할 것인가? 너는 이 예법을 모르는구나. 몹시 미숙하구나"라고 대답하고 결국 목을 쳤다고 한다.

여기에는 포로에 대해 넓고 좁은 두 가지 이해가 나타나 있다. 요시미쓰는 잘 싸우고 그 결과 생포된 경우에는 관대하게 처우해야만 한다고 생각한다. 그러나 요시이에는 자주적으로 투항한 자만이 포로이고, 싸워 패배하여 생포된 자는 포로가 아니며, 그런 이가 살려 달라고 비는 것은 보기 흉하다고 생각한다. 양자의 엇갈림은 요시이에가 다케히라를 국가의 모반인으로 일방적으로 단정했고, 또 그의 성질이 잔인한 것에 의한다. 그러나 그렇지 않으면 항복한 사람에게 관대한 편이 보통이었다.

석교산(石橋山) 전투 때, 요리토모의 군세를 격파한 헤이케 쪽의 대장이었던 오바 가게치카(大庭景親)는 그 후 항복하여 일단 가즈사노스케(上總介) 히로쓰네(廣常)에게 맡겨진 다음 베어졌는데, 가게치카와 행동을 같이 했다가 투항한 자 중에서 처형된 이는 "겨우 10분의 일" 정도였다고 한다. 이처럼 가마쿠라 막부에서는 항복한 사람은 처형하지 않고 대개는 관계자에게 신병을 맡겨놓고 심사결과를 기다려 살려주거나 유죄(流罪) 등의 처분에 그치거나 했다.

용사는 포로를 수치로 생각하지 않는다

애초에 중세의 무사는 "궁마에 종사하는 자가 적에게 포로가 되는 것은, 반드시 치욕은 아니다", "운이 다해 수인(囚人)이 되는 것은 용사의 일상이다"라고 주장하고 있고, 잘 싸운 다음에 포로가 되는 것을 수치라고 생각하지 않았다. 그래서 『헤이케모노가타리』는 이치노타니 전투에서 헤이케의 사무라이 대장 다이라노 모리토시(平盛俊)가 자신이 깔아 눕혔던 미나모토씨 측의 이노마타 노리쓰나(猪俣則綱)의 "보기 흉합니다. 항인의 목을 치는 게 말이나 되는 일입니까"라는 군색한 말에 속아 목숨을 살려줬기 때문에, 그 틈을 타서 오히려 목이 잘렸다는 이야기를 싣고 있을 정도이다.

"항복 반분의 법"은, 남북조 내란 시대에 잘 보이는 관습법이다. 적이었던 자도 항복하면 아군의 군사력이 되고, 그래서 일단 적의 소령(所領)을 급여(給与)한다고 약속해도, 그 토지를 실제로 지배하고 있던 인물이 항복하면 간단히 몰수할 수 없어서 공약속(空約束)이 되는 일이 많았다. 중세에 오랜 세월 당지행을 행사했다는 사실은, 그의 강한 권리로서 존중되었기 때문이다. 여기에 "항복 반분의 법"이 성립한다. 즉, 그러한 경우에는 반분(3분의 일)을 당지행인에게, 반분을 새로운 급인(給人)에게 준다는 해결책이다.

주인을 일곱 번 바꿔라

"무사는 뜨내기"라는 속담에 대해 살펴보면, 이 관념은 이미 가마쿠라 시대에 "사무라이는 뜨내기, 풀이 바람에 나부끼듯이, 강하고 유리한 쪽에 따르는 것"이라는 비유가 보이고, 전국시대가 되면 당연한 행동원리였다. 근세 전기가 되어서도, 잡병의 레벨이지만 "나는 주인을 40, 50명도 섬겨봤지만 섬기는 상대에 따라 생각이 바뀐다"라는 말까지 나온다. 그러한 관념의 전형으로서 와타나베간베에사토루(渡辺勘兵衛了)를 소개해보자.

그는 16세부터 전진에서 생활하며, 그 후 하시바 히데요시에게 부름을 받아 히데요시의 양자 히데카쓰(秀勝)와 뒤이어 나카무라 가즈우지(中村一氏)의 밑에서 시즈가타케 전투, 오다와라 공성 등에 종군했다. 후자에서는 요충지인 이즈야마나카성(伊豆山中城: 현 시즈오카현 미시마시) 공격을 시도한 도요토미 히데쓰구(豊臣秀次: 히데요시의 양자)군의 선봉이 나카무라군인데 그 선두 중에서도 제일 먼저 쳐들어가는 역할을 수행했다. 세키가하라 전투 때는 도요토미 오봉행(五奉行) 중 한 사람이었던 마시타 나가모리(増田長盛)를 섬겼고 나가모리가 서군으로 출진 중에 주군의 거성(居城)인 야마토군산성(大和郡山城)을 지켰다. 전후 도도 다카토라(藤堂高虎) 무리가 성을 접수하러 나갔을 때, 성 안에서 농성하는 무리를 지휘하는 간베에의 훌륭한 솜씨에 감탄한 다카토라는 2만 석의 녹봉으로 그를 불러들였다. 오사카의 진에서는 도도군의 선봉을 맡는데, 여름의 야오(八尾: 현 오사카부 야오시) 전투에서, 초소가베 모리치카(長宗我部盛親)의 부대와 싸워 형세가 불리함에도 철수 명령을 무시하고 추격하여 승리했지만 손해도 컸다. 이 때문에 다카토라나 다른 중신과의 사이가 나빠져 출분해 낭인이 되어 사관(仕官)의 길을 찾았으나 맞지 않았다. 그의 전투 회상기로 『와타나베간베에무공각서(渡辺勘兵衛武功覚書)』가 있다. 전공의 과장 같은 것도 있지만, 자신의 능력에만 의지해 다이묘들을 섬기는 무장의 모습을 잘 전달하고 있다.

그의 주인 도도 다카토라야말로, 일생에 일곱 번이나 주인을 바꾼 "뜨내기 봉공인"의 대표격이라고 말할 수 있는 무장이다. 마지막에는 이에야스·히데타다를 섬겨, 도자마 다이묘이면서 이에야스의 측근으로서 막각(幕閣)에도 필적하는 실력을 갖춘 남다른 능력을 소유한 무장으로 불리고 있다. 당시 간베에나 다카토라처럼 자신을 활용해주는 주인을 찾아 돌아다닌 인물은 특별히 드물지 않다. 그러나 근세적 질서가 확립되고 자신의 수입원을 가진 자에서 주인으로부터 받는 봉록지나 봉록에 의지해 생활하게 되면서 주인을 선택하는 자유도 잃게 된다. 두 주인을 섬기지 않는 것이 당연해진 것이다.

잇속에 살다

"뜨내기"적인 생활방식이 있는 것은, "명리(名利)"에 관심을 갖지 않는 무사가 드물었기 때문이다. 대부분의 무사들을 전투로 몰아세우는 가장 큰 동기는 명리에 대한 갈망이었다. 명리의 "명"은 세간에 이름나는 명예, 세간의 평판이며, "리"는 이욕(利欲), 이득(利得)이다. 전장에서 발군의 공적을 세우고 주군으로부터 그 공적에 어울리는 은지(恩地)나 하사품을 받는 것은 부끄러운 일이 아니다. 오히려 자신의 가치가 어느 정도인가를 눈에 보이는 모습으로 나타낸 것, 그것이 명과 일체화한 리이다. 공적에 응해주지 않는 주인이라면 주인이 아니다. 그렇다면 이쪽에서 포기해주겠다는 것이다.

그러나 명과 리의 균형은 어렵다. 그것이 이의 방향으로 기울면 탐욕이고, 배신적인 행동도 불사할 것이다. 전국다이묘 아사쿠라(朝倉)씨 일족으로 역전의 무장은 "무사는 개라고 불리든 축생(畜生)이라고 불리든, 이기는 것이 기본이다" 이기기 위해서 외양 따위는 개의치 말라고 했고(『아사쿠라소테키와키(朝倉宗滴話記)』), 아케치 미쓰히데는 "부처의 거짓말을 방편이라 하고, 무사의 거짓말을 무략(武略)이라 한다"고 공언했다고 전해진다(『老人雜話』). 그렇게 되면 부도덕하다고 할까 위악적이라고 해야 할까. 정색한 자극적인 발언도 난무한다. 뒤에 다룰 "하가쿠레(葉隱)"를 이야기한 야마모토 쓰네토모(山本常朝)의 조부는 "큰소리로 외쳐라, 거짓말을 해라, 도박을 해라"고 말하며, 친부는 또 언제나 쓰네토모에게, "1정을 걷는 사이에 일곱 번 거짓말을 하는 것이 남자다"라고 훈계했다고 한다.

병은 궤도

저명한 유학자 가이바라 에키켄(貝原益軒)은 『문무훈(文武訓)』(1717년)에서 당시 병법가의 언설을 다음과 같이 소개한다. 그들은 "일본의 무도는, 유자(儒者)와 같이 인의충신(仁義忠信)의 길 같은 아름다운 것을 말하고 있을 수 없다. 거짓말을 하고 상대를 속이지 않으면 전투에는 이길 수 없는 것이다. 병(兵)은 궤도(詭道: 사람을 속이는 방법)이므로, 때와 경우에 따라서는 아군을 속여서라도 공적을 빼앗고, 또는 적국을 혼란시키고 뒤집어서 빼앗는 것도 상관없다. 그것이 일본의 무도이다. 일본은 무국(武國)이기 때문에, 중국과 같은 정직하고 뜨뜻미지근한 것으로는 공적을 올릴 수 없고, 일본의 풍속에 맞지 않는다"라고 주장하고, "마음이 뒤틀려 있고, 잽싸고 방심하지 않고, 남이 들고 있는 목이라도 뺏아서 자신의 공적으로 만든다. 그런 방식이 일본의 무도이다"라고 외치고 있다. 병법가가 말하는 "무도"는 무에 관련된 행위나 동작, 그 기능을 의미하는 말과 도가 합쳐진 것이고 무사의 심적 태도도 포함되었다. 그래서 당시 무사의 무도는 무사의 도 이상으로 윤리예절에서 먼 것이었다.

이어서 쓰네토모의 조부와 친부의 말에서 연상되는 것은 "강탈과 강도는 무사의 관례"라는 속담이다. 그 직접적 전거는 "가나데혼츄신구라(仮名手本忠臣蔵)"(1748년 초연)의 "설마 할 때 강탈하는 것도 사무라이의 관례"(제6)가 아닐까 생각하는데, 또 우키요조시(浮世草子) "세켄오하타모토카타기(世間御旗本形気)"(1754년서)의 "예로부터 무사가 영락했을 때, 강탈강도를 해서 세상을 살아가는 것은 일상관례이고 부끄럽지 않은 일인데"(권2) 등과 관련될 것이다. 이쪽은 근세 중기의 태평에 익숙해진 무사의 생태에서 나온 것 같다. 이런 무사들에게 죽음은 과연 어디까지 윤리적인 자각을 동반하는 것이었을까?

무사와 주술

전국시대 무사의 현실적이고 탐욕한 생활방식과 표리의 관계에 있는 것이 주술에 의지하는 모습이다. 무나 전투가 인간의 행위 중 생명을 주고받는 가장 위험한 영위인 이상, 사납고 용맹하고 뻔뻔스러운 무사에게 있어서도, 주술은 필요 불가결한 것이었다. 죽음에 대면하는 전사가 아니라도, 프로 스포츠 선수·육상 선수들이 다양한 징크스에 집착해 마음을 조이는 것은 잘 알려진 일이다.

근대 이전의 사회에서는 일반적으로 기술은 주술과 분리되지 않은 채 존재하고 있었다. 이것은 시대를 거슬러 올라갈수록 보다 분리하기 어려운 것이었을 것이다. 무예도 기술의 하나이기 때문에 주술적인 관념이나 역할과 일체라고 해도 이상할 게 없다. 주술은 단순히 무지한 사람들의 미신이 아니다. 어떤 때는 사람들의 불안이나 공포를 제거하는 심리적 역할을 한다. 또 어느 때는 역으로 주술이 있기 때문에 구성원은 불안에 빠지고, 그 불안이나 공포를 공유함으로써 서로의 결합을 강화한다. 점이 그것을 믿는 사람들에게 있어서 인생의 길잡이이며, 활력의 원천이고, 정신안정제 혹은 불안정제라는 현실을 생각해보기 바란다.

군학이란 무엇인가

군학(軍學)은 병학·병법이라고도 하며, 문외한의 눈에는 대열을 짜는 방식, 병기의 배합, 군역의 수 등을 논하는 군법이나, 전략·모계(謀計)를 논하는 군략(軍略)이 중심이라고 생각되기 쉽지만, 그 내용은 이외에 출진(出陣)·개선(凱

旋)등의 식법을 정하는 군례, 군사에 사용하는 기구의 제작법 등을 논하는 군기(軍器), 그리고 천문·운연기(雲煙気)·日時(일시)·방위의 길흉을 점치는 군배술(軍配術)이 있는데, 그중 가장 중요한 것은 군배이다. 군배에 대해서는 갑주류 군학(甲州流 軍學)을 계승하고 북조류(北條流) 군학을 세운 호조 우지나가가 편집한 『게이겐키(慶元記)』가 "전투의 승패를 예지하는 술이며, 그 법은 모두 음양 수리에 기초한 것이다"라고 비판적으로 총괄하고 있다. 그는 병학을 그런 중세적·주술적인 전쟁의 기술학에서 해방시켰다. 우지나가는 전국시대에 고호조씨(後北条氏) 전성기를 구축한 호조 우지야스(北条氏康)의 증손자로, 에도 초기의 막부 하타모토, 그 후 오메쓰케(막부의 로쥬 밑에서 다이묘행동을 감찰하는 역할을 함)에 오른 경력의 소유자이다.

이처럼 고대로부터 군학은, 중국 군학의 강한 영향하에 밀교·도교·음양도·숙요도(宿曜道)·수험도(修験道) 등 잡다한 요소를 혼합해 형성되어왔다. 그중에서 기밀적 병학이었던 군배를 중심으로 한 『병법비술일권서(兵法秘術一巻書)』, 『긴에쓰슈(訓閲集)』 등의 서책이 중시되어 다수의 사본과 이본이 남아 있다. 전국시대가 되자 군배법은 더욱 성행하게 되어, 부채에 군배기일도를 그린, 이른바 군배부채도 나타났다. 이 그림에는 원형 안에 금강계(金剛界) 대일여래(大日如來)를 표시하는 산스크리트 문자를 그리고, 주위를 12등분하여 12개월 12지를 쓰고, 또 원형의 바깥에 28개의 백(白)·주(朱) 2종의 둥근 점으로 하늘의 28수를 형상하여 이 별자리의 조종방식에 따라 날짜·시간·방위의 길흉을 판단하는 것이다(그림 4-2).

그림 4-2 야마모토 간스케(山本勘助)가 다케다 신겐(武田信玄)에게 헌상했다는 주나라 문왕의 길일부채(『고요군칸(甲陽軍鑑)』 권19에서)

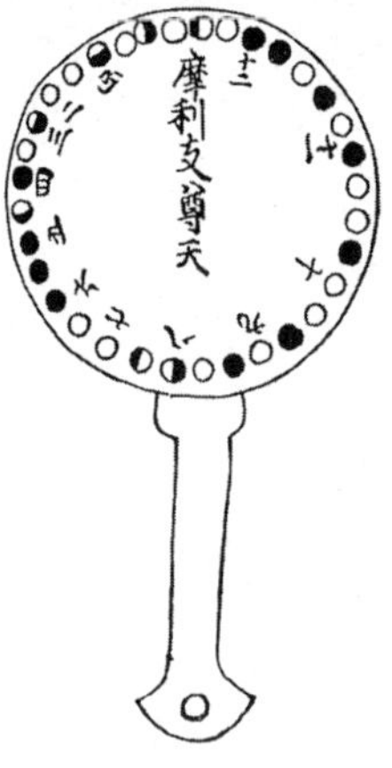

대장은 이 군배부채를 전장에 휴대하

고, 스스로 전투의 길흉을 판단하는 것이지만, 본진에서 특정한 기능자에게 이를 맡기는 경우도 있었다. 작가 이노우에 야스시(井上靖)의 "풍림화산(風林火山)"의 주인공 야마모토 간스케(山本勘助)라고 하면, 근년에 점점 실재했다고 믿어지고 있는 수수께끼의 인물이지만, 실상은 다케다 신겐(武田信玄) 측근의 군배 병법가였다고도 한다. 군사란 다름 아닌 이러한 음양사에 가까운 존재인 것이다. 아무튼 중세·전국시대의 전투는, 아직 신비하고 비밀스러운 요소가 농후했다. 무기나 무구와 병의(兵衣)는 고풍이나 본질적으로는 근대의 야전이나 공성전과 같은 성격이라고 이해해 의심하지 않는 태도는 근본적으로 고치지 않으면 안 된다.

2. 치자로서의 윤리학

전사와 위정자

무가세력은 로쿠하라(平家政權) 막부 이래, 몇 개의 단계를 거쳐 문관귀족을 대신해 정치적으로 우세한 지위를 점하게 되었다. 이 때문에 무사는 단순한 전사가 아니라 위정자적 성격도 겸비하기 시작한다. 하극상의 파도를 타고 주군을 대신하려고 했던 자도, 그것을 버티고 지위를 지키려 한 자도, 분방하고 사욕을 드러내는 풍조를 교정하고 인심을 끌어당기는 지도자적 덕성을 몸에 익히려 했다. 이렇게 해서 전국의 쟁란이 종식된 근세 사회에 전사로서 기풍·마음가짐의 전통과 치자(지도자)로서의 도덕심을 중시하는 전통이 들어왔다. 일본인이 무사를 윤리적·도덕적인 존재로 보아온 것은 치자라는 것이 당시 무사의 주요한 측면이었기 때문이지만, 그것은 후에 서술하듯이 17세기 후반 이래의 모습인데 그것을 본래부터 윤리적·도덕적인 존재였던 것처럼 확신하거나 확신되게 된 것이다.

치자로서 도덕적 의식을 중시하는 전통은 근세 사회에서는 유교와 연결된다. 그러한 무사의 본연의 자세를 설명하는 입장은 일반적으로 사도(士道)라고 불리고 근세의 무사사회에서 주도적인 역할을 했다. 이에 비해 전사(戰士)로서 마음가짐을 전통과 연결시키는 것은 무사도(武士道)라고 불렀다. 사도도 무사도도 무사의 마음가짐과 생활방식으로서 자각된 것이고 무사의 사상으로서 공통성을 가지지만 학문적으로 무사도는 대부분 후자에 한정되어 사용되었다. 그리고 현실은 양자 혼용하고 있을 테지만 유학자는 무사도를 전국의 남은 습관이라고 단정해 부정적인 논조를 전개했다. 무사도 논자도 또한 유교적인 사도에 대해 맹렬하게 반발했다.

야마가 소코의 사도론

근세의 사도론을 대표하는 것은 에도 전기의 병학자이나 유학자인 야마가 소코이다. 『야마가고루이(山鹿語類)』(1663년 성립)는 그의 강의를 문인이 집록한 것인데 사도편(士道篇)에 그의 사도론이 체계적으로 서술되어 있다. 여기에서 강조되고 있는 것은 "자기의 직분(職分: 직업적인 존재 이유)을 안다"는 것이었다. 농민은 경작하고, 공인은 만들고, 상인은 교역에 종사하고, 각각 이마에 땀을 흘리며 일한다. 그에 비해 무사는 "경작하지 않고 만들지 않고 팔지 않는데" 만약 아무 일도 하지 않고 입고 먹는다면 그것은 "유민(遊民)"이며 "하늘의 적민(賊民)"이다. 그러므로 무사는 무사의 직분이란 무엇인지 스스로에게 물어야 할 것이다. 그때 타인이나 서책에 의지하지 않고 자기자신에게 절실하게 물어 마음의 밑바닥부터 무사의 직분을 자각해야 할 것이다. 그렇게 해서 자각되어야 할 무사의 직분이란 인륜(유교에서는 부자·군신·부부·장유·붕우 간의 도덕적 질서로서 인간의 윤리)의 도를 천하에 실현하는 것이었다.

삼민의 윤리적 지도자

소코는 무사의 직을 다음과 같이 설명한다. 그 입장을 생각해보건대, 주인을 얻어 봉공의 충을 다하고, 동료와 어울려 믿음을 두터이 하고, 자신을 삼가 의를 오로지 하는 데 있다. 천하의 만민은 각자가 존재하지 않으면 인륜도 아무것도 있을 수 없지만, 농공상은 직업이 바쁘므로 평상시에는 여기에 종사하여 도를 연마할 수 없다. 그래서 무사는 농공상을 대신해 인륜 실현에 힘써 삼민(三民) 사이에서 인륜을 어지럽히는 자가 있으면 신속하게 처벌하고, 그럼으로써 천하에 천도가 올바로 행해지도록 한다. 무사는 그 때문에 삼민의 위에서 있다. 그러므로 무사는 문사의 덕지(德知)를 갖추지 않으면 안 되는 것이다.

이것은 무사와 삼민의 관계를 정치와 경제의 분업 관계로 치환해 삼민을 교화하는 역할을 하고 이미 존재하는 지배를 정당화·합리화하는 언설이지만 이러한 인륜의 지도자로서 무사의 직분 자각은 도의적 인격의 형성을 스스로에게 구한다. 최초에 요구되는 것은 "대장부의 기상"이고 이어서 도의의 내면적 자각이다. 대장부의 기상이란 경거망동하지 않는 어떤 것에도 굴하지 않는 강함, 만물을 덮는 마음가짐의 광대함을 가리킨다.

대장부의 기상

이 기상을 배양하는 것은 내면의 마음을 바르게 하기 위해서였다. 내면을 바르게 하는 것이란 어떤 것인가 하면 근본은 이를 버리고 의에 사는, 즉 의연하게 도에 살고 정욕(情欲)을 부정하는 것이다. 그리고 그 각론으로서 청렴·정직·강조(剛操)를 들었다. 청렴이란 경제적인 결벽이고, 정직이란 친소귀천에 관계없이 의가 있는 곳을 지키고 변치 않는 것이며, 강조란 그 도의적인 강함이다.

대장부의 기상은 소코가 좋아한 표현으로 말하면 "탁이(卓爾: 높이 솟아난 모양)"한 기상이다. 그가 그린 도의적 인격이란 자신의 정욕에 대해 또는 세욕(世欲)에 대해, 나아가 세상의 여러 사물에 대해서 탁이하게 서는 것이었다. 소코는 또한 대장부적 인격 형성의 구체적 방법으로서, 매일의 일거수일투족에 이르기까지 "위의(威儀)"를 바로잡아야 한다고 주장하고 있다.

위의는 시청·언어·음식을 조심하는 것부터, 용모·안색·걸음걸이에 이르기까지 실현시켜야 한다. 위의는 예(禮)가 겉으로 나타난 형태지만, 소코는 위의를 바로잡을 때는 내면의 덕성도 차츰 길러진다고 말한다. 직분을 자각하고 인륜의 도를 자각해 그것의 실현에 노력하는 무사는 일상의 세세한 일에서도 위의를 무너뜨려서는 안 되는 것이다.

무사는 긍지, 즉 자부를 중시한다. 그것은 농공상을 대하는 경우만이 아니라 무사 상호 간에도 중요하고, 긍지를 가지고 타인에게 뒤지지 않도록 살아야만 한다. 위의를 바로잡는 것으로 형성되는 이상적인 도의적 인격이란, 엄숙하고 경외해야 할, 모범으로 삼을 인격이다. 탁이한 것, 엄숙하고 경외해야 할 인격이야말로 그의 이상적 무사상이었다.

소코의 출사론

무사라는 자가 천하에 도를 실현하겠다고 뜻한다면, 신하로서 출사(出仕)하여 주군의 나라를 다스려 백성을 곤고(困苦)에서 구하기 위한 정치를 보좌하는 이외에 방법이 없다. 이 출사에 관한 소코의 견해는 『야마가고루이』의 신도편(臣道篇) 1·2에 상세하다.

소코는 무사의 출사로 네 가지 유형을 들었다. 제1은 "도를 행하려고" 해서 섬기는 경우이다. 이 경우 천하 국가 인민을 위해 섬기는 것이므로 스스로 나가서 구하는 것이 아니라, 군주가 경을 표하여 예를 다하는 것을 기다려 그 후에 출사해야 할 것이다. 제2는 반드시 도를 실현하기 위해서는 아니지만 예를 두터이 해서 초빙되어 사퇴하기 어려울 때 출사한다. 제3은 부모처자를 부양하기 위해 어쩔 수 없이 출사한다. 제4는 선조로부터 대대로 봉공해왔다는 유서(由緖)·조리(条理)로써 출사하는 것이었다.

그의 출사론(出仕論)은 이러한 것이기 때문에 출사 후의 진퇴도 이에 따라서 결정된다. 특히 제1의 도의 실현을 위해 출사한 자에 있어서는, 예를 들어 받은 지위가 높고 봉록이 많더라도 주군에게 도가 없고 정치에 법이 없으면 이것을 여러 번 간언하거나 혹은 전력을 다해 심신을 수양해 주군이 미망을 깨우치기를 기다려야 한다. 그러나 어쩔 수 없을 때 군자는 그곳에 머물러 있을 일이 아니다. 소코의 사도론에서 이상적인 진퇴란 이러한 것이었다.

주종의 정의를 넘어

이러한 소코가 말하는 올바른 군신 관계에서는, "하가쿠레(葉隠)"적 무사도론에서 중시되는 순사(殉死) 같은 것은 비판·부정되어야 할 것이다. 주종의 사적인 정의[情誼: 교유의 정애(情愛), 친근, 좋음]적 결합을 넘은 넓은 세계에 눈을 돌리고, 거기서 도의를 실현하는 것이야말로 대장부인 무사의 임무이기 때문이다.

소코는 유학을 하야시 라잔(林羅山), 병학을 호조 우지나가에게 배웠다. 우지나가는 앞서 말한 것처럼 군학에서 주술을 제거해 합리화를 추진했을 뿐만 아니라 "사의 법", "사의 직분을 완수하는 법"을 설명하여, 치국평천하의 대도, 무사 본위의 무사를 위한 교학으로 발전시킨 인물이다. 소코가 사도론을 체계화하여 무사를 위한 윤리학·정치학을 구축하는 데는 우지나가의 가르침에 힘입은 바가 적지 않다고 한다.

3.『하가쿠레』 무사도에 대해서

『하가쿠레』란 무엇인가

사도가 무사로서 지켜야 하는 도의 자각을 근본으로 하는 것에 비해, 죽음의 깨끗함, 죽음의 각오를 근본으로 하는 사상의 흐름이 있다. 이것이 무사도인데, 이를 대표하는 저작이 『하가쿠레(葉隱)』(전11권)이다. 편저자는 사가 나베시마번(佐賀鍋島藩)의 다시로 쓰라모토(田代陣基)인데, 같은 번의 야마모토 쓰네토모의 사상적인 영향하에 성립했다. 권 1·2는 쓰네토모가 주장했던 무사라는 것의 마음가짐을 필록(筆錄)한 것으로, 교호 원년(1716년)에 성립했다고 한다. 『하가쿠레』의 사상은 근세에서 극히 고립된 주장이고 나베시마번의 번교(藩校)의 텍스트조차 되지 못했으며, 막말에 번의 요직에 있는 사람들 사이에서 회독된 데 그쳤으며, 사가현 외부에 알려지게 된 것은 메이지 39년(1906년) 이후였다고 한다. 근세에서의 영향력이라는 의미로는 무시해도 되지만 근대에 대한 영향이 크고 또한 전국시대가 멀리 지난 시대에 무사가 놓인 딜레마를 잘 이야기하고 있으므로 여기서 다룬다.

죽을 각오를 하고 투철한다

사도와 무사도 두 가지 도의 죽음에 대한 자세를 비교해보면, 소코는 언제나 죽음을 마음에 두고 있어야 한다고 하고, 『하가쿠레』는 "무사도라는 것은 죽는 일이다"라고 말한다. 양자는 언뜻 보기에 같은 생각을 말하는 것처럼 보인다. 그러나 소코의 경우에는 무사로서 해야만 하는 것을 위해서라면 죽음도 피할 일이 아니며, 무사로서 지켜야 할 도의 자각을 근저에 두고 그것을 실현하기 위해서는 죽음도 머뭇거려서는 안 된다고 가르치고 있고, 죽어야 할 때는 마땅히 있어야 할 이상적인 자세에 따라서 바르게, 또한 정황에 따라 적절하지 않으면 안 된다라는 발상이 있었다. 그렇지 않으면 개죽음이 되기 때문이다.

그런데 『하가쿠레』는 사람은 누구라도 없앨 수 없는 생명을 향한 집착이 있으므로 마음에 여유가 있다면 반드시 "무사로서 이루어야 할 일" 등으로 이유를 붙여 자신을 속이고, 자신의 행동을 정당화하고, 죽지 않으면 안 되는 상황에서도 살길을 택하는 것이라고 말한다. 그렇다고 한다면 인간은 한순간이라고 해도 자신에게 타락으로의 여유를 주어서는 안 된다. 결과는 문제가 아니다. 지체 없이 죽음에 돌입한다. 또 언제나 죽음과 밀착해 "죽는 생각"에 투철해야만 한다고 주장한다. "시니구루이(死狂: 죽음을 각오하고 격렬하게 싸우는 것)"에 투철할 때 자신을 수치로부터 구하고 충도 효도 저절로 갖추어진다. 사도는 이비정사(理非正邪)를 따지지만 이는 자신의 사심을 꾸며 숨기는 억지이다. 죽는 것에 있어서만 순수가 보장되는 것이라고도 주장한다.

사도와 무사도는 주종관계를 파악하는 방식에서도 크게 다르다. 주군에 대한 간언에 대해 사도는 간언을 받아들이지 않고 도의 실현 가능성이 없는 주군에게서 떠나라고 말했다. 이에 대하여 무사도는 간언을 들어주지 않을 때도 더욱더 주군의 편이 되어 주군의 악이 외부로 새어나가지 않도록 하고 주군의 악을 자신의 것으로 덮어쓰면서 간언을 계속해야 한다는 적극적 니힐리즘이라고 불러야 할 입장을 주장했다. 무사도에 있어서 주군·주가와의 약속은 정의적(情誼的)이고 절대적이다.

근세는 자력구제를 금한다

이 주가(主家)와의 약속의 절대성에 대해서는 주석이 필요하다. 『하가쿠레』의 시대에 전란의 여풍을 남기는 것은 "다툼(喧嘩)" 정도밖에 없다. 다툼은 무사의 사회에서 서로의 명예를 걸고 충돌하는 무력행사, 분쟁해결에 해당하는 사전·사투, 즉 제1장에서 풀었던 자력구제의 발동이다. 다툼은 그 원인이 길

거리의 말다툼에서 오는 것이든, 정치상의 의견 대립에서 발하는 것이든, 봉록지의 경계에 관한 다툼이든, 대개 명예가 손상되었다고 느끼는 데서 발생하는 여러 분쟁을 무력으로 결착지으려는 행위이다.

『하가쿠레』는 다툼에서도, 아니 다툼이기 때문에 끝까지 "승패를 생각하지 말고" "마구 필사적으로" 할 것을 요구했다. 그러나 사전(私戰)은 주인에 대한 봉공과 모순된다. 사전은 번의 질서를 어지럽히고 주군의 용무에 바쳐야 할 목숨을 출전하기 전에 잃게 만든다. 이는 주군에 대한 중대한 불의불충이나 다름없다.

근세에서 자신의 판단에 근거해 분쟁을 실력으로 해결하는 것은 위를 무시하고 깔보는 행위이며, 특히 무기를 사용하는 집단 간의 다툼은 반역으로 간주되었다. 이로써 무사 이외의 집단은 자력구제의 수단인 무기의 일상적인 휴대와 그 사용이 금지된다[보지(保持)는 묵인]. 전국시대 이전과 같이 무장자변의 전사였던 무사도 제멋대로의 전투행위는 엄금되고, 에도 초기에서 전기에 걸쳐 다툼을 한 자는 이비(理非)에 불구하고, 쌍방 모두 처벌한다는 훤화량성패(喧嘩両成敗)의 법의 적용이 남았다. 다이묘도 막부의 명령 없이 군대를 영외로 끌고 나갈 수 없다. 에도의 태평은 자력구제를 극력 억제함으로써 실현되고 완성된다.

예외로서의 복수

그렇지만 전사로서의 무사가 존재하는 한, 일편의 법령에 의해 그들의 반단체적·반규율적 정신이 소멸할리도 없다. 자력구제의 능력이 있다고 간주되었기 때문에 무장을 허가 받은 무사는 분쟁 시 "양성패의 법"을 위배하더라도 그 능력을 실증해 보일 의무가 있다고 생각되고 있었다. 무사사회에서는 받은 치욕은 할복을 각오하고서라도 갚지 않으면 비겁하다고 비난받는다.

그래서 사전 중에서 복수(敵討)만은 에도막부도 예외적으로 시인하는 입장을 가졌고, 예를 들면 에도시대 초기의 교토 쇼시다이(所司代)의 시정(施政)이나 소송재결의 대요(大要)를 기록한 "이타쿠라세이요(板倉政要)"에는 "친부의 원수를 갚기 위해 도성 안과 도성 밖을 따지지 않고, 도리에 맞을 경우는 재판으로 취급하지 않는다. 단, 천황·상황의 어소(御所)의 근린, 신사불각(仏閣)에서는 삼가야 한다"는 규정이 보인다. 복수의 시인은 사전의 엄금과 모순되는 정책이기 때문에 실제로는 조건부 허가였다.

조건이란 우선 대상이 주인 또는 부모·백숙부·형자 등 윗사람의 적을 복수할 경우에 한정된다. 아랫사람이 살해당했을 때는 친족은 통상의 형사재판의 수속에 따라 하수인의 문초(吟味)를 신청해야 한다고 했다. 복수를 할 때는 무사는 주군의 허가를 얻어 면장(免状)을 받는다. 또 남의 영지로 길을 떠날 때는 주군으로부터 막부의 삼봉행소(三奉行所: 寺社·町·勘定)에 복수 허가의 뜻을 보내 마치부교소의 복수장 등에 기재하고 마치부교소로부터 그 사본을 받아서 휴대해야 할 필요가 있었다. 원수를 발견하면 그곳의 지배관청에 연락해서 허가를 신청하는 것이 원칙이었지만, 실제로는 그럴 틈이 없으므로 원수에게 복수한 후에 보고한다. 마치부교소의 장부와 대조해서 차이가 없으면 살인의 책임을 묻는 일은 없었다.

저명한 복수

에도시대에는 104건 이상의 복수가 알려졌지만, 그중에서 가장 유명한 사건을 두 가지 들어보면, 에도 조루리자카(浄瑠璃坂)의 복수와 아코 사건이다. 모두 번이나 막부의 결정에 불복한 결행이었다.

전자는 간분 12년(1672년), 우쓰노미야(宇都宮)번을 개역당한 오쿠다이라 겐바치(奥平源八)가 친부의 적인 같은 번의 전 번사(元藩士) 오쿠다이라 하야토(奥平隼人)를 죽인 사건이다. 간분 8년 우쓰노미야번의 전 번주 오쿠다이라 다다마사(奥平忠昌)의 장례식에서 같은 집안의 오쿠다이라 구라노스케(奥平内蔵介)

와 오쿠다이라 하야토 두 사람이 언쟁을 벌여 구라노스케가 하야토를 향해 칼을 빼들었지만 반격당해 부상했다. 그날 밤 구라노스케는 할복한다. 하야토에게도 할복하게 하지만, 구라노스케는 미쳐 있었다고 우기며 말을 듣지 않자 이것이 막부의 귀에 흘러 들어가 하야토와 구라노스케의 적자(嫡子) 겐바치는 개역되었다. 하야토는 에도로 나오고, 겐바치도 부모의 복수를 하기 위해 자리를 떠나고, 친류 4명도 후견으로 오쿠다이라가를 물러났다. 이것은 양성패가 아니어서 불공평하다고 하여, 추방된 겐바치를 동정하는 자가 속출했다. 겐바치 일당은 복수를 맹세한 지 3년이 지나서 드디어 조루리자카(현 도쿄 신주쿠구 이치가야)의 하야토가를 70명 정도가 습격하여 하야토를 죽인다. 맞받아치는 쪽도 60명이라고 하니 규모가 작은 전쟁이었다. 로쥬가 협의한 결과 습격할 때 불을 붙였다는 이유로 겐바치 무리는 유죄로 결정되어 9명이 이즈오시마(伊豆大島)로 유배되었다.

이보다 더욱 반향이 컸던 것이 아코 사건이다. 새삼스럽게 설명할 필요도 없이 주군 아사노 나가노리(浅野長矩)가 에도성에서 칼부림 사태에 휘말려 할복하고 개역당했다. 그 조치를 불공평하다고 생각한 전 아코 번사들이 오이시 요시오(大石良雄)를 중심으로 결속하여 고심 끝에 겐로쿠 15년(1702년) 12월 기라요시나카(吉良義央)를 습격하여 주군의 복수를 이룬 사건이다. 그들의 행위에 대해서는 막부의 결정에 반해 그 법을 깨는 불법적인 행위로 보는 의견과 의에 맞는 것이라고 보는 의견이 있는데, 여러 가지 의논이 오갔는데 결국 도당(徒党)을 결성하여 비도구(활과 화살) 등을 지참하여 고즈케노스케(上野介)를 죽인 과정이 "고기(막부)를 두려워하지 않은 점, 아주 괘씸하다"라는 이유로 46명이 할복을 명받았다. 할복의 의미와 역사에 대해서는 후에 언급한다.

전사와 가신 사이의 모순

『하가쿠레』로 돌아가면, 야마모토 쓰네토모는 나베시마번의 무사가 명심

해야만 할 것으로서 4개의 서원(誓願)을 들었다. 그중 제1이 "무도로 타인에게 떨어지지 않도록 하는 것", 제2가 "주군이 요구하는 일에 도움이 될 것"이다. 양자의 모순이 드러나는 것이 바로 다툼이다. 『하가쿠레』에는 서로 모순되는 것처럼 보이는 주장도 꽤 많지만 이 경우는 아슬아슬하다. 그러나 우선 되어야 할 것은 전사의 논리인 이상 역시 제1번이었다.

때로는 모순을 포함한 봉공인(奉公人: 주군을 섬기는 종자, 가신)으로서 무사와 전사로서 무사의 생활방식은, 쓰네토모 자신에게 필사적인 희생(捨身)에 의해 머릿속에서는 통일되어 있었다. 봉공하는 자리에서도, 싸움 장소에서도 똑같이 필사적으로 덤빈다. 이 한결같은 사생결단은 봉공인으로서 무사의 면에서 추구될 때 주군을 위해서 목숨을 던지는 결사의 "봉공", 사성(私性)을 철저하게 부정하는 무사(無私)·무상(無償)의 헌신으로 나타난다. 전사로서의 무사의 면에서 추구될 때는 생명에의 집착을 단호히 극복하는 것이 되었다. 그래서 궁극적으로는 무사(無私), 순일무잡(純一無雜)이다. "무사도라는 것은 죽는 일이다"는 것은 무사(無私)의 희생, 순일무잡성의 추구라고 바꿔 말할 수 있을 것이다.

명리에 담박한 자는 쓸모없다

무사도도 사도와 같이 무사라는 것의 위엄을 중시했다. 전국 무장은 각각 한 성의 주인으로서 마주했는데, 이 자세가 무사 일반의 기본적인 태도가 되었다. 무사는 아군 동배(同輩)와의 관계에서도, 말하자면 정신적으로 자신의 성에 틀어박혀 타자를 향했다. 무사도가 긍지를 중시한 것도 무사의 이 태도에 의한다. 서로 일보도 뒤지지 않으려는 점에 무사의 긍지의 근본이 있는 것이다. 긍지나 자부의 기개가 가득 찬 무사가 바라는 것, 그것이 명리이다. 무사가 명리를 초월한 경지에 도달해버리면, 이미 무사라는 본래의 모습을 빠져나가 버린다.

사욕을 부정하고 무사(無私)라는 것을 소원한 야마모토 쓰네토모에게 "명리에 담박한 자는 대부분 현명한 척하고, 사람을 비판하고 높은 곳에 있으려고만 해 쓸모가 없다. 오히려 명리를 향한 마음이 강한 자보다 못하다. 지금의 용무에는 쓸모가 없다"라고 말하고 있다. 고이케 요시아키(小池喜明)씨가 밝혔듯이, 『하가쿠레』는 태평의 시대에 있어서는 결사의 "봉공"에 의한, 생계의 근거로서의 "가직(家職)"에 대한 전념이 필요하다고도 말하고 있고, 죽음의 깨끗함이 동시에 의외로 세속성, 세간·시대에 순응성을 띠고 있었다. 도처에 "남의 마음을 확인하고 싶으면 병에 걸려보라", "물이 맑으면 물고기가 살지 않는다" 등의 처세의 지혜가 보이는 까닭이다.

승패에 살고 죽는 무사는 타인을 이기기를 바라지만 그것은 반드시 무력적·완력적으로 타인을 압도하는 것이 아니다. 무사가 중시한 것은 정신적인 우위이며, 게다가 자신을 이기는 자가 비로소 타인을 이긴다고 생각한다. 사도에서는 인륜의 도의 자각에 투철할 때, 무사도에서는 죽음의 각오에 투철할 때, 저절로 타인을 압도하는 강함이 생겨난다고 말한다. 그 강함은 무사도에서도 용모, 언어, 기거동작의 면에 저절로 표현되어야 할 것이었다. 예의 바름도 무사의 강함의 표현 중 하나이다. 무사사회에서 예의의 존중은 단순히 봉건사회의 계층적 질서에 잠자코 따르는 것을 의미하는 것만은 아니었다.

다이도지 유잔의 무사도

무사도를 언급한 책에서는, 호조 우지나가나 야마가 소코의 제자가 되는 병학자 다이도지 유잔(大道寺友山)의 만년 작품 『무도초심집(武道初心集)』[교호 연간(1716~1736년) 성립]이 유교적인 사도에 근거하면서도 전국 무사의 기풍에 입각해서 그것을 살린 이론을 전개하여 『하가쿠레』보다 훨씬 영향력이 컸다. 그 모두에서는 무사라는 자, 원일(元日) 아침부터 그믐날 밤까지 날마다 밤마다 상시 죽음을 마음 쓰는 것을 본망(本望)·본의(本意)의 첫 번째라 하고, 총론이라고 할 곳에서 무사도에 관한 세평에서 핵심은 충, 의, 용 삼자가 전부이며

이 삼덕을 겸비한 자가 최고의 무사라고 한다. 또 주군의 명의 절대 존중을 말하여 행여라도 주군에게 반론하는 것 같은 태도는 틀림없이 대죄로 하면서, 일이 무사도의 근간에 관련될 경우는 적절한 절차를 밟은 다음 확실히 해명하지 않으면 안 된다고 논했다. 이 점도 『하가쿠레』와 같다.

4. 동아시아 세계에서 본 무사의 사상과 할복

동아시아의 눈으로 보면

대표적인 사도론과 무사도론의 내용을 정리해보았다. 이제 생각해보고 싶은 것은 이런 무사의 이상을 동아시아라는 세계 속에서 놓고 보면 어떠한 역사 이해의 조망이 열릴까 하는 문제이다.

결론부터 말하면 중국·한국의 사상사 전문가들에게 무사도는 이상한 것은 물론, 유교에 기초하는 사도라는 무사의 윤리사상도 매우 신기하고 이해하기 어려운 부분일 것이다. 어째서일까? 유교는 법이나 무력과 같은 강제적인 지배가 아니라 예악(광의의 문)이나 시(협의의 문)에 의해 사람들의 도덕심을 높이면서 사회의 질서와 친화를 실현하는 것이 이상이다. 이 사상의 근본은 "힘"에 대한 철저한 기피일 것이다. 유교에서 무나 무인은 멸시되었다. "힘"의 권화(權化)인 무는 덕의 반대물이며, 무인은 "의리를 모르고" 조야하고 교양도 부족하기 때문이다. 중국의 옛 속담에 "좋은 철은 못으로 만들지 않는다. 좋은 남자는 병사가 되지 않는다"라고 했듯이, 병사는 이민족이나 유랑하는 몰락 농민, 인간의 "부스러기"나 범죄자가 되는 것으로 여겨졌다. 또한 중국의 전통사상에서는 전쟁은 악덕이다. 위정자에 의한 쓸데없는 전쟁을 시가로 억제하는 것도 시가와 시인의 올바른 자세로서 사회적으로 공인되어 있었다. 당 중기의 시인 백거이(白居易)의 "신풍(新豊)의 팔을 부러뜨린 노인, 변방의 공을 경계하기 때문이라네"라는 시는 변경에서의 전공을 칭찬의 대상으로 하지 않고 무모하게 전쟁을 하지 않도록 노력한 현종 치세 전반의 명재상 송경(宋璟)을 치하하고, 그 정반대였던 치세 후반의 양국충(楊國忠: 양귀비의 일족)을 비판하는 시이다.

그러나 현실의 정치가 이(利)를 좇아 교양을 쌓을 틈도 없고, 그 때문에 덕을 체득하지 못한 서민이나 이적(夷狄)을 대상으로 하는 이상, 무위·무정부는 유가가 취하는 도는 아니다. 천자의 아래에 중앙·지방에 엄연히 정부가 조직되고 백관유사(百官有司)가 완비되는 것은 성인(聖人)이 정한 제도에 부합한다. 힘을 대표하는 형(刑)이나 병(兵)도 빠지는 부분이 있어서는 안 된다. 군자의 덕에 기초하는 치국평천하의 중요한 점은, 형과 병을 준비하되 그러나 쓰지 않는 데 있다.

중국에서는 고대의 한대(漢代)에 이미 상당히 정돈된 관료제가 존재했다. 지배 이데올로기의 중심에 있던 것은 유교로, 정통 교학으로서 채용된 유교를 배워 그 교양을 몸에 익힌 자가 고관이 되어서 정치를 지도한다는 방향이 잡혀져 간다. 그에 따라서 중국 관료제의 오랜 특징이라 할 수 있는 문관 우위의 원칙도 제도화되었다. 6세기 말 수나라에서 시작되는 과거제도는 황제정치를 지탱하는 관료선발 시험인데 유교적 교양을 물었다. 과거는 원칙으로서는 만인에게 열려 있어 사람의 출생이 아니라 출생 후의 학습으로 얻어진 능력에 의해 인재를 선발하는 시스템이다. 한·당대에 관리 등용의 기본은 가문의 격에 의했으며, 고위 관료는 호족이나 귀족이 점하고 있었다. 그러나 당 말에서 오대에 걸친 동란기에 귀족층이 대량으로 몰락함으로써 일본의 헤이안 시대에 해당하는 송대에 과거는 드디어 완성된 시스템이 된다. 국가·사회제도가 중국의 압도적인 영향력하에 놓인 고려와 조선왕조도 문인 지배를 원칙으로 하고 있었다.

일본에서 무는 부정적 가치인가

동아시아 세계의 주변에 있던 일본은 고대 이래 중국 대륙이나 조선 반도로부터 율령제라는 국가의 지배제도를 비롯해 고도의 사상·문화·종교·과학기술에 이르기까지 실로 많은 것을 배웠다. 그런데 과거제는 결국 채용되지 않았고 유교의 이해나 보급도 충분하다고는 할 수 없다. 고대에는 씨족제가 남아 있었으며 계속해서 귀족제가 장기간에 걸쳐 생명력을 유지했다.

일본 고대의 관료제에서 귀족은 부조(父祖)의 지위에 따라 자손이 자동적으로 일정한 위계를 얻을 수 있는 음위(蔭位)의 특전을 가지고 있었다. 당이나 고려에도 같은 제도가 있었지만 일본의 것은 적용되는 친족의 범위는 좁되 수여되는 직위는 훨씬 높다. 헤이안 시대의 지배층이었던 문관귀족을 봐도 유교를 정신적 기둥으로 삼았다고 평가할 수 있는 고위 귀족은 손꼽을 수 있는 정도밖에 안 된다. 일본 고중세의 사회에서 유교는 유학, 그것도 주로 박사가라는 문사의 가의 가업 형태로만 존재했으며, 개인과 사회를 지배하는 강고한 규범은 될 수 없었다.

따라서 일본과 같은 문(유)[文(儒)] 미확립의 사회는 무사나 무를 부정적 가치로 평가하고, 더욱이 유연하게 제도 내에 받아들이려는 시도는 나타나기 어렵다. 물론 일본의 헤이안 시대도 중국으로부터 배운 일단은 문관 우위 사회이다. 특유의 부정(不淨) 관념에서 나오는 살생에 대한 기피도 있고, 결코 무가 전면 개화한 것은 아니다. 다만 무사도 아닌데 무를 사랑하는 문관귀족이 있다. "살생계(殺生戒)"를 외치는 불교나 사원사회조차 폭력의 행사를 사상적으로 정당화하고, 스스로 무력을 보지하고 행사하는 것을 주저하지 않는 현실이 있었다.

전사라기보다는 치자

무나 무사를 기피하지 않은 일본 사회는 그 후 무사가 명실공히 치자로서 군림하는 근세 사회를 맞이한다. 17세기 후반경부터 이른바 문치정치로의 전환이 일어나 "도쿠가와의 평화(Pax Tokugawa)"가 실현되어 군사집단은 무력이 동결되었다. 치자로서 실제 정치를 담당하는 것은 예전부터 "겁쟁이"라고 경멸받던 관리, 즉 문관의 실무 행정관료들이었다. 근세에는 무사정권이라고 하면서 치자인 것이 무사의 주된 측면이 되었다. 그 변화는 본래 전사였던 그 때까지의 무사의 본질에 심각한 수정을 강요했다.

그리고 근세 중반 이후는 유교가 여러 학문사상과 습합한다. 처음으로 사회에 침투하기 시작한 시대이다. 거기서는 무의 대립물이었던 유교가 얄궂게도 치자로서 무사의 자각을 촉진하는 교육체계로 기능하기 시작했다. 그런 의미에서 유교에 의해 자신을 엄하게 다스리는 무사의 모습은 실상이라기보다 시대의 요청이 나은 그들의 노력 목표였다.

사도는 유교의 교설인가

또 하나 문제점을 들어보면 야마가 소코도 『무도초심집』도, 무사라는 자는 낮이면 낮, 밤이면 밤마다 상시 죽음을 유념하라고 말한다. 그러나 유교에서는 군부의 죽음에 대해 아무리 깊은 슬픔과 아픔이 있더라도 그것을 예로써 억제하고 "성(리)"에 의해 인욕에 기우는 "정"의 부분을 억제해가자고 가르쳤다. 중국의 전국시대에 참언으로 초나라에서 쫓겨나면서 초나라의 쇠운을 근심해 멱라(汨羅)에 몸을 던진 충신 굴원(屈原)의 자살이 자주 귀감이 되는 것은 그러한 생각에 의한다. 유교가 요구하는 것은 무엇보다도 우선 사려, 그리고 사려에 의해 중용(中庸)을 지키는 것이다. 죽음을 서두르는 것은 감정에 끌리는 대로 쉽게 행동하는 것으로 야만인의 미학에 불과하다. "사는 자기를 알아주는 사람을 위해 죽는다"라는 말은, 임협(任俠: 야쿠자)의 세계에서만 통용되는 이야기에 불과하다[협(俠)과 유(儒)는 대극적 개념]. 사실 역사를 돌이켜보아도 국가에 목숨을 바친 신하를 찾는 것은 상당히 어렵다.

이상에서 말한 유교의 기본 성격은, 실은 일본의 역사·사상사 전문가도 그다지 유의하지 않은 점이라고 필자는 생각한다. 소코와 같은 일류 유자가 주창한 사도론조차, 유교의 교설 그 자체는 아니다. 무사가 지배세력으로 출세하고 있던 일본 역사의 특수성을 기반으로, 그들의 위정자로서 마음가짐이나 행동을 평화로운 세상에 어울리게 유교풍으로 세련시킨 것이라고 평가해야 할 것이다. 따라서 막부 말기에 대외 위기가 고조되자 다카토(高遠)번의 번의(藩醫) 겸 번유(藩儒)였던 나카무라 쥬소(中村中倧)와 같은 유자는 "우리나라는 무국으로 자연히 무사도가 있다. 이것은 유학의 도의 도움을 빌리지 않고 부처의 마음을 사용하지 않는 우리나라 자연의 도이다"(『尙武論』)라고, 무사의 윤리도덕에서 유교를 떼어내는 논리를 주장하게 되는 것이다.

무사도는 넓이가 없다

『하가쿠레』가 윤리사상으로서 넓이를 갖는 것이 아니었던 점은 이미 말했다. 덧붙여 무사도라는 용어의 용례는 근세 이전으로 올라가지 않는다. 무사도를 윤리사상의 대상으로 학문적으로 논한 선학에 후루카와 데쓰시(古川哲史)가 있는데, 그는 "이 말은 이 시대(근세)에는 아주 일부 사람들에게 사용되었다"라고 단언했고, 종래 그것이 통설이었다.

근래 무가사회사의 전문가인 가사야 가즈히코(笠谷和比古)는 후루카와의 단정을 상대화하려고 무사도의 용례를 더 광범위하게 근세의 저작물에서 채록하고 있다. 그런데도 최전성기는 17, 18세기이고 근세 후기가 되면 도덕상 의무적 성격을 띠게 되어 무사도론은 사도론에 병합, 쇠퇴한다고 결론을 내리고 있다.

이에 대해 일본 문학연구 입장에서 무사의 사상을 정력적으로 논하고 있는 사에키 신이치(佐伯真一)는 무사도는 언어 자체로서 어느 정도의 넓이가 있었기 때문에 후루카와의 지적은 오해를 받기 쉽지만, 윤리사상의 용어로서 사용에 한정해서 보면 그 지적은 타당성이 결여되었다고 할 수 없다고 하고, 가사야가 쇠퇴기로 본 19세기에 들어가면 오히려 무사도를 왕성하게 주장하는 사상이 세상에 많이 나온다고 주장한다.

어쨌든 근세 중기가 되면 현실로는 전투에 의한 죽음의 위험은 사라지고 "순사(追腹)"도 금지되어 무사사회는 안온(安穩)을 향수하고 있었다. 그래서 무사라는 것을 자부하고 세간의 풍조를 우려하는 자는 자신이 그렇다고 확신한 전란기의 무사의 바람직한 자세를 강조하지 않을 수 없었다. 『하가쿠레』에는 전편에 죽는다(死)든가 미친다(狂)는 말이 범람하고, 무사(無私)의 죽음(捨身)을 때로는 광신적으로, 때로는 예민하고 섬세한 언어 감각으로 주장한다. 색다른 인상은 지우기 어렵지만 그것은 태평한 세상이기 때문에 죽음의 떳떳함을 더욱 과격한 형태로, 무사생활 전반에 걸친 마음가짐과 생활방식으로 말한 것이다. 그러나 이런 이의 주장은 덧없는 저항이라고 할 수밖에 없고 무력이 동결된 상태가 지속되는 상황에서는 오래 가지 못하고 쇠퇴하는 것이 당연한 이치였다.

할복의 역사

할복(切腹)은 무사의 멘탈리티를 나타내는 자살 또는 형사(刑死)의 방법으로 여겨지고 있다. 갓푸쿠(割腹)·도후쿠(屠腹)·하라키리(腹切)라고도 불리며 외국에는 "hara-kiri"라는 이름으로 알려져 있다.

할복의 원조로 알려진 것은, 제1장에 등장하는 후지와라노 야스마사의 동생 야스스케로 "강도의 장본인"이며 에이엔(永延) 2년(988년) 옥중에서 죽었다. 포박되었을 때 자살을 기도해 "칼을 뽑아 배를 갈라 창자를 끄집어낸" 상처가 원인이라고 한다(『續古事談』 권5).

헤이안 시대 이래 자살의 한 방법으로서 행해지게 되었고 널리 퍼진 것은 가마쿠라 말기에서 남북조 시기이다. 겐코(元弘) 3년(1333년) 오우미 반바(番場: 현 시가현 마이바라 시)에서 로쿠하라 탄다이(六波羅探題)의 장사(將士)가 집단 자살하고, 이어서 가마쿠라에서 도쿠소 다카토키(得宗高時) 이하가 집단 자살했을 때 충격이 계기가 아닌가 생각된다. 『다이헤이키』에 의하면 전자는 432명, 후자는 873명이 배를 갈랐고, 일부는 잘못 찔러서 스스로 목을 베었다고 한다(그림 4-3).

그림 4-3 할복하는 무사[호소미미술관(細見美術館) 소장, 『유키갓센에고토바(結城合戰絵詞)』에서]

이전의 무사는 자살할 때 다른 방법을 많이 사용했고 칼을 입에 문 채 엎어져서 목숨을 끊기도 했다. 또한 중세 이후에도 할복은 무사나 남성에게 한정된 자살법이 아니었다. 후세에는 단도를 왼쪽 배에 찔러 넣고, 오른쪽까지 돌려 빼낸 다음에 가슴 밑에서 열십(十) 자가 되도록 내려 긋고 목을 찌르는 것이 정식 방법으로 여겨졌는데 실례는 그렇게 많지 않다.

옛날 방식으로는 후지와라노 야스스케처럼 배를 갈라 내장을 끄집어냈다. 여기에는 생명의 원천인 내장을 신에게 바침으로써 그 신을 모시는 공동체에 대한 기원자의 거짓 없는 참된 마음을 나타내는 것이 할복의 본의이며, 산신 신앙과 수렵의례에 기원이 있다는 설이 있다. 이에 따르면 무사의 할복은 무운이 나빠서 죽음에 직면한 무사가, 궁시의 신과 그가 귀속한 무사 집단에 대한 최후의 충성을 표명한다는 의미를 갖는 것이 된다. 가마쿠라 막부 멸망 당시 두 차례의 집단자살은 도쿠소에 대한 근신 그룹(북조 일문과 도쿠소 피관)의 헌신과 충성의 심정을 극적인 방법으로 나타내려 했을 것이다. 그 처절함은 도쿠소의 전제정치에 대해 여러 방면의 반발과 증오를 감지하고 있던 그들의 미래가 없는 절망감이 분출된 것이라고도 해석할 수 있다.

배를 가르는 것은 고통이 크고 죽음에 이르기도 어렵지만, 용감하며 자신의 진심을 전장 또는 사람 앞에서 드러내는 데는 유효한 방법으로 생각되고 있었다. 패군의 장병이 포로를 혐오해 행해지는 것이 많은데, 주군을 위해 하는 순사(殉死), 직무상 책임에 떠밀려 하는 쓰메바라(詰腹)도 있다.

할복의 방법

형벌로서 할복은 무로마치 시대부터 행해졌지만 근세에는 막부와 번이 채용해 사무라이 이상의 상급 무사에 대한 특별한 사형법이 되었다. 막부법에서 500석 이상인 자는 다이묘 저택 등의 저택 내에서, 그 이하의 사람은 감옥 내에서, 저녁에서 밤에 걸쳐 집행되는 것이 관례였다.

『고지루이엔(古事類苑)』 법률부(法律部) 2에 인용된 사료에서 판단하면, 전자의 할복 방법은 마당의 1획의 1장(丈)(3미터) 사방에 모래를 깔고 그 위에 테두리가 없는 다다미 2장을 놓아 흰 목면포나 붉은 모전(毛氈) 등으로 덮어 할복 장소로 한다. 죄수가 깨끗하고 무늬 없는 연푸른빛의 가미시모를 입고 그곳에 앉으면, 정부(正副) 2명의 할복을 도와주는 사람(介錯人: 가이샤쿠닌)이 나온다. 세이카이샤쿠닌(正介錯人)은 이름을 내고 가볍게 인사하고 칼을 빼 죄수의 등 뒤에 선다. 다른 관리가 봉서지(奉書紙)에 싼 9촌 5분(28.5cm)의 목도를 산보(三方: 백목으로 만든 소반의 일종)에 올려 지참하고 죄수에게 90cm 정도 떨어진 앞에 두면 후쿠카이샤큐닌(副介錯人)은 죄수의 시중을 들어 웃옷을 벗겨 맨살이 드러나게 한다. 후쿠카이샤큐닌은 죄수에게 산보를 잡도록 독촉하고 죄수가 손을 뻗어 잡으려고 하는 순간 세이카이샤쿠닌이 칼을 휘둘러 목을 잘랐다. 후쿠카이샤큐닌은 목을 들어 검사(檢使)에게 보이고 검사는 처음부터 끝까지 보고 확인했다는 취지를 말하고 집행을 종료한다. 목도 대신에 부채를 내거나(扇腹), 때로는 진짜 단도를 쓰는 것도 있었다. 자른 목이나 신체는 유족과 게라이(家来) 등에게 교부되었다.

아코 낭사의 경우

겐로쿠 16년(1703년) 아코 낭사(赤穂浪士)의 할복 때도 옷을 벗고 단도를 잡으려는 순간 목을 쳤다. 낭사들은 습격 후 4개 번에 맡겨졌지만, 오이시(大石)들이 있던 호소카와 번저(藩邸)에서는 할복의 시한이 다가오자 낭인들의 최후의 말을 청취했다. 그중에서 오쿠다 마고다유(奥田孫太夫)가 호소카와가에서 시중꾼으로 붙여준 호리우치 덴에몬(堀内伝右衛門)에게 "나는 할복하는 방법을 모른다. 어떻게 하면 좋은가"라고 묻자 호리우치가 "나도 아직 잘 모른다. 삼방(三方)에 단도를 얹어 내놓는다고 들었다. 그것을 끌어당겨 웃옷을 벗고 삼방을 받으시오"라고 말하고 있는데, 옆에서 젊은 무리가 "그런 연습은 필요 없다. 아무래도 좋다. 다만 목을 내밀고 잘라달라고 하는 게 좋다"라고 해서 이야기가 중단되었다고 한다. 오쿠다 마고다유는 기마경호와 무구봉행을 맡아 150석을 받고 있고 나이도 56세였다. 어엿한 무사였지만 조부·친부가 낭인이었던 탓인지 할복 방법을 몰랐다.

진짜 단도를 손으로 잡지 않는 사이에 목을 친 것은, 진짜 단도를 잡게 하면 형벌에 불만이 있을 시 반항할 위험이 있기 때문인 것 같다. 전시에는 본인의 자유의지였던 것이, 평시에는 명령함으로써 반항을 부르기 쉬운 형벌이 된 데서 오는 모순이다. 자살의 형식을 취해 죄수의 명예를 중시한 것으로서 사형 중에서는 가장 가벼운 것이었다.

메이지 정부 최초의 형법전인 『신리쓰고료(新律綱領)』는 사족의 자살을 인정해 할복의 형을 남겨두었지만, 메이지 6년(1873년)의 개정율례에 의해 형벌로서 할복은 폐지되었다. 단, 자살의 방법으로서는 그 후에도 군인 사이에서 가장 어울린다는 관념이 강하게 남았다.

막부 말기의 할복

형벌로서 할복의 거의 최후를 장식하는 것으로는 다음의 예가 있다. 게이오 3년(1867년) 12월 조정이 왕정복고를 선언해 유신정부가 성립하는데, 그로부터 2개월 후인 이듬해 2월 15일 사카이(堺)에 입항한 프랑스 군함으로부터의 상륙병과 그곳의 경비를 맡고 있던 도사(土佐) 번병 사이에 분쟁이 일어나 번병 측이 발포하여 11명을 살해했다. 프랑스 측의 항의로 신정부는 도사 번사 20명의 처형을 결정해 묘코쿠지(妙國寺)에서 처형이 실행되었다. 11명이 할복해 피해자와 동수가 된 시점에서 입회한 프랑스 함장이 퇴석하고 남은 9명은 유형(流刑)이 되었다. 당시 6번대장(六番隊長) 미노우라 이노키치(箕浦猪之吉) 이하가 실제로 할복해 창자가 삐져 나온 순간 도와주었다. 그런데 가이샤쿠닌이 서툴렀던 탓인지 일곱 번을 쳐서 겨우 목이 떨어진 자도 있었다고 한다. 도사번 측 자료에 의하면 프랑스인이 미노우라 무리의 열십 자 할복의 처절함에 공포를 느껴 자리에 있지 못하고 도망갔다고 하는데, 11명이라는 자신들의 사망자와 동수였기 때문에 프랑스 측은 애초 거기에서 끝낼 예정이었다는 것이 진실일 것이다.

그보다 조금 전인 정월 11일 고베(神戸)의 거류지 부근에서 오카야마 번병이 전방을 횡단한 외국인에게 발포해 부상을 입힌 고베 사건이 일어났다. 유신정부는 외국 사신에게 사죄함과 함께 책임자인 다키젠 자부로(滝善三郎)를 할복시켜 해결했다. 형벌로서 할복은 참수형이지만 고베 사건에서는 일본 무사의 의기(意気)와 원념을 보여주기 위해 정식으로 할복시켜 깊게 배를 가르는 열십 자 베기를 채용했다. 사카이 사건의 할복은 고베 사건의 할복에 영향을 받았다. 미노우라는 빠져 나온 자신의 창자를 손에 쥐어 들고 프랑스 함장을 욕했다고 한다. 사쿠라다 문 밖의 변 후, 정치 대립의 격화에 동반되는 폭력 사건과 테러가 빈발하는 와중에 칼싸움이 격증한 것에 자극받아 할복도 열십 자 베기가 칭양(称揚)되어 본래의 처참함이 두드러졌다.

같은 해 3월 15일은 신정부군에 의해 에도성 총공격의 날로 정해져 있었다. 실제로는 그 전날에 가쓰 가이슈(勝海舟)와 사이고 다카모리(西郷隆盛)는 무혈 개성을 약속했지만, 이날 에도 후·말기 오사카 봉행·감정봉행(勘定奉行)·외국봉행(外國奉行)을 역임한 하타모토 가와지 도시아키라(川路聖謨)가 권총 자살을 했다. 그는 평소 중국풍을 한탄해 은퇴했으며, 반신불수의 몸으로 할복하는 것은 무리라고 판단하여 가볍게 배를 가른 후 애용하는 프랑스제 권총을 쥐고 총구를 목에 대고 방아쇠를 당겼다. 그의 죽음에서는 이례적인 출세를 한 능리(能吏)가 막부를 위해 순사하면서 어떻게든 할복사의 형태를 취하고 싶어 한 무사로서의 정념(情念)이 엿보인다.

미시마 유키오의 할복

마지막으로 미시마 유키오(三島由紀夫)의 할복을 다뤄야만 한다. 1970년 11월 25일 미시마 유키오가 도쿄의 육상 자위대 이치가야(市ヶ谷) 주둔지에서 헌법 개정을 위해 자위대에 궐기를 호소한 후 할복 자살했다. 여기에는 그의 사병(私兵) 단체인 '방패의 모임(楯の会)' 회원 4명이 행동을 같이했다.

미시마는 전전(戰前)의 2·26 사건에서 소재를 취한 『우국(憂國)』(1961년)이래 천황을 강하게 의식하기 시작했다. 그러나 그 천황은 근대 관료제에 중독된 메이지 헌법하의 근대 천황제가 아니다. 미(美)의 총람자(総攬者)이며 "국화와 칼"의 쌍방을 포괄하는 "문화 개념"으로서의 천황이고 미학과 아나크로니즘이 뒤섞인 것이었다. 미시마의 집안은 3대 연속 엘리트 관료의 가문인데 조부는 대신(大臣)에 오르지 못하고 실각했으며, 친부는 무위무기력(無為無気力), 본인도 대장성(大蔵省)에 입성 후 9개월 만에 자진 퇴직했다. 조모는 막부 말기 와카도시요리도 경험한 나가이 나오유키(永井尚志)의 손녀인데, 아(雅)와 전통 예능의 세계에 젖어 어린 미시마를 친모에게서 빼앗아 익애(溺愛)했다고 한다. 미시마의 지향(志向)은 이런 비정상적인 가정환경 탓이라는 일면이 있다.

미시마는 『하가쿠레』에 몰두해 무사를 자인하고 메이지 신정권에 불만을 가진 구마모토의 신부렌(神風連)을 사숙하게 되었다. 신부렌은 메이지 9년 폐도령의 공포를 계기로 거병해 병영·현청을 습격하는데, 국수주의 입장에서 양식 무기를 기피하고 무기는 칼, 창, 언월도로 한정했기 때문에 다음날 주둔병의 소총으로 간단하게 진압되었다.

미시마는 사건 당시 자신의 연설을 듣도록 동부방면 총감을 인질로 잡아 이치가야에 주둔지의 자위관을 본관 앞에 집합시켰다. 이때 총감을 구출하려는 막료 8명에게 지참한 군도 모양의 일본도로 중경상을 입혔다. 본관 2층 발코니에서 약 10분간 "자위대는 자신의 힘으로 헌법을 개정하라"라고 연설하고 그 후 총감실에서 기합을 한 번 외치고 단도로 할복했다. 이때 방패회 회원 모리타 마사카쓰(森田必勝)가 옆에서 도와 세 번 내리쳐 목이 떨어졌다. 이어서 모리타도 할복했고 다른 회원이 도왔는데 이때는 한 번으로 목이 떨어졌다.

미시마의 할복은 배꼽 밑 4cm, 좌에서 우로 13cm의 상처가 4, 5cm 깊이에 걸쳐 있고, 소장이 50cm 정도 밖으로 나올 만큼의 상처였다고 한다. 또 가이샤쿠의 칼이 턱에 맞아 어금니가 부서져 혀가 잘릴 뻔했다고 한다. 가이샤쿠가 사용한 일본도는 "세키노마고로쿠(関孫六)"라고 불리는데 사건 이전부터 날의 뿌리와 칼끝에 큰 상처가 있었던 것 같다. 사건 후에는 날의 이가 더 많이 빠져 41군데에 이르고, 또한 3군데에서 구부러져 에스(S) 자 모양이 되었다. 나머지 방패회 회원은 사건 후 재판에서 가이샤쿠에 대해 "무사의 정이라든가 무사도를 본받는 자라고 칭하고 부득이한 행위였던 것처럼 주장"했지만, 검찰관은 이것을 "목을 치는 것은 참수이며, 살해 방법의 한 종류로 타인의 생명을 빼앗는 행위와 다름없다"고 추궁했다.

이 사건은 특이한 주장과 이상한 행동으로 일본 사회에 큰 충격을 불러일으켰을 뿐만 아니라, 해외에서도 국제적으로 저명한 행동에 한결같이 놀라움을 나타냈다.

무사의 정신사는 시대에 의한 진폭이 크고, 그것은 중세 이전과 이후의 사회 구조나 주종제 형태의 큰 변화에 최대 원인이 있다. 국내가 평화적으로 안정되었다는 것도 크다. 참으로 "그들의 사회적 존재가 그들의 의식을 규정한다"(칼 마르크스)는 것이다.

제5장
근대 일본의 "무사": 증식하는 허상

1. 무사가 군제개혁의 장애가 되다

흑선의 내항

에도 후기가 되면 외국선이 개국을 요구하며 빈번히 일본에 내항해 위협을 가하게 되었다. 특히 청나라가 아편전쟁으로 영국에게 패배한 결과는 큰 충격을 주었다. 청나라는 불평등조약을 체결당해 홍콩의 할양, 상하이 등 5항의 개항, 배상금 지불 등을 약속해 그것이 중국 반식민지화의 기점이 된다. 강력한 군사력을 배경으로 자본주의 열강의 압력이 일본에 가해지는 것은 시간 문제였다.

가에이(嘉永) 6년(1853년) 6월, 페리 함대가 우라가(浦賀) 앞바다에 당도했을 때 막부에는 이것을 저지할 힘이 없었다. 이듬해 가에이 7년 정월, 페리는 다시 대함대로 내항했고 막부는 화친조약을 맺고 개국한다. 페리 함대는 피아의 압도적인 군사력 차이를 보였고 막부는 싸움을 피하는 방책으로 달아날 수밖에 없었다. 싸우지 않고 서양 군사력에 굴했다는 현실은 군사개혁에 착수하는 결정적인 계기가 되었다.

안세이의 군사개혁

같은 해 7월, 로쥬 아베 마사히로(阿部正弘)는 이른바 안세이의 군사개혁을 개시한다. 해방의 강화와 양이(攘夷)를 주장하는 미토 번주 도쿠가와 나리아키(徳川斉昭)를 막부의 정무 참여에 임명하고 하타모토·고케닌 등의 병술 습득소로서 강무장(講武場)을 설립했다. 여기서의 병무훈련은 포술이 양식으로 변경되고 이로써 무역(武役)의 반카타로 출세하기 위해서는, 다른 무예와 마찬가지로 서양 포술도 습득해야만 했다. 안세이 시기의 하타모토의 이력 작성에는 반드시 포술은 누구에게 어디까지 습득했는지가 요구되었다. 이듬해 안세이 2년(1855년)에는 유시마(湯島) 주포장(鋳砲場)에서 서양식 소총이 제작된다.

막부는 해군 창립도 서둘렀는데 네덜란드의 협력으로 승무원 양성을 목적으로 나가사키(長崎)에 해군전습소를 개설해 하타모토뿐만 아니라 제번의 유지(有志)도 항해술을 습득하게 했다. 안세이 4년 4월에는, 쓰키지(築地)의 강무소(講武所) 내에 군함교수소가 개설되었고 고베에도 해군조련소가 생긴다. 연안 경비에서는 에도만에 다이바(台場), 오사카만에 포대(砲台), 하코다테(函館)에 고료카쿠(五稜郭)를 건축함으로써 외국선에 대비하게 했다.

분큐의 군사개혁

아베 사망 후 이이 나오스케가 다이로에 취임하여 한때 서양식 군비의 도입이 정체하는데, 분큐(文久) 2년(1862년) 쇼군 후견직인 도쿠가와 요시노부(徳川慶喜) 아래에서 서양식 군대 건설을 지향하는 군사개혁이 시작되었다. 육·해군으로 나뉘어 후다이 다이묘가 취임하는 총재(원수에 해당)·봉행(중장에 해당)을 두고 그 밑에 상비군을 편성하려 했지만 재정적인 이유로 해군 창설은 미뤄지고, 당면 실현 가능한 육군, 그것도 직속 친위전력의 정비부터 시작한다. 구상으로는 보병·기병·포병 3병과로 구성되고 주력은 보병 가운데 중보병 16대대 약 6400명으로, 미니에 총을 장비한 경보병과 합쳐 총원이 약 8300명이다. 중보병은 각 하타모토의 지행소(知行所) 농민을 병졸로 징발하고 그 이외의 병종은 각기 요리키(与力)·동심(同心)·고부신구미[小普請組: 로쿠다카 3000석 이하의 무역(無役) 하타모토나 고케닌이 편입된 조(組). 노유나 질병 또는 죄과 등으로 면직된 자가 많고, 말하자면 낙오자 집단처럼 간주되었다]의 민초를 차출했다. 사관에 해당하는 직무도 새롭게 설치되어 강무소(講武所)에서 공부한 하타모토의 차남, 삼남에게 등용의 기회를 부여했다.

선행되었던 안세이 개혁은 무사에게 서양 포술훈련을 권장하는 한편, 그때까지 활이나 긴 창, 화승총을 장비하고 있던 아시가루 부대를 양식화하는 방향으로 진행되었기 때문에 종래 군제와의 위화감은 적었다. 그러나 분큐의 개혁은 구미의 근대적(관료제적)인 군대제도를 모방해 농민이나 오메미에 이하의 사람으로 보병·기병·포병 3병과를 만드는 것이다. 그 영향을 우려해 종래의 군단 구성에는 손을 대지 않고 그 외측으로 조직해야 했다.

군사개혁과 무사 신분의 해체

이러한 개혁에 의해 우선 궁술·이누오우모노(犬追物: 대울타리 안에서 개를 쫓아가며 활을 쏘는 무예)·유술(柔術)·스이렌(水練: 헤엄치기)이라는 종래의 무예가 폐지되고, 칼·창도 전력으로서의 가치를 잃어간다. 화포나 소총의 개량과 발달, 특히 소총의 경량화와 보급은 보병의 가치를 높이고 단기간의 군사훈련으로 전력화가 가능해졌다. 분큐의 개혁은 하타모토의 일부를 보병화했는데 이어지는 근대에는 국민 대중 속에서 일반 병졸이 보충된다.

본래 번의 무사의 격은, 가로나 사무라이 대장이 이끄는 각 부대 편성의 어디에 위치하느냐에 따라서 결정된다. 그것은 또 로쿠다카를 기준으로 한 군역에 따라 출진하는, 주종제적·신분제적으로 편성된 종자(다수의 비전투원도 포함)의 다수에 의해서도 표현된다. 이 격은 태평의 시대가 되면 가문의 격으로 고정되고 번내 일상 행정상의 역직에도 대응했다. 근세는 군제를 기초로 신분이나 행정조직 등의 정치제도가 형성되었으므로, 군제를 변혁하는 시도는 주종제적으로 조직된 군단의 해체와 정치체제의 개변에 도달하지 않을 수 없다. 무의 중요성·긴급성을 호소하는 목소리가 커지고 군제개혁이 실행으로 옮겨진 것이 무사 신분 존립의 기반을 위협하게 되는 예기치 못한 결과를 낳은 것이다.

거꾸로 말하면, 막부 말기 서양문명의 우위가 명백해진 시점에 막부가 서양형의 군대를 향해 전면적인 군제개혁을 단행하지 않은 것은, 그것이 막부를 정점으로 하는 구체제의 부정으로 이어졌기 때문이다. 막부군이 제2차 조슈(長州) 정벌에서, 기병대(奇兵隊: 신분에 구애받지 않고 농민·조닌에서도 유지를 모은, 역량을 중시한 비정규군)를 중축으로 하는 군제개혁에 성공한 조슈 번에 패배한 것은 이유가 없지 않다. 그 후에도 막부의 군제개혁은 계속되지만 성과를 보기 전에 막부 자체가 무너졌다.

2. 사족정권으로서 메이지 정권

메이지 유신과 사족

메이지 유신은 막번체제 국가에서 근대 천황제 국가로 전환한 혁명이다. 그 시작과 끝에 대해서는 여러 설이 있지만, 상식적으로는 전반은 개항에서 게이오 3년(1868년)의 대정봉환(大政奉還)·왕정복고, 메이지 원년(1868년)에서 이듬해까지 시행된 신정부군과 구막부의 싸움(戊辰戰爭)까지, 후반은 폐번치현·질록처분(秩祿處分)·지조개정(地租改正) 등 다양한 대개혁을 거쳐, 메이지 10

년(1877년)의 서남전쟁에 이르기까지라고 할 것이다. 요컨대 일본에 근대국가가 창출된 일련의 과정과 시기를 총칭하는 것이었다.

메이지 국가는 왕정복고라는 형식으로 성립한다. 그것은 천황 친정을 원칙으로 하고, 율령제를 본뜬 태정관제(太政官制)가 채용되어 중앙 정부인 태정관에 입법·행정·사법·군사의 권력이 집중되는 전제적인 체제였다. 그러나 근대화는 절대적인 요청이었기 때문에 복고 형식하에서 구체제 부정의 개혁이 점차 행해지는 결과가 되었다. 봉건적 신분제도의 철폐도 그중 하나이다. 우선 메이지 2년의 판적봉환(版籍奉還)과 함께 번주와 가신의 주종관계가 해소된다. 그 대신 번주를 공경과 함께 화족(華族)이라 칭하고, 번의 일문(一門) 이하 평사[平士: 상사(上士)의 하층, 평사무라이]에 이르기까지의 무사를 모두 사족(士族)으로 하도록 정하고, 그 이하를 오랜 습관에서 졸(卒)이라 불렀다. 같은 해 12월에는 구바쿠신에게도 사족의 호칭이 부여되었을 때 오메미에 이하를 졸로 하여 사족의 하위에 두었다. 종래의 "농공상"은 합쳐서 평민이라 부르고, 성씨 사용이 허가되어 화족·사족 간의 결혼이나 이주와 직업 선택의 자유도 인정되었다. 이른바 "사민평등"이다.

메이지 5년에는 화족·사족·평민이라는 새로운 족적에 기초하는 통일적인 호적 편성이 시행되었다(임신호적). 이때 제번에서는 사와 졸을 구분하는 기준이 각기 달라 불통일을 해소하기 위해 졸은 폐지되고 "세습의 졸"" 사족으로 "신규 1대 고용"은 평민에 편입되었다. 신분제 개혁에 의해 남자에 한정되었다고는 하나 같은 의무를 지는 "국민"이 형성되었다. 메이지 6년 정월 현재 사졸의 합계는, 40만 8823호, 189만 2449명으로 집계된다. 참고로 화족은 2829명, 평민은 3110만 6514명, 그 외[승려나 신직(神職) 등] 29만 8880명, 총계 3330만 672명이다.

사족 특권의 폐지

근세의 다이묘와 그의 가신단의 급록(給禄)은 가록으로 계승되고 있었지만 판적봉환 이후는 단계적으로 삭감이 진행된다. 폐번치현에 의해 가록·상전록(賞典禄: 왕정복고 무신전쟁의 공로자에게 부여된 것) 등의 녹봉은 번을 대신해 메이지 신정부가 지급하게 된다. 정부는 그 지출이 방대하기 때문에 메이지 6년 희망자에 대해 녹봉 지급을 멈추는 대신에 현금·공채를 지급하는 질록봉환의 법을 정했다. 나아가 메이지 9년에는 모든 수급자에게 녹고에 따른 금록공채(金禄公債) 증서를 부여하는 조례를 공포해 질록의 지급을 최종적으로 중단한다. 이것을 질록처분이라고 부른다. 사족의 특권이었던 녹을 강제로 회수해서 기한부로 근소한 이자밖에 받을 수 없는 공채로 교환하는 급진적인 개혁이었다.

징병령과 폐도령

이렇게 사족 특권은 점차 폐지되어 메이지 6년의 징병령이나 같은 해 폐도령(廃刀令)으로 군사에 관한 독점적 지위도 잃게 된다. 전자는 전년의 징병 조칙과 징병 고유(告諭)에 근거한다. 야마가타 아리토모(山県有朋) 무리가 막말의 체험과 유럽의 제도를 도입해 제정했지만 그 고유에는 "유신이 되어서 열번(列藩)이 영민(領民)과 영토를 천황에게 반납하고 메이지 4년이 되어 먼 군현의 옛날로 돌아갔다. 세습 도식(徒食)의 무사는 그 녹을 감하고 도검에서 떨어지는 것을 허가하고 사민에게는 점점 자유의 권리를 갖게 하려고 의도한 것이다. 이것은 상하를 평균하게 만들고 인권을 똑같이 하는 길이며, 즉 병농을 합일하는 근본이다"라면서, "군현의 옛날", 즉 율령제의 옛날로 돌아가는 복고임과 동시에 사민의 인권평등을 달성하는 방도인 취지가 구가되고 있다. 서민에게 징병령을 받아들이게 하기 위한 것이겠지만, 무사의 시대를 "칼 두 자루 차고 무사라고 칭하며 안하무인으로 행동하고 일하지 않고 먹으며 심지어 사람을 죽여도 정부는 그 죄를 묻지 않는다"라고까지 혹평하는 것도 흥미롭다. 초기에는 다양한 병역면제 규정이나 대인제가 있었지만 메이지 22년(1889년)의 대개정으로 국민개병의 원칙이 확립했다.

폐도령은 군인·경관이나 대례복(大礼服) 착용자 이외에는 대도(帯刀)를 금지한 법령이다. 이미 정부는 메이지 3년 12월 서민의 대도를 금하고, 뒤이어 메이지 4년 8월 산발(散髮)·탈도(脱刀)의 자유를 노래한 산발탈도령(散髮脱刀令)을 발하여 구폐 타파를 촉진했지만 강제가 아니었기 때문에 사족 중에는 대도하는 자도 많았다. 그래서 징병령의 시행과 함께 폐도를 발령한다. 제복을 착용한 경우를 제외하고는 대도가 금지되었기 때문에 근래에는 대도금지령이라고 부르는 경우가 많다.

이러한 특권들의 폐지는 지배층이 거의 무저항인 채로 기득권을 잃었다는 점에서 세계사적으로도 드문 사례이다. 물론 이 특권 회수나 메이지 정부의 정책에 비판·불만을 가지는 사족도 있어서 그들은 메이지 7년의 사가(佐賀)의 난을 시작으로, 2년 후 신부렌의 난, 아키쓰키의 난, 하기(萩)의 난으로 사족반란을 반복해, 그것은 메이지 10년의 서남전쟁까지 이어진다. 서남전쟁에서 사이고(西郷)군이 패배한 뒤 사족반란은 멈추었고, 이미 시작되었던 자유민권운동이 이를 대신하게 되었다. 근대화의 수행 주체는 오쿠보 도시미치(大久保利通)·기도 다카요시(木戸孝允) 무리·사쓰마(薩摩)·조슈 등의 번벌(藩閥) 정치가였지만, 그 전제풍은 자유민권파에 의해 유사전제(有司専制)•라고 비판받는다. 그 때문에 그들의 요구인 헌법제정, 국회개설을 받아들이지 않을 수 없었고, 내각제도 채용(1885년), 대일본제국 헌법제정(1889년), 국회개설(1890년)에 의해서 천황 중심주의와 의회제가 모순되면서 결합된 독특한 입헌군주제 국

• 有司란 정권의 중심이 천황도 민간도 아닌 정부 내의 번벌정치가들에 있음을 가리킨 말이다. —옮긴이 주

가가 성립되었다.

메이지 정권은 사족의 정권

메이지 정부의 지배기구에서 사족이 점하는 비율은 매우 높았다. 메이지 정부의 관리임용 제도는 메이지 2년에 시작되어 칙임관(勅任官)·주임관(奏任官)·판임관(判任官)의 구별이 정해졌다. 칙임관 중에서 천황의 친임식으로 임명되는 자를 특별히 친임관이라고 불렀다. 친임관·칙임관·주임관은 고등관이라 불리는 상급 관료이다. 그들을 오늘날의 국가 공무원의 캐리어 조직으로 바꾸면 판임관은 논캐리어에 상당할 것이다.

사회학자 소노다 히데히로(園田英弘)는 메이지 15년 『일본제국통계연감』에 의하면, 42만 5658호 사족에 대해 중앙·부현도(府県道)의 문·무관, 사법관, 경찰관, 감옥관, 기술관으로 이루어진 관리의 총수 7만 8328명 중 5만 2032명이, 그리고 군구정촌리(郡区町村吏)는 총수 9만 266명 중 1만 5524명이 사족이었다고 한다. 즉, 중앙·부현도의 관리에서 사족이 점하는 비율은 약 70%이며, 군구정촌리를 포함한 전 관직에서의 비율도 약 40%였던 것이다. 이 숫자에는 3만 명으로 추정되는 사족의 초등학교 교원은 포함되지 않았으며, 이를 더하면 관직 보유 호수는 전 사족 호수의 23%에 달한다고 추계한다. 이것은 사족 인구 중 적어도 4~5%가 관직에 있었다는 말이 된다. 이렇게 메이지 정권은 실질적으로는 사족의 정권이며 구무사의 정권이었다.

사족의 명예의식

그러나 메이지 정권은 사족의 정권이면서 무사의 사회적 특권을 박탈하고 경제적 특권이었던 가록을 전폐해 겨우 금록공채를 남기는 데 멈춘 것이었다. 사족 층의 일부는 매일의 생활이 궁하고 그마저도 이미 손을 놓고 있었다. 관직을 잃은 사족을 구제하기 위해 정부와 부현이 행한 농공상을 향한 직업장려책을 사족 수산(授産)이라고 부르며, 고액의 원조금이 지출되었지만 실패하는 사업도 많았다. 사족의 상법이라는 말로 표현되듯이 사족은 그 존대한 태도나 경영 감각의 결여 때문에 상매에 맞지 않는 경우가 많았기 때문이다. 그러나 사족이라는 족적을 지표로 하는 사회집단이 해체되려고 했다는 것은 상상하기 어렵다. 사족이라는 족적에는 평민과는 다른 명예의식이 부여되어 있었다. 사족반란에서 반란군 측의 "무사의식"은 말할 것도 없지만 진압자 측의 정부 수뇌부 중에서도 사족 특권을 옹호하려고 보수적인 입장을 고집해 오쿠보 정권 내에서 고립해 있던 인물도 있었다. 메이지 4년의 폐번치현까지는 가장 선진적인 개명파(開明派)였던 기도 다카요시가 그렇다.

사족은 관리를 좋아한다

무사에서 사관으로 편입된 사람들은 사회적·제도적인 특권을 잃었기 때문에 새롭게 직업생활을 시작해야만 했다. 그들에게 가장 매력적인 직업은 앞서 말했듯 무사 계층의 해체와 함께 성립하고 있던 관리였다.

현재의 공무원은 헌법상 "전체의 봉사자이고 일부의 봉사자가 아니"며, 그 선정 파면은 "국민 고유의 권리"이다(일본국헌법 15조 2항). 이에 비해 전전의 관리는 관리복무 규율 제1조에 "무릇 관리는 천황폐하 및 천황폐하의 정부에 대해 충순근면을 주로 하고 법률명령에 따라 각기 그 직무를 다해야 한다"라고 규정되어 있다. 현 헌법의 "일부의 봉사자가 아니다"라는 문언에 천황의 사용인이었던 관리제도의 폐해에 대한 반성이 담겨 있다.

관리는 무사의 명예의식을 손상하지 않는다. 봉록 시스템과 유사하게 정기적으로 봉급이 지급되는 생활과 천황과 국가에 거리적으로 가까운 존재로 인식되는 것이 무사와 공통되는 성격을 갖고 있었기 때문이다. 각 족적 계층 1만 명당 몇 명이 관리로 배출되었는지 그 비율을 보면 메이지 7년의 사족 1만

명 당 64.1명, 평민은 동 0.7명, 메이지 31년에는 사족 136.4명, 평민 4.6명이다. 양측 차이의 크기도 그렇지만 메이지 시대가 나아감에 따라 사족 중에서 관리가 되는 자들의 수가 증가했던 점에 주목하고 싶다.

경관·군인이라는 선택

사족에게 매력적이었던 취직처는 그 외에 경관·군인·교원이 있다. 이것도 무사로서 배양했던 명예의식을 손상하지 않고 봉록에 가까운 위신과 보수가 서열화된 급여 시스템에 의해 생계를 유지할 수 있는 직업이다. 경관의 경우, 메이지 13년(1883년)경 총합 2만 5000명 중 8할 전후가 사족이었다고 한다. 배출률로 보면 사족 1만 명 중 100명이 경관인 비율이 될 것이다. 평민의 경관 배출률이 1만 명 중 1.5명 정도이기 때문에 이 차이는 극히 크다. 또한 군인은 원래 무라는 직업을 독점하고 있던 사족에게는 자신들이 임해야만 할 직업이라는 의식이 있었을 것이다. 사족에게는 관리·군인·교원 등 위계훈등(位階勲等)으로 대표되는 공적 위신을 동반하며, 학식 교양이 요구되는 "새로운 봉급생활자"로의 진출 이외에 또 하나의 선택지가 있었다. 경제적으로 결코 풍요하다고 할 수 없음에도 불구하고 굳이 "무직자"에 그치는 결단이다. 그러나 쌍방이 다른 가치관에 입각해 진로 선택을 하고 있다고 생각되지는 않는다. 오히려 두 가지 타입 모두 공통적으로 "사회적 명예"를 중시하고 "봉급생활자"로서의 생활에 높은 가치를 두었기 때문에, 한쪽은 성공자로서 다른 한쪽은 명예의식이 저해요인이 되어 취직처를 선호한 결과 "무직자"의 상태에 있었다고 할 수 있다.

무사적인 생활양식은 강고하게 존속했다. 사족의 혼인이나 상속에서도 배우자나 양자의 선정과 같은 일상적인 사회관계의 부분은 쉽게 변하지 않았다. 적어도 구번(舊藩)의 사졸족 집단 내에서의 상급 무사-하급 무사의 위계질서는 간단히 무너지지 않았던 것이다.

사족과 학력사회

평민에 비해 사족은 장남을 상급학교에 보내는 비율이 높았다. 거기에는 장자 단독상속제를 전제로 자신의 가문의 위신이나 체면을 어떻게라도 유지해가려는 사족들의 전통적인 의식이 강하게 개재해 있었다. 메이지 20년대에는 관리의 채용이 학력주의가 되어 사회적 상승 이동의 루트 중에서 학교제도가 결정적으로 중요해지게 되었다. 무사는 문무 양도를 원칙으로 했기 때문에 본래 상대적으로 학력사회에 적응하기 쉬웠다. 당시 어느 쪽인가 하면 비사족적이고 "서민성"이 높다고 간주되었던 치바현립중학교에서도 졸업생의 진로 데이터에 의하면 메이지 30년대까지 사족의 생도는 1. 실업(実業)에 대한 기피 경향이 있다, 2. 관리·군인 등 공적인 위신이 있는 직업으로 지향이 있다, 3. 관립 상급학교로의 높은 진학률을 보인다, 4. 상급학교 진학을 위해 재수하는 것이 "상식화"되었다라는 특징을 나타내 학교 교육 이용에 대해 평민과는 꽤 다른 상황이었다는 것을 알 수 있다. 4번이 가능한 것은 여유 있는 생활과 높은 경제력이 보장되어 있었기 때문이다. 메이지의 경제특권 상실 속에서도 구 상급 무사 층만큼의 풍족함을 유지하고 있던 자들이 많았기 때문에 그들이야말로 교육 기회를 이용하여 학력 엘리트로의 변신을 실현할 수 있었다. 과거에는 신분이 낮은 가문의 자제가 입신출세를 꿈꾸어 학교에 갔다는 경우가 상정되었지만 실제로 그것은 극소수 예외에 지나지 않는다. 메이지 시기의 고등교육 기회를 향수한 사족이란 주로 수백·수천 석의 무사 가계를 포함한 중급·상급 출신자이고 그것이 또한 메이지 국가의 새로운 엘리트층을 재생산한 것이다.

다이쇼 3년(1914년)의 호적법 개정으로 신분등기제는 폐지된다. 따라서 이후 사족 칭호는 단순히 가계가 무사였던 과거의 사실을 나타내는 데 그쳤지만 그것은 패전 후 1947년 호적법의 전면 개정까지 계속되었다.

역사사회학적 연구의 성과를 바탕으로 사족의 직업선택 양상이나 그 결과를 보아왔다. 그들은 특권을 폐지당했기 때문에 메이지 국가의 새로운 지배층에 참여하는 길을 선택한 것이다. 메이지 국가가 무사적인 성격을 띤 정권이었던 것은 유신혁명에 몸을 던져 신정권 성립 후에는 정부 지도자가 된 정치가들의 다수가 무사 출신자였기 때문이지만, 메이지 국가 성립 후에도 광범위한 사족층이 그 지배기구 내에 진출하여 압도적인 비중을 차지하고 장군이나 번주를 대신하는 새로운 주인으로서 천황·국가를 받들어 그들에 의해 정권이 지탱되었기 때문이라는 면도 있다.

부국강병

메이지 정부는 국가 자립의 회복(불평등조약의 개정), 구미 열강과 나란히 하는 강국화를 지향했다. 그를 위해 서양문명의 적극적 도입을 계획함과 동시에 경제력과 군사력의 강대화를 추구했다. 이것을 국가 목표로서 단적으로 나타낸 것이 "부국강병"이라는 슬로건이다. 부국의 기초는 공업력에 있다고 믿고 식산흥업(殖産興業) 정책이 취해졌다. 동시에 근대적 군사력의 창출이 부국을 가능하게 만든다고 여겨져 국민개병주의를 채용해 총포 중심의 군대 건설이 진행되었다. 징병령 공포와 함께 내전 혹은 외적 방어에 해당하는 도쿄·센다이(仙台)·구마모토 등 6진대제가 정비되어 이 체제로 서남전쟁에서 승리한다.

통수권의 독립

메이지 11년(1878년) 8월 근위포병의 반란인 다케바시(竹橋) 사건이 일어나자 육군경(陸軍卿)의 이름으로 "군인훈계"가 나오고, 군내에 자유민권운동의 영향이 미치자 메이지 15년 정월 "육해군 군인에게 내리는 칙유"가 내려졌다. 군인 칙유(軍人勅諭)는 이후 1945년의 패전에 의한 군 해체까지 군인정신을 확립하기 위한 절대적인 규범으로 자리 잡고 군대의 천황 친솔, 군의 정치 불관여, 명령 절대복종 등의 원칙을 명시했다. 당시 육군은 프랑스식 병제를, 해군은 영국식 병제를 따랐다. 육군은 메이지 18~21년에 걸쳐 외정(外征) 군대 건설을 위한 군제개혁으로서 독일로 모델을 바꾸고 진대제(鎮台制)를 사단제로 개편하여 강대화를 지향한다. 외정을 위해서는 기동력과 후방부대를 증강하는 편성, 병력의 집중적인 운용이 필요했기 때문이다.

메이지 11년에 육군성의 외국이었던 참모국이 폐지되고, 독립한 참모본부가 설치되어 참모본부장(야마가타 아리토모)이 천황에 직속하여 육군경과 병립했다. 참모본부는 군인 칙유의 원칙에 따라 군 통수사항에 대해 천황(대원수)을 보좌하는 기관으로 발전한다. 또한 참모육성기관인 육군대학교의 설치가 결정되어 메이지 16년에는 참모본부 내에 개교하여 독일 육군 장교를 고용하게 되었다. 통수권은 제국 헌법 발포 후 일반 국무에서 독립하여 육해군을 정부의 제약에서 벗어난 일대 정치세력으로 성장시켰다. 군인 칙유의 정치 불관여는 정치가 군을 통제하는 것을 배제하는 논리가 된다.

3. 『일본전사』의 편찬

전국 전투와 『일본전사』

우리는 먼 과거의 전쟁, 예를 들면 전국시대 전투의 구체적인 모습을 어떻게 알 수 있는 것일까? 역사소설이나 영화, NHK 대하 드라마 등이 머리에 떠오르지만 그것들은 사실(史実)에 근거한 확실한 학문적 증거가 있는 것인지를 묻지 않으면 안 된다. 일본에서 고전사(古戰史) 연구의 선구자이며 동시에 그것을 대표하는 것은 『일본전사(日本戰史)』 전 13권이다. 메이지 22년(1889년)부터 다이쇼 13년(1924)에 걸쳐 이루어진 편찬사업의 성과이다.

얼마 전까지 역사연구자는 전전(戰前)의 군국주의에 대한 반발에서 전쟁사 연구에 관심이 적다고 하기보다는 기피하는 경향이 있었다. 『일본전사』 시리즈는 오래된 것이지만 당시 나름의 사료를 망라해 전국시대의 조명한 전투 대부분을 상술하고 있다. 그래서 최근까지 전국 전투의 서술은 좋아하든 싫어하든 역사소설가는 물론이고 역사연구자도 이에 의지하는 것이 일반적이었다. 『일본전사』 편찬과 간행의 사업 주체는 전략·전술관계의 프로 집단인 육군참모본부이고 추진 동력체는 참모차장 가와가미 소로쿠(川上操六)였다.

가와가미는 청일전쟁에 앞서 시행된 군제개혁의 담당자로 군령 계통의 기능과 권한의 충실에 힘썼다. 메이지 17년 오먀마이와오(大山巖) 육군경의 도구(渡欧)에 수행(随行)하여 귀국 후 소좌에 임명되어 참모본부 차장이 된다. 메이지 20년 독일에 유학하고 메이지 22년에는 참모차장을, 이듬해에는 중장을 달고 청일전쟁 작전 계획의 중심이 되어 일본을 승리로 이끌었다.

가와가미의 독일 유학 시 연찬은 4월 중순부터 이듬해 3월까지 계속되어 전술관계를 다 배우자 주 2회 "고래(古來) 전술의 연혁" 강의를 들었다. 그 경험이 본격적인 전사 편찬을 향한 동기가 되어 귀국 후 『일본전사』 편찬 사업을 시작했다고 생각된다.

참모본부의 개념은 나폴레옹 전쟁 후 프로이센 왕국에서 성립되었다. 프로이센에서는 1816년에 역사학자를 대신해 공식적으로 전사 편찬에 몰두하는 전사과(戰史課)가 부내에 창설되어 고금의 모든 전쟁을 연구하게 되었다. 참모본부를 근대의 두뇌로 하고 전쟁 지도상의 최고 통수·입안기구로 키워낸 것은 프로이센의 군인으로, 프로이센-오스트리아 전쟁, 프로이센-프랑스 전쟁에 대승하여 독일제국의 통일에 공헌했던 헬무트 폰 몰트케 원수이다.

요코이 다다나오의 참가

『일본전사』 편집·집필의 중심은 요코이 다다나오(横井忠直)였다. 그는 고카

(弘化) 2년 부젠(豊前)의 유의(儒医) 가문에서 태어나 한학숙(漢學塾)에서 공부했다. 메이지 3년 교토부에 출사하여 학무과장에 발탁된다. 13년 친구의 권유로 상경, 추천으로 육군성 용무과(御用掛)에, 15년 참모본부 과료(課僚)에 보충되어, 17년 육군대학교 교수를 겸임하고, 23년 육군 편찬에 임명되었다. 고전사(古戰史) 편찬을 전문으로 하고, 서남·청일·러일 전사 편찬에도 관여했다. 메이지 43년 관직을 사임했지만 다시 편찬 사무를 촉탁받아 집필을 이어갔다. 다이쇼 5년 사망했다.

그는 제1회 배본의 "세키가하라 전투(関原役)" 이하, "야마자키 전투(山崎役)"까지의 합계 12권을 썼다. 그 내용은 "세키가하라 전투"에서는 본편에서 전투의 추이를 통시적으로 서술하고 "문서편(文書篇)"에서 전쟁에 관한 사료를 들었다. "보전편(補伝編)"은 전쟁에 관한 맹장(猛將)·용졸(勇卒)의 언행, 열부·충복 등의 위적(偉績)을 모은 것이다. 그리고 이와는 별개로 부도(附圖)·부표(附表)가 첨부된다. 당시로서는 매우 참신하고 통설에 대한 비판을 담은 것이었다.

"세키가하라 전투"에는, 일본전사 편찬위원으로서 육군 영관 2명과 요코이 다다나오, 편수 서기 2명의 이름이 올라 있다. 편수서기는 요코이의 조수로서 실질적인 작업을 했다.

구체적인 편찬 과정

필자는 17년 전(2001년)에 이 편찬 과정을 밝히려고 방위청 방위연구소를 방문해 구 육군 관계 사료 가운데 참모본부의 "대일기(大日記)"[발급문서의 부본과 수취문서를 날짜순으로 철한 두터운 문서철, 연차별로 천·인·지의 3철(綴)이 있다]를 열람했던 적이 있다. 그 결과, 가와가미가 귀국해 참모차장에 취임한 메이지 22년(1899년) 9월에 이미 편찬이 개시되었다는 사실을 알았다. 그러나 사업이 본격화하는 것은 메이지 24년 6월 이후이다. 그 후 제1회 배본(配本) "세키가하라 전투"는 단숨에 진행되었던 것 같다.

"참모본부대일기(參謀本部大日記)"에서 편찬관계 사료분은 23년도 분부터 보이기 시작해, 25~26년에는 꽤 많은 문서가 있다. 그 일부는 참모본부 부관부(副官部)와 제국대학사료편찬괘(帝國大學編纂掛: 현 도쿄대학사료편찬소)가 주고받은 사료의 차용과 반환에 관한 서류군이다.

제국대학문과대학교수·사료편찬괘사무주임 미카미 산지(三上參次)의 회상에 의하면, 요코이는 메이지 23, 24년 이후 『일본전사』의 사료를 찾기 위해 사료편찬괘에 출입하게 되었다. 편찬은 빠른 속도로 진행되어 메이지 25년 12월에는 인쇄 판매를 명받은 회사로부터 예약 구매자를 모집하는 신문광고 허가 신청이 참모본부에 제출되었다. 군의 부내 도서에 그치지 않고 시판해서 널리 독자를 얻으려는 시도였다.

간행의 취지

참모본부가 제작한 전국전사(戰國戰史)의 이념이나 전사관은 어떤 것일까? "세키가하라 전투"의 간행이 목전에 임박한 메이지 25년 12월 가와가미의 이름으로 사업의 간행 취지에 해당하는 "일본전사서언"이 적혔고 그것은 모두 "세키가하라 전투"에 실려 있다.

주목할 것은 가와가미가 그중 "병학에 잘 맞도록 기술하려고 했지만, 당시의 역사서는 지금까지 한 번도 오늘날에 임박해 필요한 조항을 자세하게 기록하지 않았다. 그 때문에 크든 작든 빠짐없이 상세하게, 처음부터 끝까지 정리된 전사를 편수하는 데 도움이 되지 않"았다. 그럼에도 불구하고 모든 수단을 다해 "이 책을 편찬"했다고 말한 점이다. 제국대학 이외의 협력을 얻어 당시 수준에서는 가능한 한 모든 사료를 수집했다고 생각해도 좋다. 그러나 그래도 병학에 도움이 되는 것을 상세하게 쓴 것은 얻을 수 없었다고 단언한다. 그럼에도 불구하고 "병학적 기술"을 포함해 편찬은 무사히 완성했다고 말하고 있는 것이다.

이것은 "넓게 재료를 수집"했지만 병학의 관점에서 도움이 되는 사료는 없었다. 그러나 전사는 써야만 한다. 그래서 사서가 확실하게 말하지 않는 점은 감히 자신의 판단으로 썼다고 고백하고 있는 것과 마찬가지이다. 이 판단의 근거가 되는 것은 무엇인가? 그것은 모무장(某武將)은 전장에서 이러한 심리 상태에 있었음이 틀림없다는 추측이나, 사료를 분석해 서술하는 측이 가지는 바의 전술안이나, 용병 면에서의 지식일 것이다. 우리는 그것들을 기준으로 전투의 각 국면을 적극적으로 재구성했다. 궁극적으로 가와가미가 쓴 문장은 그런 의미가 된다.

전사 서술의 어려움

본래 전투는 변화무쌍한 움직임의 연속이기 때문에 이것을 객관적으로 기록하는 것 자체가 어렵다. 하물며 동시대 사료에 장병의 심리 상태가 기록되어 있기란 바랄 것이 아니다. 구 육군 장교로 육상 자위대 간부 학교 교관이었던 아사노 유고(浅野祐吾)는 "지휘관이 어떤 심경에서 결심하고 명령했는가, 살상 파괴에 의한 정신상의 패닉이 어떤 것인지를 어떻게 파악하는가 하는 문제는 수양서로서의 전사를 쓰는 사람이 가장 고민하는 것이다"라고 하고, 그것은 "역사적 사실과 문학적 허구의 접점에 선 연구의 어려움"이라고 딱 잘라 말하고 있다. 아사노는 과학의 견지에서 전사를 쓰는 것은 걸핏하면 "문학적 허구"로의 유혹에 내몰리는 상당히 위험한 정신적 행위라고 지적했다.

더욱이 『일본전사』 편찬자가 어떤 전투를 연구·분석하는 데 처음에 갖고 있는 전술이나 용병 면에 관한 지식은 당연히 차분한 조사와 연구의 축적 결과 비로소 밝혀지는 전국시대 당시의 그것일 수 없고, 기본적으로 메이지 육군의 전술안과 군사지식에 불과하다. 그리고 군대의 조직, 병사의 징모법, 보급, 전사상자에 대한 보상을 포함한 대응, 그 외의 성격은 근대 국민국가하의 메이지 군대와 전국시대 군대에서는 당연히 전혀 다르다. 메이지 중기라는 시점은 중세에서 전국시대의 사회경제 방면의 학문적 연구 등, 아직 전혀 손이 미치지 않고 있고 여기에 조금이라도 주의를 기울인 흔적은 없다.

『일본전사』는 의고 이야기

결국 "일본전사서언"에서 도출되는 결론은 『일본전사』는 근대 군대의 시선이나 기준으로 전국전사를 썼다는 것이다. 그것은 실제로 전국전사일 수 없고, 갑옷이나 무기만 고풍스러운, 근대 야전에서 유추된 가공의 전사일 것이다. 사업의 총괄 책임자로서 가와가미와 현장의 요코이가 가진 이 테마에 관한 지식 수준과 방향은 같지 않다. 그러나 요코이 자신은 정규 장교 교육을 받지 않았지만 자학자습과 다년간 전사 편찬에 종사하고 육군 특별대 연습 등을 참관하면서 프로의 군인에 필적하는 전술의 지식과 지형에 관한 판단력을 키웠을 것이다.

이런 의미에서 필자는 『일본전사』를 근대 군인의 시점에 의한 의고(擬古) 이야기로 생각한다. 그 배경에는 일본에서 근대사학의 요람시대에 대국관(大局観)을 가진 군사사가 뿌리 내리지 못한 점과 외정 전쟁을 지향하는 군대로의 전환이 진행되는 중에 육군 반주류파를 제압하는 움직임의 일환으로서 군인이 자유로운 병학 연구를 하는 것을 금지한 점, 전사라고 하면 전술과 정신력에 치우친 전투 전사로밖에 이해할 수 없었던 군인세계의 형성이 있었다.

보고 온 듯 거짓말하다

정확하고 구체적인 전투관계의 사료를 얻을 수 없었기 때문에 『일본전사』가 에도시대의 오락 본위로 기록된 군사소설·군담 등에 의지하면서 억지로 가공 전사를 기록한 점은 국민의 역사의식을 왜곡하는 결과가 되어 매우 큰 문제이다. 제3장에서 서술했듯이 나가시노 전투에서 오다(織田)군이 대량의 총을 동원해 삼단 쏘기로 다케다의 기마병을 분쇄했다고 하는, 역사 교과서에도 기재되어 있는 "신전술", 역사의 잘못된 상식을 만든 것은 메이지 36년 간행된 『일본전사 나가시노 전투』였다. 이 외에 오다 노부나가가 오케하자마(桶狭間)의 기습공격에서 이마가와 요시모토(今川義元)의 대군을 격파했다는 상식도 사실과 다른 것으로 밝혀졌다.

나아가 세키가하라의 승패를 결정했다고 하는 고바야카와 히데아키(小早川秀秋)의 배반에 대해서도 "동군"에 붙을까 어쩔까 주저하고 있던 것을 이에야스가 독촉의 총을 쏘아 정오경에 "서군"을 배신했다고 하는데, 최신 연구에서 신뢰할 수 있는 사료에 의하면 이는 전혀 근거가 없다. 고바야카와는 개전과 동시에 배신해 이제 막 포진하려던 이시다 미쓰나리 쪽이 순식간에 붕괴했다는 것이 진상인 것 같고, 점심 무렵까지는 승패가 어느 쪽으로 흘러갈지 알 수 없는 격전이었다는 것은 에도 중기 이후 군사소설 작자의 창작이라고 한다. 또한 『일본전사 세키가하라 전투』에 게재된 양군의 포진도는 에도시대에 그려진 어떤 포진도와도 비슷하지 않고, 참모본부가 독자적으로 만든 것이 아닌가 생각된다.

전사가 전쟁을 그르치다

더욱 심각한 문제는 근대 군인에 의한 군 입장에서 가공 전사의 탄생이, 근대의 지도적 군인의 사고와 지향을 옭아매어 사실과 동떨어진 "전훈(戰訓)"을 근거로 현실의 전쟁을 구상시켜 실제 실행한다는 우를 범하게 했을지도 모르는 것이다. 저명한 예이지만, 미일 개전 필지(必至)의 상황에서 하와이 진주만 기습의 필요를 주장한 연합함대 사령관 야마모토 이소로쿠(山本五十六)는 해군대신 시마다 시게타로(嶋田繁太郎)에게 보낸 쇼와(昭和) 16년(1941년) 10월 24일자 서한에서 "결국 오케하자마와 히요도리코에(ひよどり越え)와 가와나카지마의 병력을 합쳐서 공격하자는, 어쩔 수 없는 처지에 몰린 셈이다"라고 자기 입

장을 설명하고 있다. 주지하듯이 제국의 육해군은 기습을 다용했지만 실제로는 전리(戰理)에 맞지 않았기 때문에 정보수집, 색적(索敵)과 방어 수단이 뛰어난 미군에게 대부분 사전에 발각되어 참혹한 패배로 끝났다.

나라의 명예를 실추하지 마라

게다가 가와가미 소로쿠가 메이지 32년에 사망한 후 공간(公刊) 청일전사의 편찬은 참모본부 제4부장인 오시마 겐이치(大島健一)에게 넘어갔다. 오시마는 비판적 연구를 부정하고 군의 위신 보지(保持)를 중시하는 등 가와가미의 편수 방침을 변경했다고 한다. 전사를 중시한 몰트케도 이 점에서는 예외가 아니어서 "우리 군의 승리를 위해서 공헌한 이들에 대해서는 그 명예를 훼손해서 안 된다. 이것은 국민의 의무이다"라는 전사 편찬의 훈령을 내고 있다. 그 결과 몰트케의 프로이센-프랑스 전사에는 오류나 은닉이 많고 자계해야 할 전훈을 빛나는 승리의 그늘에 숨겼다고 평가된다.

한편 요코이도 그의 추도 문집인 『고쇼슈(孔昭集)』에 "세상의 학자가 왕왕 국가의 수치를 그대로 옮겨 쓰고 자랑스러운 얼굴을 하는 자를 보고" 개탄해 "충과 효는 별개의 것이 아니다. 국민의 군주에 대한 관계는 자식의 어버이에 대한 관계와 같은 것이다. 지금 학자가 나라의 수치를 그대로 쓰는 것은 자식으로서 친부의 악을 알리는 것과 같다. 그보다 큰 죄는 없다. 참으로 개탄스러운 일이다"라고 말하는 인물이었다.

이런 의식의 주인이었기 때문에 전사를 쓸 때 일본인의 "상무(尙武)의 기풍"이나 장사(將士)의 무용에 관한 부정적 사실이 과소하게 다뤄지거나 묵살 되거나 하는 사태가 가능했다고 상상된다. 전쟁을 서술하는 데 비판적인 견지를 포기하거나 국가의 위신이나 지도적 군인의 명예를 우선하는 전사는 결국 가공의 역사로 빠지지 않을 수 없고 현실의 전쟁 지도에서도 유해무익하다.

4. 근대 무사도의 등장

니토베의 『무사도』

근대가 되어 무사 신분이 철폐되자 무사도는 잊어버린 것이 되었다. 그러나 곧 숨을 되돌려 새로운 내용으로 다시 제기된다. "요미우리 신문"[메이지 7년(1874년) 창간] 기사 일람에서 무사도라는 용어를 검색해보면, 최초로 나오는 것이 메이지 18년이고 그 후 20세기 직전부터 단숨에 사람들의 관심을 모았던 것을 알 수 있다. 무사도에 관한 이 시기의 대표적 작품은 니토베 이나조(新渡戸稲造)의 『무사도, 일본의 혼(Bushido, the Soul of Japan)』이다. 니토베는 농업경제학자, 후에는 교육자, 또 국제연맹 사무국 차장 등 국제적으로도 활약했다.

이 책은 1900년 미국에서 먼저 출판되었다. 내용은 "도덕체계로서의 무사도", "무사도의 연원", "의", "용(勇)·감위견인(敢為堅忍)의 정신", "인·측은의 마음", "예(禮)", "성(誠)", "명예", "충의", "무사의 교육 및 훈련", "극기", "자살 및 복수의 제도", "칼·무사의 혼", "여성의 교육 및 지위", "무사도의 감화", "무사도는 아직 살아 있는가", "무사도의 장래" 등 전 17장으로 구성되는데, 무사도는 오로지 "무인 계급의 신분에 따르는 의무", 무사의 도덕체계로서 이야기된다(矢内原忠雄譯). 니토베의 영문 저작은 구미인의 무사에 대한 호기심에 상응해 더 많은 언어로 번역된다. 8년 후에는 사쿠라이 오손(桜井鷗村)이 일본어로 번역해 판을 거듭했다. 이 책은 유럽의 역사·문학을 통해 인증하면서 무사도를 해명하고 있기에 서구와 일본의 비교문화론인 것처럼 보인다.

그러나 그 덕목은 사도에 다소 닮아 있기는 하나, 근세에 존재한 사도·무사도와는 전혀 다른 것이다. 애초에 그는 일본의 역사나 문화를 잘 알지 못했다. 『하가쿠레』를 읽은 흔적도 없다. 무엇보다도 『하가쿠레』는 아직 세상에 알려지지도 않았기 때문이다. 니토베가 주장하는 무사도는 부분적인 사실이나 습관, 논리·도덕의 단편을 쓸어 모아 머릿속에 있는 "무사"상을 부풀려 만들어낸 일종의 창작이다. 게다가 전투에서 멀어진, 이제는 무사와는 별로 관계도 없이 일반 도덕화하고 있다.

무사도의 가죽을 쓴 기독교

니토베는 무사도가 서양의 기사도에 흡사하다고 하는데, 그의 무사도가 기사도로부터의 유추로 만들어진 것이기 때문에 당연할 것이다. 니토베의 무사도론은 무사도의 덕목을 "의"에서 시작하고 있는데 그것도 기독교의 "의(신 앞에서 인간의 올바름, 인간과 신의 올바른 관계성)의 길"과 겹칠 필요가 있었기 때문이다. 무사도를 기사도나 기독교와 겹쳐서 설명하는 방식은 안팎으로 일본인이 서양인에 필적하는 우수한 문명 민족이라고 생각하게 만드는 효과가 있다. 이 점에서 구미를 따라잡아 뛰어넘는 것을 목표로 한 근대 일본 지식인의 멘탈리티와 감춰진 콤플렉스를 읽어낼 수도 있을 것이다.

니토베는 성실한 퀘이커교도로, 퀘이커의 만인에 내재하는 빛을 향한 묵상의 입장이 우주 생명과의 일체화를 말하는 동양사상에 통한다고 생각했다. 그래서 기사도와의 유추로 파악한 무사도를 일본의 좋은 정신적 전통으로 삼고 그것을 육성하는 것으로서 기독교를 위치지어 동서 문명교류의 방법을 생각했다. 니토베의 무사도론이 "무사도의 가죽을 쓴 기독교"(菅野覺明)인 것은 구미인을 향한 미태(媚態)임과 함께 기독교가 충군애국에 반대된다는 일본 국가주의자들의 공격에 대처하는 방편이었다. 그에게 기독교는 무사도와 결코 모순되지 않는다.

이 책의 간행 시기는 일본이 반서구화주의를 거쳐 청일전쟁의 내셔널리즘이 발흥하는 시대이며 호전적 풍조가 넘치는 시대였다. 일본어역이 나온 러일전쟁 이후에는 국내외에서 일본이 청나라나 러시아에 승리한 이유를 알기 위한 서책으로 읽혔다. 일본이 갑자기 크게 보이기 시작한 이 시대 배경이야말로 이 책의 내용에 일종의 진실감을 주었고, 외국인에게는 "일본인"을 이해시키고 일본인에게는 자신들의 긍지를 만족시키는 역할을 한 것이다.

충군애국과 무사도

그런데 니토베의 저작과는 다른 방향에서 근대 무사도의 융성을 추적할 수 있다. 그리고 이쪽이 단연코 주류였다. 대원수인 천황을 받드는 권위주의 체제 국가였던 근대 일본은 대외 팽창을 위해 끊임없이 전쟁을 반복했다. 군인의 본분은 천황에게 충절을 다하는 데 있다고 한 군인 칙유(1882년)나, 국민의 도덕의 근본인 충은 효 이하의 모든 덕목과 일치한다고 주장한 교육칙어(1890년) 등이 군대·학교를 통해 교육되어 국민에게 충군애국, 진충보국의 사상이 확대되어간다.

그 과정에서 후기 미토가쿠를 견지하는 역사가 나이토 치소(內藤耻叟)가 "지금의 군인은, 즉 옛날의 무사이다"라고 말했듯이, 군인과 무사는 동일시되었다. 여기서는 "충"처럼 본래 주군인 봉건 군주와의 사적 관계였던 것이 국가와 전 군인·전 국민의 공적 관계로 치환되고, 게다가 천황에 대한 심정적 일체화의 끈으로 이용되었다. 무사도의 희생(捨身)이나 죽음의 각오의 강조도 국가나 천황을 위한 멸사봉공과 전사의 미화로 이용된 것이다.

러일전쟁의 전훈은 살리지 못하고

특히 문제로 삼고 싶은 것은 러일전쟁 승리 후 군사사상의 한 경향이다. 이 전쟁이 신승(辛勝)이라 할지라도 승리로 끝날 수 있었던 요인은, 일본의 육해군이 전함 미카사(三笠)로 상징되듯이 세계에서도 최신의 편성과 장비로 싸웠기 때문이다. 예를 들면 여순요새(旅順要塞) 공격에서 러시아군은 일본에 없었던 기관총을 사용했기 때문에 큰 손상이 나왔다는 설이 있지만 이것은 전혀 근거 없는 낭설이다. 일본은 개전 전에 이미 프랑스의 공랭식(空冷式)·호치키스식 기관총을 라이센스 생산하고 있었기 때문에 남산(南山) 전투에서도 봉천(현 선양) 회전에서도 러시아군의 5배 가량의 기관총을 투입할 수 있었다. 여순공략전(그림 5-1)의 희생이 컸던 것은 근대 요새 공격의 어려움과 노기 마레스케(乃木希典)가 지휘하는 제3군의 졸렬한 전투 방법 양쪽에 원인이 있다.

그림 5-1 여순요새(旅順要塞) 북쪽 보루의 콘크리트 참호(저자 촬영)

러일전쟁은 두 사회 모두 전근대적인 고풍을 남기면서도 둔중한 러시아에 민첩한 신흥 일본이 승리한 것이다. 따라서 전훈을 바탕으로 전법이나 교육훈련 법식을 재검토한다면 이제까지 이상의 화력·기동력의 충실, 병기의 개선, 기계화, 고속화, 병참의 정비, 각 병종을 연계한 공동 작전의 강화, 전투 지휘의 합리화 등에 착수해야만 했다. 그러나 군부는 이것들에 정면으로 대응하려고 하지 않는다. 아직 유약한 일본의 국력과 공업력이 현대 전쟁의 거대한 소모를 감당할 수 없다고 생각한 측면도 있다. 그 결과 "승패의 최대 원인은 이것을 피아 군인정신의 우열로 돌리지 않을 수 없다"(『偕行社記事』 메이지 39년 11월, 제351호)라고 하고 이후 군대교육에서 "정신교육"의 필요, 장교에게 무사도를 고취하는 필요를 역설하게 되었다. 전장에서의 결사적 용감함으로 말하면 오히려 러시아군이 이기고 있었기 때문이기도 하다.

정신주의의 강조

세계 최대의 육군국 러시아에 승리했다는 자부심과 고양감이 화가 되어,

전쟁 후에 전범령[典範令: 군률(軍律)·훈계(訓戒)를 비롯한 군의 교과서]이 서구형에서 일본형으로 개정되어가고, 일본 군대의 독특한 도덕이나 이데올로기가 체계적으로 나타나고, 정신주의가 온갖 부분에서 강조되고, 전투에서 공격정신을 강조하고 그 기초로서 "신명을 군국에 바쳐 지성으로 윗사람에게 복종하고 그 명령을 굳게 지킴으로써 제2의 천성을 이루게 하는" 것이 요구되고, 교육훈련도 이 목적에 맞추어, 특히 "정신교육"을 중시하게 되었다. 그리고 장교·병사교육에서 무사도와 공격정신에 적극적으로 연관된 것이 검술이라고 이야기된다.

백병전투의 실태

총검·도검전투를 백병전이라고 한다. 러일전쟁 후에 전투의 주병인 보병전법의 중심에 놓인 백병전투의 위력은 러일전쟁에서 실제로는 어느 정도였을까? 총검은 돌격 또는 접전의 경우 소총의 앞에 붙여서 적을 찌를 때 사용하는 단검이지만, 착검한 소총을 들고 돌격하는 총검돌격은 오히려 러시아군의 특기였다.

프랑스 관전무관에 의하면, 러시아 측은 소총사격에 대해 신뢰가 적고 병졸에게 항상 "탄환은 어리석고 총검은 지혜롭다"라고 훈시했다고 한다. 또 독일 관전무관은 "일본 병사는 아직 이것(러시아군의 총검돌격)에 저항한 일 없이 완전히 방관하며 퇴각했다. 일본군은 총검 사용을 열심히 연습한 후 전쟁 말기에 이르러 비로소 총검을 들고 러시아병과 싸우려고 했지만 언제나 대패를 면할 수 없었다"(『偕行社記事』 메이지 40년 5월, 제361호)라고 보고하고 있다. 제3장에서 설명했듯이 전국시대 이전에 백병의 싸움은 궁시의 싸움만큼 중시되지 않았고, 근세는 전쟁이 없는 평화로운 시대였다. 일본 병사가 잘 못하는 전법이었다는 관찰은 충분히 납득할 수 있다. 그러므로 전후 특별히 백병전투와 공격정신의 중요성을 강조할 필요가 있었던 것이다.

또한 격투전투가 백병전이라고 생각하지만, 오오에 시노부(大江志乃夫)에 의하면 러일전쟁에서 격투전의 무기로 사용된 것은 백병 외에 수류탄, 착검총의 어림짐작 사격, 총을 거꾸로 들고 총대를 사용한 타격, 투석전 등이었다. 게다가 전투 사상자에서 점하는 비율 중 백병에 의한 창상(創傷)의 비율은 소수이고 또 경상이었다. 주요 전투에서 부상 종류별로 보면 야전·요새전 모두 전투가 거듭될수록 격투전투가 차지하는 비중이 커지는 경향이 있다. 러일전쟁은 전투의 승패를 결정하는 것이 격투전투였음을 입증했지만 백병의 비중은 격투전투 비중의 크기에 반비례해서 급속히 저하하고 있다. 수류탄의 효과는 절대적이었다. 그러나 아직 급조·유치하고 돌격병기로서 기술적으로 확립되지 않았다. 그래서 결국 가장 원시적인 투석전이나 총대에 의한 구타 등이 유효성을 발휘한 사실이 밝혀져 있다.

38식 보병총과 총검

러일전쟁 후 육군은 백병 숭배를 강화하고 백병주의 원칙을 확립하여 아시아·태평양 전쟁의 패전까지 이 원칙을 바꾸려고 하지 않았다. 그 상징이 38식 보병총과 30년식 총검이었다. 38식 보병총은 러일전쟁에서 사용된 30년식 보병총을 개량해서 전후 채용된, 육군에서 가장 오래 사용된 소총이다. 구경 6.5mm, 전장 128cm, 중량 3.9kg, 최대 사정거리 2400m로, 볼트를 전후로 움직여 총탄을 한 발씩 약실에 밀어 넣어, 발사 후 빈 탄피를 밖으로 배출하는 5연발총이다.

지금은 구식 병기의 대명사처럼 불리지만 채용 당시는 세계 최고의 성능으로 수동식 소총으로서는 개량의 여지가 없다고 했다. 38식의 끝에 착검하는 총검이, 속칭 고보(ゴボウ, 우엉) 검이라 불린 30년식 총검이다. 구미의 총검은 찌르기 전용이었기 때문에 양날이지만 일본의 총검은 직도 외날의 칼이고 길이도 각국 표준보다 긴 52cm로, 38식 보병총에 착검한 경우 전장은 1.666m,

중량은 4.39kg으로 키 작은 일본 병사에게는 몸보다 길었다.

38식 보병총 자체도 일본 병사에게는 너무 길다는 점이 문제였지만, 총검과 더불어 구미인에 비해 팔이 짧은 것을 보완하는 일이 강구되었다. 양날 검이 아니라 외날 검으로 한 것은 찌르기만이 아니라 언월도(薙刀)로 베는 데도 쓰고, 또 단독으로 소도로도 쓸 수 있다는 요구를 만족시키기 위해서이다. 무사의 혼으로서 도검을 애호하는 "민족성"을 나타낸 무기라고 말하지만, 실제로는 길이를 살린 찌르기 기술이 중요시되었다.

사벨에서 군도로

비슷한 이야기인데 메이지 육군은 서양식을 모델로 육성했기 때문에 장교가 패용하는 칼은 메이지 8년의 태정관포고(太政官布告)에서 외장(外裝)·도신(刀身) 모두 사벨(sabel)로 했다. 그런데 외장은 사벨 양식을 답습하면서도 도신을 일본도로 많이 변경해 허리에 차게 된다. 구미의 군도(軍刀) 용법은 베기보다 찌르는 데 있고, 선단이 양날의 검이 되거나 자루가 한손잡이식이 되었지만, 일본도를 적용한 사벨은 베기 전용의 외날로 자루도 양손잡이로 바뀌고 못을 사용하는 등 화양(和洋) 절충이 되었다.

제1차 세계대전에서는 과학기술을 이용한 대량 실육병기의 발전이 눈에 띄었고 격투전의 시대는 끝이 난다. 제1차 세계대전에서 그 후에 걸쳐 각국에서는 야전에서의 군도 사용뿐만 아니라 상근 시 패용까지도 폐지하는 경향이 있었다. 그러나 백병전 효과를 신앙하는 일본군은 군도를 폐하지 않았다. 그러기는커녕 쇼와 9년(1934년)에는 육군이, 쇼와 12년에는 해군이, 당시까지의 서양식 사벨형 외장을 폐지하고 일본 고래의 칼을 모델로 한 외장을 제정한다. 그 실용성에 대해서는 제3장에서 이미 소개했다.

중일전쟁 이후에는 일본도에서 특별한 정신적 부가가치를 찾는 풍조가 한층 격렬해졌다. 전함의 함상 등에서 촬영된 사령관과 관료의 집단 사진에서도 전원이 군도를 차고 있다. 강철제 일본도는 군함의 자기(磁気) 나침반을 틀어지게까지 하므로 해상 전투에서 도움이 되는 것이 없다. 또 전투기 파일럿 조종석에 오를 때 검을 휴대하고 찍은 사진이 있다. 이것은 촬영자가 용사를 표현하는 소도구로서 휴대하도록 요구했기 때문인 것 같은데 더욱 난센스이다. 일본도가 실용의 영역을 넘어 주물숭배의 대상이 된 극치를 보여준다. 일본 군인은 정신에서 무사의 포로가 되었다.

5. 무도·무사도·야마토다마시

무술에서 무도로

학교 교육에서 무사도는 어떻게 되었을까? 이에 대해 많은 사례가 지적되고 있는데 여기서는 무도라는 면에서 보기로 하자. 근세에는 전국시대 이전과 달리 무도는 윤리사상 그 자체이고, 칼이나 창의 기술로서의 무술·무예와는 확실히 구별되어 무사도와 같은 것이었다. 검도도 메이지 시대에는 일반적으로 에도시대 이래의 격검(撃劍)이라고 불리고 있었다.

근대에 "무도"라는 말이 사용되기 시작한 것은 메이지 20년부터이다. 예를 들면 구마모토 사네미치(隈元実道)가 쓴 『무도교범(武道教範)』(1895년)에서는 무도를 검술과 무사도 사상을 포괄한 의미로 사용하고 있다. 구마모토는 서남전쟁의 다바루자카(田原坂: 현 구마모토시 기타구) 전투에 발도대(抜刀隊)를 이끌고 적진에 돌입하여 용맹을 떨친 육군 헌병대위이다. 이 책은 그가 청일전쟁 중에 집필한 것이다. 한손잡이 칼(사벨 형식)이었던 당시의 군도를 양손을 써서 다루는 기법으로 제창한 것도 구마모토이다.

메이지 30년대, 국가주의적 사상이 강화됨과 더불어 무사도 부활의 목소리가 커져 국민도덕의 함양, 충성이나 무용을 존중하는 군인의 교육으로서 무사도·무술·천황 중심 사관을 섞은 국기로서의 무도가 강조되기 시작된다. 그래서 대일본무덕회(大日本武德會)가 창립(1895년)되고, 무술교원양성소가 설립되고, 곧 무도전문학교(武道專門學校)로 개칭(1919년)되는 등, 무술은 무도로서 점차 윤리성을 띠어간다.

메이지 31년(1898년)에는 격검과 유술이 중학교 과외에 한해 허가되고, 메이지 44년에는 중학교령 시행규칙 개정으로 체조의 정규수업 실시가 인정되었다. 다이쇼 2년(1913년)에는, 학교체조 교수요목이 제정되어 구제중학교와 남자사범학교의 체조과 교재로 정해지고, 쇼와 원년(1926년)에는 명칭이 검도와 유도로 개칭된다. 그리고 만주사변이 발생한 쇼와 6년에는 이들이 필수화되어 질실강건한 국민정신의 함양과 심신단련이 주안점이 되었다. 나아가 쇼와 14년에는 소학교 5, 6학년과 고등과 남아에게 무도(유도·검도)를 과(課)하고, 쇼와 16년에는 국민학교 체동과 무도로서 더욱 중시되었다.

총검도나 언월도도

쇼와 15년에는 총검술의 명칭이 총검도로 변경되고 중학교 등 학교 교육(군사교련)에도 채용된다. 그 이전인 쇼와 11년에는 여학교나 여자사범학교의 교재에 궁도나 언월도가 추가되었다. 그 사이 쇼와 13년의 제24회 고시엔(甲子園) 전국 중등학교 우승 야구대회(고교야구선수권) 개회식에서는 동해지역 제일 투수로 불린 가케가와 중학의 무라마쓰 유키오(村松幸雄) 주장이 "우리는 무사도 정신을 본받아 정정당당히 시합"한다고, 선수 선서를 읽자, 출장 선수가 일제히 따라 읽는 장면이 있었다. 무라마쓰는 그 후 프로야구 나고야군(名古屋軍: 현 주니치드래곤즈)에 입단했는데 쇼와 17년에 소집되어, 쇼와 19년 24세의 나이로 괌섬에서 전사한다.

제2차 세계대전 후에 무도는 국가주의적·군국주의적 성격을 갖는 교과 내용이라 수업이 중지되었지만, 곧 스모, 유도, 검도로 점차 부활해 작년(2017년)

에는 2021년 실시되는 중학교의 신 학습지도 요령 보건체육의 본문에 무도 9종목의 선택지로서 새로 총검도가 명기되었다. 또 언월도도 히라가나 표기로 "なぎなた(나기나타)"라고 해서 2008년 개정된 중학교 학습지도 요령에 "지역이나 학교의 실태에 응해 나기나타 등 그 외의 무도에 대해서도 이수하게 할 수 있다"라고 하여 부활했다.

살아서 포로의 치욕을 받지 않는다

보신전쟁(戊辰戰爭)의 최후에 하코다테 전쟁(箱館戰爭)의 패장인 에노모토 다케아키(榎本武揚)는 자결을 결심했지만 관군의 설득으로 투항하고, 출옥해서는 외교계에서 활약하여 메이지 후반에 대신을 역임했다. 미시마 유키오의 조부인 나가이 나오유키를 비롯한 많은 간부들도 수년 후 사면되어 신정부의 요직에 등용되었다. 근대국가 건설에는 인재를 모을 필요가 있었기 때문이다.

일본에서 포로를 치욕으로 단정하게 되는 것은 러일전쟁 후이다. 군 당국이 훈장을 수여한 생환 포로를 고향 사람들이 백안시하고 따돌리는 예도 있었다. 그러나 이것이 본격화한 것은 역시 중일전쟁 이후이다. 전쟁이 시작되었을 때 일본은 선전포고를 하지 않고 "지나사변(支那事變)"이라 부르면서[쇼와 12년(1937년) 각의 결정] 국제법상 전쟁에는 해당하지 않는다고 했다. 전쟁 상태라고 인정된 국가에 대해서 병기나 군용기재, 일반 물자의 수입을 금지·제한하거나 금융상 거래제한을 하는 미국 중립법의 적용을 받는 것이 싫었기 때문이다. 중국 측도 같은 동기로 선전포고를 하지 않았다.

전쟁이 아니기 때문에 포로는 공식적으로 존재하지 않는 것이 되어 보호해야 할 적의 포로에게 처형 등의 불법행위를 가했다. 역으로 아군이 포로가 되는 것은 적전도망(敵前逃亡)으로 단정해서 군인 최대의 불명예로 간주된다. 그 극치가 쇼와 16년 1월 도조 히데키 육상(陸相)이 전 육군에게 시달한 독전을 위한 훈계이고 "전진훈(戰陣訓)"이라고 불린다. 중일전쟁이 헤어날 수 없는 늪

이 되어버리자 중국 전선에서 일본군 장병의 사기는 전쟁 종결의 희망이 없는 채 저하하여 군기의 문란이 현저해진 것이 작성 동기이다.

"전진훈"은 서론과 3부의 본론으로 구성되는데 필승의 신념, 복종심, 사생관, 명예를 중시한다 등 『하가쿠레』 무사도의 정신에 가까운 내용으로, 군인 칙유의 "전장판"이라고도 불린다. 특히 "본훈 제2"의 "제8 명예를 중시한다"의 일부, "살아서 포로의 수치를 받지 말고, 죽어서 죄화(罪禍)의 오명을 남기지 말라"는 부분이 절대시되어 부상해서 움직일 수 없어 본의 아니게 포로가 된 장병은 귀환 후 자결을 강요당했다. 전진훈 그 자체가 전군에 침투한 것은 똑같지는 않았다고도 하지만 포로의 금지, 전사의 강요 자체는 확립되어 아시아·태평양 전쟁 말기에는 각지에서 일본군의 무의미하고 비참한 옥쇄를 불러일으키는 결과가 되었다.

패전 후 73년이 지나 정부 여당에 의해 집단적 자위권 행사를 인정하는 안전보장법안의 성립이 강행되고, 나아가 일본국헌법 9조의 개정에 그것 또는 그 이상의 내용이 포함되려는 정치 상황 속에서, 무사도가 국민도덕이나 일본인의 정신적인 배경인 것처럼 말하는 목소리가 있다. 필자는 반대이다. 근세의 무사도는 무사사회 내의, 게다가 일부에서만 통용하는, 보편성을 가지지 않는 사상이며, 근대의 무사도는 에릭 홉스봄 등이 말하는 "만들어진 전통"이었기 때문이다. 또한 그것은 내일본제국의 시대에서조차 모든 시기 모든 일본인을 구속하는 것이었다고 생각하기 어렵다.

야마토다마시

지금까지 서술해온 점은, 전전에 무사도와 함께 주창된 "야마토다마시(大和魂)"에서도 마찬가지이다. 이 말이 처음 나타나는 것은 11세기 초기의 "겐지모노가타리"로 한재(漢才)에 화혼(和魂), 즉 학문상의 지식에 대해 선천적으로 갖춰진 재치, 세상살이의 재능, 현실 생활상의 사려분별 등의 의미이다. 그 후

약간의 저작을 제외하고 "야마토다마시"라는 말에 관심이 쏟아지는 일은 없었다. 근세도 반을 지난 무렵 가모노 마부치(賀茂真淵)나 모토오리 노리나가(本居宣長)에 의해 다시 "야마토다마시(야마토고코로)"가 다루어지게 된다. 그것은 노리나가에게는 한재에 대립하는 개념이고, 태어나면서부터 생긴 진심, 무슨 일에도 흐려지지 않는 눈을 갖고 진실을 꿰뚫어보는 심안과 같은 것이었다. 유명한 "시키시마(敷島)의 야마토고코로(大和心), 사람이 물으면 아침해에 풍기는 산벚꽃"이라는 노래도, "신고킨와카슈"의 "아침 햇살 그림자에 풍기는 산벚꽃, 무정하게 녹아버린 눈인가 보다"(藤原有家)를 본가(本歌)로 한다. 노리나가는 우아하고 거짓 없다고 생각한 일본인의 심정을 난만하게 향기를 풍기며 피어나는 산벚나무의 꽃으로 나타내려 했다.

그런데 19세기 초 무렵이 되면, 교쿠테이 바킨(曲亭馬琴)이 "춘설궁장월(椿說弓張月)"에서 스토쿠(崇德) 상황의 원령에게 "피할 도리가 없는 일로 곧바로 죽는 것은, 야마토(일본) 다마시이지만, 대개는 사려 깊지 못한 일로 따라 하지 않는 과오이다"라고 말하게 한다. "야마토다마시"에는 목숨을 아까워하지 않는 정신이라는 의미가 포함되어 있지만, 그것은 얕은 생각이고 배우지 못한 사람이 하는 것이라는 부정적인 측면이 강조되고 있다.

이윽고 막부 말의 존왕양이론의 융성에 따라 "야마토고코로"는 용감하고 깨끗한 것으로 인식되어간다. 메이지 시대가 되면 "꽃은 벚꽃, 사람은 무사"라는 속담의 유포와 더불어 무사도와 결부되게 되었다.

시키시마 노래 자체도 벚꽃이 떨어지는 깨끗함을 강조해서 해석되게 된다. 그것이 오독이라는 지적은 전전부터 있었지만, "야마토고코로"나 "야마토다마시"를 1930년대 이래 급격히 고조된 "일본정신"과 동일물로 보는 해석에는 의심의 여지가 없었다.

이렇게 해서 1945년 패전에 이르는 사이 일본 국민은 "야마토다마시"라고 하면 일본 민족 고유의 정신, 천황제 국가를 지탱하는 정치사상의 근저를 이루는 것으로 교육되었다. 전장에서는 무사도를 기준으로 용맹하게 싸우고 깨끗하게 죽으라고 교육되고, 지상의 정신 가치로 간주되었다.

당연하지만 무사도는 전후 일본에서 또다시 잊힌 사상이 되었다. 필자 세대의 대다수에게는 전쟁 포기와 주권재민, 민주주의를 외치는 일본국헌법이 정신적 기둥이다. 젊은 각 세대 사이에서는 한편으로는 편향된 내셔널리즘, 다른 한편으로는 탈정치, 비상승 지향의 각종 가치관이 생겨나고 있다. 그리고 필자는 무사도나 "야마토다마시"에 한정되지 않고 일본사 전체를 통해서 일본인 전체의 정신적 지주가 되어온 사상이나 윤리를 상상할 수 없다.

애초에 인구가 많고 계급·계층에 의한 이해 대립이 노출된 고도로 발전한 사회에서는 특정의 계층·집단·세대나 어느 한정된 시기에만 통용할 만한 가치관밖에는 존재할 수 없다. 전 시대를 관통해 전 사회에 공유되는 가치관이 존재한다는 것은 국민국가가 만들어낸 환상이며 국가 지배층이나 그것에 추수하는 이데올로기 집단이 그러면 좋겠다고 생각하는 소망 이상이 될 수 없다. 결국 근세의 무사도도 근대의 무사도도 그러한 사례의 하나에 불과한 것이다.

종장

일본은 "무국(武國)"인가

1. 무국의식의 성립

일본은 궁전이 엄격한 나라

덴쇼 20년(1592년) 6월, 도요토미 히데요시는 부산에 상륙하여 서울을 함락하고 부하 다이묘들에게 명나라를 징벌하기 위한 군세를 배치할 것을 명하며 다음과 같이 말했다. "일본같이 활과 화살이 엄격한 나라"에서조차 500기·1000기의 적은 세력을 가지고 국내 평정에 성공했다. 이번에는 도합 13만 명이라는 큰 세력으로 "대명(大明)의 장수국(長袖國)"을 공격한 것이기 때문에 조금도 걱정하지 않는다. 또는 "처녀와 같은 대 명나라"를 치는 것은 "산이 달걀을 누르는 것같이" 쉽다.

"일본같이 활과 화살이 엄격한 나라"와 "대명의 장수국"은 그가 좋아한 대조이다. 장수란 긴 소매의 옷을 입은 사람, 즉 귀족이나 승려를 칭한다. 무인이 아닌 문인이 지배하는 나라라는 정도의 의미로, 게다가 문맥에서 드러나듯이 그것을 모멸하는 말투이다. 미천한 신분에서 입신해 군사력으로 천하를 통일한 히데요시에게는 자연스러운 피아 인식일 것이다.

무국 인식은 언제 발생했는가

자국을 이렇게 "무국"이라고 인식(認識)하는 의식은 언제 어떻게 성립한 것일까? 사에키 신이치는 고대 일본인의 자기의식에 관한 종래의 연구가, 신국사상을 중심으로 하면서 불교적 세계관에 의해 일본을 "속산변지[粟散辺地: 좁쌀같이 산재하는 다수의 소국 중 하나로 불국토에서 떨어진 변비(邊鄙)한 곳에 있는 나라]"라고 비하하는 의식과 불가분의 것이었다고 정리한다. 그리고 이 구도에 일본인은 "무"에 뛰어나다는 언설이 더해지는 최초가 12세기 말 후지와라노 사다이에(藤原定家)의 『마쓰라노미야 모노가타리(松浦宮物語)』라는 사실을 밝혀냈다. 이것은 당나라에 건너간 다치바나노우지타다(橘氏忠)라는 인물의 이국에서의 활약과 사랑을 그린 공상 이야기로, 그의 활약의 중심은 연왕(燕王)의 반란에 고민하는 당나라 황제를 도와서 반란군을 진압하는 데 있다. 거기서 작자는 황제에게 "일본은 무사의 나라로서, 국토는 작지만 신이 강하게 수호하시고 사람들도 현명하다고 들었습니다"라고 말하게 한다. 사에키는 이야기의 전투 묘사에는 이 작품이 써진 직전의 헤이안 말기의 내란(겐페이의 내란)에 관한 정보가 반영되어 있다고 한다.

다음으로 조큐 3년경까지 성립했던 "우지슈이모노가타리(宇治拾遺物語)"의 제155화는 헤이안 말기 주군에게 죽을 뻔해지자 신라로 도망간 이키카미 무네유키(壱岐守宗行)의 가신이 "호랑이 퇴치"를 성공시키는 이야기이다. 그 성공을 알게 된 신라인들이 "무의 도에서는 일본인을 당해낼 수 없다. 그러므로 더욱 뛰어나고 무서운 나라이다"라고 두려워했다고 한다. 또한 제156화에도 아들이 호랑이에게 잡아먹힌 견당사(遣唐使)가 호랑이를 죽여 아들의 유골을 되찾아 중국인으로부터 "역시 일본이라는 나라는 무에서는 비교할 수가 없는 나라다"라고 평가되었다고 써 있다.

“무의 도”는 본래 구체적인 전투에 관한 능력을 의미했다. 제155화의 경우도 조선인은 짧은 화살을 독화살로 사용했기 때문에 그 즉시 적을 쓰러뜨릴 수 없지만 일본인은 자신의 목숨을 아까워하지 않고 큰 화살로 쏘기 때문에 바로 적을 쓰러뜨리는 것이라고 말하고 있다. 일본 활이 대륙의 단궁보다 위력이 크다는 인식은 『마쓰라노미야 모노가타리』에도 보이고 사에키는 전장에서 얼마나 “큰 화살”을 쏠 수 있는가를 경쟁했던 일본인이 대륙이나 조선에서 쓰는 화살이 일본 것보다 짧다는 점을 간파했을 때 일본의 “무”의 우위를 의식했을 것이라고 한다.

전국시대에 들어와서

동시에 사에키는 그것은 아직 궁시라는 무기의 비교, 직업적인 무사의 용감함에 대한 소박한 실감을 계기로 한 맹아 단계의 의식에 그치고, 전대 이래의 자기인식은 몽고습래(蒙古襲来)에 의해서도 근본적으로는 변화하지 않았다고 한다. 즉, 가마쿠라 시대까지의 일본은 필자가 제3장에서 말했듯이 의식적으로 “무”를 기피 하는 일은 없었지만 그렇다고 해서 용기 내어 그것을 무조건 긍정하는 사회도 아니었다. 『헤이케 이야기』나 『다이헤이키』와 같은 군사소설도 무사가 무사를 위해 만든 작품이 아니다. 무력에 의해 정치를 긍정하고 있는 것도 아니다. 그러나 몽고습래 무렵부터 자국 우월의식의 고조와 함께 일본의 “무”를 평가하는 언설도 증가하고 15세기경부터는 무사 자신의 시점에서 “문”에 대한 “무”의 입장을 강렬하게 주장하는 『요시사다키(義貞記)』와 같은 텍스트가 만들어진다. 이 책은 15세기 전반 무렵에 성립했다.

사에키는 이어서 16세기에는 전투의 반복과 “무”에 의한 통치의 실현으로 “무”에 뛰어난 국가로서의 자기상이 형성되고, 그것은 히데요시의 조선 침략과 맞물려 표면화된다고 말한다. 이 의식은 근세에 이론화되어 “무국”으로서의 자화상이 확립된다. 헤이안 말·가마쿠라 시대에는 “직접적인 폭력 및 그 위력"이라는 의미였던 "무위(武威)"라는 용어도, "무가(막부)를 주체로 하는 정치의식·국가의식"을 나타내는 것으로 정착한다. 또 "무"는 외래문화에 대한 일본 본래의 정신으로 위치되었다고도 평가되고 내셔널리즘과 결부해서 다양하게 발전하면서 서민에게도 침투했다. 이런 "무국"상은 근대로 계승되어 "군국" 일본을 지탱하는 역사관이 되었다고도 한다. 일본 문학의 연구자답게 폭넓게 작품을 살피고, 정치한 독서에 따른 논리로 여겨 대체로 지지할 수 있을 것이다.

뒤처지는 것은 당연

이러한 "무국" 의식 확립이 의외로 뒤처지고 저조하다는 것은, 12세기 말 이미 가마쿠라 막부라는 무가정권이 성립해 무사의 시대가 시작되었다는 현대 일본인의 상식과는 매우 차이가 난다. 그러나 가마쿠라 시기의 수도나 서국의 사람들에게 "조정은 동풍(가마쿠라 막부)의 조력으로 번영하고 천하는 동일(막부) 덕에 평온하다"라는 인식은 생겨도 동국은 아직 "이", "동이"의 세계이고 서국이야말로 왕조귀족이 지배하는 일본국의 본체라고 생각했을 것이기 때문에 "무국"이라는 자기인식이 자라나기 어려운 것은 당연하다.

제2장에서 말했지만 본래 1185년부터 1333년의 기간에 대해 가마쿠라 시대라는 명칭을 사용하는 역사인식에 문제가 있는 것이다. 그러나 현대 일본인은 귀족에서 무가로 국가정권의 중심이 일찍이 이행되고 그 후 그것이 700년에 걸쳐 계속되었다고 초등학생 이래 귀에 못이 박히도록 교육받아 어른이 되어서도 그러한 역사관에 겹겹이 둘러싸여 옳고 그름을 따질 기회조차 얻지 못하고 있다. 일본을 무국, 무사의 나라라고 생각하는 것은 무리가 아니라고 할 수 있을 것이다.

외부로부터의 침략이 없는 섬나라

그러나 냉정하게 생각해보면 전근대 일본 열도가 타국으로부터 침략되는 위협을 받은 경우는 극히 한정되어 있다. 663년 조선의 백촌강 전투에서 나당 연합군에게 대패하여 곧 그들이 일본으로 공격해올 것이라는 공포에 사로잡힌 시대와, 가마쿠라 중기부터 시작되는 몽고습래에 대비했던 시대가 대표적인 예이다. 전자는 기우였지만 율령제라는 "군국체제"를 고대 일본에 가져왔다. 후자는 1274년·1281년의 분에이(文永)·고안(弘安) 전투만을 연상하지만 실제로는 그 전후에도 일본 열도 주변에 수차례의 침략이 확인된다. 원나라의 쿠빌라이 사망 후 쇼안(正安) 원년(1299년) 선승 잇산 이치네이(一山一寧)를 일본에 파견한 것을 마지막으로 원나라는 일본과 통호(通好)를 단념한다. 그 후에도 양국의 긴장 상태는 계속되어 습래의 소문이라면 원나라가 망한 오안(応安) 원년(1368년)까지 계속되어 일본 사회에 큰 영향을 끼쳤다. 그렇지만 직접적인 군사 위협만 본다면 일본의 전체 역사에서는 일시적인 에피소드에 불과하다.

일본 열도의 지리상 위치가 일본의 역사에 준 영향은 참으로 심원했다. 일본해는 아시아 대륙 방면으로부터 군사적 진공을 곤란하게 하는 충분한 장벽이며 고도의 문명을 도입하기에는 이렇다 할 장애가 되지 않았다. 북방에는 에도 후기까지 영향을 끼칠 만한 존재가 없고 동방은 막부 말기까지 망망대해가 온갖 영향을 거절하고 있었다.

"평안"한 헤이안 시대

군대는 통상 외적 위협 내지 대규모적인 내전·내란에 대처하는 것을 이유로 강화된다. 그 사실이 없으면 위협을 과대하게 선동하는 것조차 해치울 수 있다. 일본의 헤이안 시대는 그 초기에 에미시의 위협을 입에 담았지만 그것이 일단락되자 기본적으로 "평안"한 시대가 계속 되었다. 마사카도의 난도 정신적인 쇼크의 크기는 어쨌든 국가가 진압에 나서기 이전에 실질적으로는 정리되어 있었다. 겐페이의 내란은 가와치겐지에 의해 의도적으로 야기된 사전의 확대판에 그쳤고, 멀리 북방의 무쓰·데와에서 발생한 사건이었다. 일부 서책은 섭관기에 무사가 성장했던 것처럼 기록하고 있지만 이러한 외적·내적 환경하에서 그것은 과장이라고 하지 않을 수 없다. 군사적 위협이 자각되지도 않는데 어떻게 무사가 성장해간다고 할 것인가?

헤이안 중기의 무사는 일상적으로는 궁정의 경비대나 수도경찰군의 장교에 머물렀다. 그래도 인세이기에는 군사적 긴장이 고조되고 이세 헤이시를 중심으로 무사의 성장이 보였다. 그것이 호겐·헤이지의 난이라는 내란을 거쳐 정치의 동향을 좌우하기까지 이른다. 또 겐페이의 내란은 6년에 걸쳐 계속되었기 때문에 군사집단을 크게 팽창시켰다. 그 결과 막부는 제도 그 자체로서는 이미 헤이케가 성립시키고 있었지만, 요리토모의 막부는 군사정권이라는 면에서 내용적으로 훨씬 충실한 것이 되었다. 대부분의 연구자가 가마쿠라 막부를 최초의 무가정권이라고 믿고 의심하지 않는 것도 이유가 없는 것은 아니다.

2. 부적으로서의 무, 비즈니스맨으로서의 무사

다키구치의 임무는

무라든가 무사에 대한 이해를 보다 유연하게 하기 위해 지금까지 말하지 않은 헤이안 시대의 궁정 경호 무력의 한 예로 천황의 신변을 지키는 무사인 다키구치에 대해 소개해보자. 다키구치는 왕가의 가정기관인 장인소(藏人所) 소속이라는 사실로 알 수 있듯이 궁정의 경비병이라기보다 오히려 천황 개인의 사적 호위병 성격이 강하다. 창설 시기는 9세기 말, 정원은 10명이었다. 덴도쿠(天德) 4년(960년) 20명으로 증원되고 시라카와 천황 때는 30명이 되었다. 그들은 여러 가지 역에 종사하는데, 금중을 밤낮으로 경호하는 것이 제1의 임무로 3인 1조가 되어 교대로 근무한다. 어떤 사례에 의하면 한 사람의 근무 기간은 주야 각각 통산하여 3000여 일에 이르렀다. 관동에서의 반란 후 천황을 자칭한 다이라노 마사카도가 "궁시의 무술은 이제까지 양조(兩朝)[다이고·스자쿠(朱雀) 천황]를 도와왔다"고 과거의 실적을 자만하고 있는데 이것은 이전 다키구치의 근무를 가리키는 것으로 생각된다(『尊卑文脈』).

다키구치의 근무가 암살이나 도적의 침입이라는 물리적 위협으로부터 천황을 지키는 것을 주안점으로 한다고 생각하는 것은 지레짐작일 것이다. 그들의 역할에서 특히 중요한 것은 활울리기(鳴弦)이다(그림 6-1). 활에 화살을 메기지 않고 메긴 시위를 손으로 강하게 쳐 소리를 내는 것을 활울리기 또는 활때리기(弦打)라고도 한다. 활은 무용의 상징일 뿐 아니라 사령(邪靈)을 물리치고 눈에 보이지 않는 정령을 물리치는 힘이 있는 주구(呪具)로서도 사용되었다. 무기에 마물(魔物)을 내쫓고 복을 부르는 작용을 기대하는 마음은 습속으로서의 도교를 중국에서 받아들이는 과정에서 일본에 정착한 관념 같다. 활

그림 6-1 활울리기(鳴弦)의 그림[기타노천만궁(北野天滿宮) 소장 『기타노텐진엔기(北野天神緣起(承久本)』에서]

울리기는 그 활소리에 의해 요괴의 변화나 마장(魔障)의 것들을 놀라게 해서 사기(邪氣)·불정(不淨)을 제거하는 역할을 맡았던 것이다.

당시 궁정이나 귀족의 집에서는 유도노하지메(湯殿始: 연초에 첫 입욕하는 것)·출산·벼락·불길한 경우·병·천황의 입욕 등 무슨 일이 있을 때마다 활을 울렸다. 다키구치가 숙직 근번일 때 이름을 물어 이름을 대는 나다이멘(名対面)이라는 점호가 있었는데 이때도 활울리기가 시행되었다. 다키구치는 장인소 직원 입회하에 활의 기량을 시험받고 채용되었다. 탁월한 활쏘기 능력은 활울리기의 효과를 확신시키는 데 족했을 것이다. 다시 말하면, 무사로서의 혈통이나 그 예능의 기량으로 효과가 높아진 "벽사(辟邪)로서의 무[무가 발산하는 주력(呪力), 부적으로서의 무]"야말로 그들을 다키구치로서 궁중에 기용하는 주된 목적이었다.

모노노케의 위협

새삼스럽게 말하는 것 같지만 헤이안 시기의 수도나 궁정사회는, 모노노케(物氣)나 사기(邪氣)·부정 등의 위협에 떨고 있었다. 모노는 신 아닌 영(靈)·귀(鬼)·정(精) 등 초자연적 존재 중에서도 마이너(minor)한 것의 총칭으로, 실체를 손에 잡을 수는 없지만 그 존재가 느껴지는 것이 모노노케이다. 모노노케는 모노의 작용이며 초자연적 존재의 기에 의해 일어나는 부정적인 현상이다. 그 구체적인 현상은 병, 특히 전염병이었다.

이것들은 당시의 헤이안 경이 인구의 밀집이나 지방으로부터의 사람이나 물자의 유입, 열악한 거주·위생환경에 의해 병이 유행하기 쉬운 상태에 있고, 그것이 정쟁에서 패배한 패자의 원령(怨念)이나 밑바닥 사람들의 울적한 불만에 대한 지배자의 두려움과 결합해 도교의 일본판인 음양도의 번거로운 금기에 의해 신경질적으로 증폭된 정신적 환경이 가져온 것이었다. 그리고 천황은 언제나 모노노케·사기로부터 엄중히 격리되어 부정에 대해 가장 민감하고 청정해야 할 것이라고 여겨졌다.

이렇게 해서 무사의 전투력으로 해소할 수 없는 일면, 주술적인 역할이 부상한다. 겐페이 내란의 승자로서, 무훈에 빛나는 가와치겐지의 미나모토노 요시이에 가도 모노노케에 고민하는 시라카와 천황으로부터 베갯머리에 둘 적당한 무구를 만들라고 명받아서 참빗살나무로 만든 검게 칠한 활을 진상하고 이래 천황은 모노노케에게 사로잡히는 일이 없었다든가, 간지(1087~1095년)년간 호리카와 천황을 위해 활울리기를 했다는 등의 이야기가 전해지고 있다. 시대를 내려와 겐겐 2년(1303년) 5월 9일 쇼쿤몬인에이시(昭訓門院瑛子)가 가메야마(亀山) 법황의 황자 쓰네아키라(恒明) 친왕을 출산했을 때는 사카노우에노 다무라마로가 소지했다는 검이 천자의 베갯머리에 놓였다. 초인적 무용을 자랑하는 무사는 절륜한 무용 때문에 살아 있는 파마궁(破魔弓)으로서의 효과가 기대되었던 것이다.

미나모토노 요리마사의 누에 퇴치

한편 셋쓰 겐지 요리미쓰(頼光)의 후예는 오오우치슈고[大内守護: 헤이안 후기에서 가마쿠라 초기 황거의 경호를 맡은 자의 직명, 가마쿠라 막부의 다이리슈고교토오오반(内裏守護京都大番)과는 별개]의 집안이었다. 취임이 사료적으로 확인되는 것은 헤이안 후기의 미나모토노 요리마사 이후이지만, 『尊卑分脈』에 의하면 후세에 귀신 퇴치로 유명해지는 요리미쓰도 오오우치슈고에 취임했다고 한다. 오오우치슈고의 직무도 현실의 무력적 위협으로부터 천황이나 황거를 지키는 데 한정한다고 하면 조금 현실미가 떨어진다.

요리마사(頼政)라고 하면 『헤이케모노가타리』에 두 번의 괴물 퇴치가 나온다. 누에(鵺)는 호랑지빠귀의 다른 이름이며 인간의 비명과 비슷한 울음소리를 내기 때문에 흉조로서 두려움의 대상이었다. 귀족의 일기에도 누에가 울어서 불길하다고 기록되어 있다. 요리마사의 첫 번째 누에 퇴치는 "머리는 원숭이, 몸통은 너구리, 꼬리는 뱀, 손발은 호랑이의 모습이다. 울음소리는 누에와 닮았다"고 써 있어, 누에는 아니지만, 요리마사는 "산새의 꽁지깃을 붙여 만든 첨시(尖矢: 끝을 날카롭게 간 화살촉을 붙인 대형 화살) 2개를 자등궁(滋籐弓)에 메기고" "괴물"을 마주해 쏘았다. 이상은 물론 설화상의 이야기지만, 산새의 꽁지깃을 사용한 화살은 "마장을 물리칠 때 이 깃을 사용한다"라고 하듯이 당시 파사염승(破邪厭勝)에 효과가 있다고 여겨졌다.

이미 간코(寬弘) 3년(1006년) 10월에는 야마도리가 이치조 천황의 어전에 날아 들어와서 다키구치인 기노노부스케(紀宣)가 쏘아 당좌의 상여를 받은 사건도 있다. 근대에도 산새가 집 안에 들어오는 것을 흉조로 치는 지방이 있다. 새는 그 비상 능력에서 저세상과 이 세상을 연결하는 경계적인 존재로 여겨지기 쉽다. 산새는 흉사를 초래하고 역으로 꺼림칙한 것을 격퇴하는, 양의적인 성격을 가진다고 생각된 것이다.

무사는 주술의 담당자

약간의 예를 소개했는데 다키구치나 다이리슈고에 기대되는 역할 중 하나가 황거나 왕가를 습격하는 각종의 모노노케·정령을 격퇴하는 "무"라는 주력이었다고 하면, 이런 무사는 험력(驗力)·법력(法力)·주력이 뚜렷한 호지승(護持僧)이나 음양사 등과 일종의 공통되는 존재일 것이다. 주술에 의지하는 무사에 대해서는 제4장에서 언급했는데, 이쪽은 스스로 주술의 담당자가 되는 무사이다.

종래 역사연구자는 무사의 이러한 기능에는 전혀라고 해도 좋을 정도로 관심을 갖지 않고 그들을 무사의 범주로부터 사실상 내쫓아왔다. 그것은 근대 합리주의의 함정임과 동시에 무사정권의 성립을 역사의 전진으로 보는 관점에 서 있기 때문인데, 그렇게 되면 아무래도 그 후에 정권을 잡게 되는 가와치겐지의 발전 등에 관심이 집중된다. 당연히 천황에게 밀착했던 다키구치와 같은 시시한 존재 등은 눈에 띄기 어렵고, 같은 시선에서는 상황과 손잡고 가와치겐지를 쫓아내려 했던 이세 헤이시나 다이라노 기요모리가 수립한 정권(六波羅幕府)조차 옆길로 빠진 왕조의 앞잡이이며, 귀족적이고 미숙한 정권이라는 부정적인 평가밖에 나오지 않았던 것이다.

에도막부의 감정소에 대해

"무국"으로서의 자화상이 확립된 에도시대도 문치정치로 전환되자 "무국"은 형해화의 일로를 걸었다. 군사집단은 무력이 동결되고 실제 정치를 담당하는 것은 야쿠카타라고 불리는 실무 행정관료들이었다. 무사의 정권이라고 말하면서 "무역(武役)을 맡은 사람들을 열등한 자로 알고, 그 당사자도 일이 없어 한가한 게 당연하다고 아는" 일종의 장대한 허세에 불과하게 되었다.

그 시대 행정관료 제도를 가장 발달시킨 것은 막부와 번을 불문하고 재정전반을 다루는 감정소(勘定所) 부국(部局)이다. 막부를 예로 들면, 상급관리는 감정봉행(4명)—감정음미역(勘定吟味役)(2~4명)—조두(組頭)(1733년, 10명)—감정(勘定)(동, 181명)이라는 서열이 있었다. 꼭대기의 감정봉행은 주로 재정과 농정을 담당하는 재무장관이고, 막령(幕領)의 소송도 다뤘다. 녹봉 3000석 등급의 하타모토가 임용된다. 감정음미역은 회계감사관이고 500석 등급, 감정소의 표준적 관리인 감정은 역고(役高: 역직의 고하에 따라 지급되는 녹고) 150(俵)표[지행고(知行高)로 환산하면 약 150석에 상당]이고 하타모토로서는 최저 등급이다.

이보다 아래의 하급관리는 지배감정(支配勘定)(1761년, 93명)—지배감정견습(支配勘定見習)—감정출역(勘定出役)—지배감정출역(支配勘定出役)의 서열로 이루어져 있었다. 지배감정 이하는 고케닌 층과 하급의 바쿠신이 임용되는 역직(役職)이다. 그들은 아무리 우수해도 지배감정이 승진 한도이고 더 이상은 승진할 수 없었다.

관료제도에 언제나 따라붙는 상하의 이중구조인데 무사의 근무는 본래 지행봉록에 대한 봉공으로서 시행되어야 할 것이고, 역직에 취임하면 근무에 드는 제 경비는 자신의 지행고 내에서 부담해야 했기 때문에, 많은 액수의 경비를 필요로 하는 중요 위치에는 낮은 가록의 사람은 등용할 수 없었다는 사정도 있다.

행정개혁과 인재 등용

그러던 것이 18세기의 도쿠가와 요시무네의 교호 개혁에 의해 하급 신분의 무사도 능력에 따라 상급 역직으로 승진하는 길이 열렸다. 다시다카(足高)의 제도가 채택되어, 역직에 취임하는 자의 가록이 그 역고에 달하지 않을 경우 재직 중에 한해 부족액을 지급하는 것으로 했기 때문이다. 이중 구조의 벽이나 가문의 격의 제한을 넘어 미록(微禄)의 유능한 인재를 등용하는 데 도움이 됨과 동시에 가록을 증가시키지 않고 재정의 팽창을 억제하는 효과가 있었다.

또한 이전에 감정봉행은 재정에 관계하지 않은 역직에서 취임하는 것이 많고, 오메쓰케, 에도마치봉행(江戸町奉行), 루스이(留守居) 등에 전출하는 출세 코스의 한 계단에 불과했다. 그러나 개혁 이후 녹고 1000석 미만이라도 다년의 경험을 가진 인물을 봉행에 발탁하는 인사가 많아진다. 그들은 행정 말단의 실무를 경험해 현장의 실태를 잘 알고 있었으므로 행정 효율이 높아져 재정력이 강화되었다.

이러한 인재 등용의 파도를 타고 막부 중추에 진출한 대표적인 예가 막부 최후의 날에 권총 자살을 했던 가와지 도시아키라이다. 그는 고부신구미(小普請組)라는 막부 조직으로, 말하자면 "개천"에서 출발해 지배감정출역(고부신구미에 속하면서 임시로 지배감정으로서 감정소에 출사)을 시작으로 감정소나 평정소(評定所)에서 활약하다가 감정음미역에 발탁되어 사도(佐渡)·나라·오사카 마치부교를 거쳐 감정봉행겸해방괘(勘定奉行謙海防掛) 등을 역임한다. 러시아 사절 푸차틴과 교섭하여 러일친화조약을 맺고 이이다이로(井伊大老) 취임과 동시에

좌천되었지만 곧 외국봉행이 되었다.

막부 조직의 각 단계

에도막부는 신분제를 지배의 근간에 놓았기 때문에 이것을 발본적(拔本的)으로 극복할 수는 없었지만, 막부 말기에는 외교나 군사력 강화의 필요에서 그 방면의 직책을 정비하려고 시도했다. 막부의 정치조직에 대해서는 미카와의 전국다이묘 시대의 간소한 가정조직을 차례로 보강·확충한 것이라고 하는 경우가 많지만, 제2장에서 본 것처럼 3대 쇼군 이에미쓰 시대의 후기에는 상당히 양상이 달랐다. 근대의 산물인 관료제와는 다르지만 관료제와 유사한 조직, "행정·재판·재정 등 다양한 분야에서 일정한 직무를 분담하는 기구나 조직이 만들어지고, 또한 그것을 개인의 의지로서가 아닌 직무로서 집행하는 인적 집단"이 만들어졌다. 그리고 막부 말기에는 위험에 대응하기 위해 그것들을 더욱 개혁하려고 한 것이다.

이렇게 전후의 시기에 따라서 막부제도의 실태는 다르다. 하물며 헤이안의 다키구치와 근세 말기의 무사에는 더 큰 차이가 있다. 당연한 이야기지만 무사의 정권이라고 해도 무력에만 의지하는 지배가 아니다. 사회를 이루고 안정이나 개혁, 행정·재정을 정리하기 위해 필요한 조건이나 요소는 너무나 많다. 무의 이미지만 생각하고 그 내용에 대한 이해가 단순·조잡해져서는 안 되는 것이다.

3. "용감함"과 인명의 낭비

일본인은 용감한가

지금까지 무사나 무기, 무가정권 연구에 대해서 현재 일본 사학계의 도달점을 자설(自說)도 섞어서 소개해왔다. 마지막으로 일본인이 애초에 무의 면에서 용감한 민족인 것처럼 주장하는 견해에 대해서 한마디 하고 싶다.

확실히 지금부터 70여 년 전, 태평양의 여러 섬에서 미군은 일본 병사들에게 강렬한 충격을 받았다. 탄약·식량이 다하고 절망적인 상황이 되어서도 항복을 거부하고 죽을 때까지 싸움을 그치지 않는 병사들에게 말이다. 그러나 그 "용감함"이 평소 비인간적인 군기로 절대복종이 강제되어, 전사는 명예, 항복은 본인은 물론 고향의 가족·친척에게도 치욕이고, 포로는 적전도망이라고 철저하게 주입된 결과인 점에 대해서는 제5장에서 말했다.

당시 물질문명은 구미 쪽이 뛰어났을지도 모르지만 정신문명에서는 일본이 뛰어났다. 그래서 일본이 이긴다는 주장이 나왔다. 물질문명, 즉 생산력이나 과학기술력의 우열은 객관적인 것이다. 그러나 어떤 민족만이 특별하게 정신력이 뛰어나고 그 외는 그렇지 않다고 단언할 수 있는 객관적인 근거가 있는가? 일본에 야마토다마시가 있다면, 미국에는 양키 정신이 있고, 영국에는 존·블루 정신이 있다. 일본군은 미군기의 파일럿이나 해병대의 용맹과감함에 자주 허를 차고, 나치 독일은 역경을 극복하는 불굴의 정신을 가진 영국인의 끈기에 패배했다.

일본 해군은 "견적필전(見敵必戰)"을 모토로 했지만, 실제 공격은 한두 가지 예외를 제외하면 대부분이 담백하고 눈앞의 적을 침몰시키면 오래 있는 것은 쓸모없다며 퇴각했다. 이것을 "일격필살"이라고 칭했지만, 이 점에서는 미 해군 쪽이 훨씬 철저했고 이기는 싸움이 되면 기세에 편승해 마구 공격하고 적을 두들겼다. 일본 쪽이 담백했던 것은 그 군함이 공격력 편중이고 방어를 희생으로 하고 있기 때문에 의외로 피해에 약하고 너무 욕심을 부려 소중한 함선을 상실하는 것을 두려워했기 때문이라고 한다. 미국의 군함건조 능력은 질·양, 특히 양적인 면에서 일본을 훨씬 앞서며, 게다가 군함의 방어·안전성을 중시했다. 그래서 피해·손모를 그다지 신경 쓰지 않고 과감하게 공격할 수 있었다.

즉, 공격 정신의 강약도 생산력·기술력이나 피해 조정의 수준이라는 독립변수에 의해 좌우되는 종속변수였다는 것이다. 결과가 전부이기 때문에 해군의 제독·사령관 등급은 대체로 전의가 결핍했다고 하지 않을 수 없다.

인적 자원의 탕진

앞에서 말한 이치와 관련해, 육군에는 1전5리(一錢五厘)라는 말이 있었다. 1전5리는 소집영장의 엽서값이다. "병사 교체는 엽서 한 장이면 된다"는 의미로, 사소한 금액으로 징집될 만큼 가치가 낮은 병사의 목숨이라는 의미도 포함되어 있다(실제로 소집영장은 관청직원이 가져온 것이지만). 일본은 물적 자원에는 한계가 있지만 인적 자원은 얼마든지 보충 가능하다는 의미도 포함되어 있다(실정은 그렇지도 않았다).

근대 군대에서는 국가가 징병제도에 의해 병사를 소집하고 손모를 보충해준다. 지휘관이 부하의 사상의 경제적 보상을 자기 돈으로 지출할 필요는 없다. 그중에는 중세의 무장만큼도 병사의 생명을 중요시 하지 않았던 상급 지휘관이 있었다고 해도 이상하지 않을 것이다. 전장에서는 경직된 작전에 과소한 병력, 화력·항공전력·보급 등의 물질적 뒷받침이 결여된 공격으로 사람의 생명이 쓸데없이 낭비되었다.

이 점에서는 해군도 지지 않았는데, 다양한 특공 병기가 개발되었다. 가미가제 특공은, 예를 들어 대부분이 중고 또는 구식 비행기라도 비행기가 수단이다. 그에 비해 신요(震洋)•는 트럭 엔진을 실은 소형 모터보트였다. 베니어

판으로 만든 선체 정수부(艇首部)에 화약을 쌓고 탑승원이 조종해 해안에서 발진하여 힘껏 부딪치는 것이다. 다수로 일제히 목표 함정에 쇄도해 한 척이라도 명중하면 좋다고 했다. 그 탑승원은 다른 특종 병기부대에서 차출해 온 탑승원 외에 학도병, 비행예과 연습생 출신자를 중심으로 한다. 그들은 타야 할 비행기가 없어서 남은 항공대원으로, 비행모·비행복·순백의 머플러·반장화라고 하는 항공기 탑승원과 같은 복장으로 출격을 허락받았다고 한다. 기만이나 체념도 뒤섞인 두고두고 슬픈 이야기이다.

육군도 같은 것(四式肉縛攻擊艇)을 만들고 있었는데, 쇼와 20년(1945년) 양자는 필리핀의 루손섬 링가엔만과 마닐라만 등에 내항한 미군을 맞아 싸우고 오키나와 전투에도 실전 투입되었다. 신요 보트는 아주 작은 전과를 내고는 2500명 이상의 사망자를 냈다. 연료에 불이 붙어 폭발사고가 일어나거나 전지로 향하던 도중 수송선이 침몰했기 때문이다.

이러한 사실들의 결과가 "용감한" 일본 병사이다. 이 책에서 분명히 밝혔듯이, 일본의 전근대 역사는 무사의 항복을 결코 부정하지 않는다. 용감한 사람도 그렇지 않은 사람도 있어서 비로소 인간 사회이다. 실질적으로 "무국"이었던 기간은 짧다. 헤이안 시대도 에도시대도 긴 평화로운 시대였다. 우리는 일본이 무국이라든가 일본인은 용감한 민족이라든가 하는 확인할 수 없는 프로파간다에 편승할 것이 아니라, 오히려 "군사 면에서 용감함"을 필요로 하지 않는, 평화와 안전보장의 국제관계·국제환경을 구축하는 방향으로 용감하고 끈질기게 노력해야 할 것이다. 말할 필요도 없는 것이겠지만, 일본의 무사의 역사를 배우는 것은 그런 현실적인 의미도 있다. 인문과학은 도움이 되지 않는다는 작금의 풍조도 있으므로 굳이 이렇게 말해둔다.

• 일본 해군이 태평양 전쟁 때 개발한 소형 특공보트의 이름, 구조가 간단하고 대량 생산되었다. — 옮긴이 주

참고문헌

본서에 직접 관련된 필자의 관계 논문·논고

「将門の乱の評価をめぐって」林陸朗編『論集平将門研究』現代思潮社, 1975
「中世の身分制」高橋昌明『中世史の理論と方法』校倉書房, 1997
『武士の成立武士像の創出』東京大学出版会, 1999
『[増補·改訂] 清盛以前』平凡社ライブラリー, 2011
『平家と六波羅幕府』東京大学出版会, 2012
『洛中洛外京は"花の都"か』文理閣, 2015
『東アジア武人政権の比較史的研究』校倉書房, 2016

그 외, 참고로 한 저서·논문

서장

江馬務「日本結髪全史」『江馬務著作集第四巻』中央公論社, 1976
坂口茂樹『日本の理髪風俗』雄山閣出版, 1972
原田伴彦「チョンマゲ論」同『関ヶ原合戦前後』徳間書店, 1976

제1장

石井 進『鎌倉武士の実像』平凡社, 1987
服藤早苗『家成立史の研究』校倉書房, 1991
山岸素夫·宮崎眞澄『日本甲冑の基礎知識』雄山閣, 1990
吉田 孝「律令時代の氏族·家族·集落」同『律令国家と古代の社会』岩波書, 1983
吉田 孝『歴史のなかの天皇』岩波新書, 2006

제2장

石井 進『鎌倉武士の実像』前掲
磯田道史『近世大名家臣団の社会構造』東京大学出版会, 2003
大山喬平「文治国地頭の三つの権限について」『日本史研究』158号, 1975
大山喬平「没官領·謀叛人所帯跡地頭の成立」『史林』58巻 6号, 1975
金井 圓「幕藩体制と俸禄制」同編『総合講座 日本の社会文化史 第二巻 封建社会』講談社, 1974
川合 康『鎌倉幕府成立史の研究』校倉書房, 2004
高橋典幸『鎌倉幕府軍制と御家人制』吉川弘文館, 2008
高橋典幸「将軍の任右大将と『吾妻鏡』」『年報三田中世史研究』11号, 2005
橋口定志「中世東国の居館とその周辺」『日本史研究』330号, 1990
橋本 雄「遣明船の派遣契機」『日本史研究』497号, 2002
平井上総「兵農分離政策論の現在」『歴史評論』755号, 2013
平井上総「検地と知行制」大津透他編『岩波講座日本歴史 第9巻·中世4』岩波書店, 2015
藤井讓治『江戸開幕』講談社学術文庫, 2016
藤井讓治『江戸時代の官僚制』青木書店, 1999
藤木久志『刀狩り』岩波新書, 2005
松岡 進「東国における「館」· その虚像と原像」『中世城郭研究』23号, 2009
水本邦彦『村 百姓たちの近世』岩波新書, 2015
渡辺 浩「序 いくつかの日本史用語について」同『東アジアの王権と思想』東京大学出版会, 1997

제3장

岩崎英重『桜田義挙録 下編』吉川弘文館, 1911
宇田川武久『真説 鉄砲伝来』平凡社新書, 2006
榎本鐘司 「江戸時代前期における四芸としての剣術の成立と撃剣の出現について」『東海武道学雑誌』第12巻, 2017
『NHK 歴史への招待6』日本放送出版協会, 1980

近藤好和『弓矢と刀剣』吉川弘文館, 1997
佐久間亮三・平井卯輔編『日本騎兵史 上巻』原書房, 1970
鈴木敬三「公家の剣の名称と構造」宮崎芳樹 編『刀剣美術』34号, 1955
鈴木眞哉『刀と首取り』平凡社新書, 1994
鈴木卓夫『作刀の伝統技法』理工学社, 1994
高木昭作『日本近世国家史の研究』岩波書店, 1990
塚本 学『生類をめぐる政治』平凡社選書, 1983
『特別展 草創期の日本刀』佐野美術館, 2003
トーマス・コンラン「南北朝期合戦の一考察」大山喬平教授退官記念会編『日本社会の史的構造 古代・中世』思文閣出版, 1997
中村博司『天下統一の城・大坂城』新泉社, 2008
日本乗馬協会編『日本馬術史 第一・二巻』原書房(復刻版), 1980
林田重幸「日本在来馬の源流」森浩一編『日本古代文化の探究 馬』社会思想社, 1974
藤本正行『信長の戦国軍事学』JICC 出版局, 1993
矢田俊文「元就の軍事力と戦術」河合正治編『毛利元就のすべて』新人物往来社, 1986
山岸素夫・宮崎眞澄『日本甲冑の基礎知識』前掲
横山輝樹『徳川吉宗の武芸奨励』思文閣出版, 2017

제4장

有馬成甫『北条氏長とその兵学』軍事史学会(発売明隣堂書店), 1936
石岡久夫『日本兵法史』上, 雄山閣, 1972
猪瀬直樹『ペルソナ』文藝春秋, 1995
大岡昇平『堺港攘夷始末』中公文庫, 1992
笠谷和比古「武士道概念の史的展開」同『武家政治の源流と展開 近世武家社会研究論考』清文堂出版 2011
川田貞夫『人物叢書新装版 川路聖謨』吉川弘文館, 1997
小池喜明『葉隠』講談社学術文庫, 1999

佐伯真一『戦場の精神史』日本放送出版協会, 2004
佐伯真一「「武士道」研究の現在」小島道裕編『武士と騎士 日欧比較中近世史の研究』思文閣出版, 2010
佐藤進一『日本の歴史9 南北朝の動乱』中央公論社, 1965
相良 亨『相良亨著作集3 武士の倫理·近世から近代へ』ぺりかん社, 1993
島田虔次『中国の伝統思想』とくに「中国」「中国の伝統思想」, みすず書房, 2001
伊達宗克『裁判記録「三島由紀夫事件」』講談社, 1972
千葉徳爾『切腹の話』講談社現代新書, 1972
古川哲史『武士道の思想とその周辺』福村書店, 1975

제5장

浅野祐吾「明治陸軍の戦史研究について」『軍事史学』7巻 4号, 1972
大江志乃夫『日露戦争の軍事史的研』岩波書店, 1976
菅野覚明『武士道の逆襲』講談社現代新書, 1976
向後恵里子「英雄の古層」前田雅之他編『幕末明治』勉誠出版, 2016
白峰 旬『新解釈 関ヶ原合戦の真実』宮帯出版社, 2014
園田英弘·濱名篤·廣田照幸『士族の歴史社会学的研究』名古屋大学出版会, 1995
田中康二『本居宣長の大東亜戦争』ぺりかん社, 2009
中林信二·中森孜郎「武道」『CD-ROM版 世界大百科事典 第二版 プロフェッショナル版』日立デジタル平凡社, 1998
藤木久志『刀狩り』前掲
藤本正行『信長の戦国軍事学』前掲
保谷 徹「近世」高橋典幸他『日本軍事史』吉川弘文館, 2006

종장

海津一朗『蒙古襲来』吉川弘文館, 1998
川田貞夫『人物叢書新装版 川路聖謨』前掲
木俣滋郎『日本特攻艇戦史』光人社, 1998
佐伯真一「日本人の「武」の自意識」渡辺節夫編『近代国家の形成とエスニシティ』

勁草書房, 2014
中村義雄『魔よけとまじない』塙新書, 1978
福永光司「道教における鏡と劒」『東方學報』第四五冊, 1973
藤井讓治『江戸時代の官僚制』前掲
村上直·馬場憲一「江戸幕府勘定奉行と勘定所」同編『江戸幕府勘定所史料』吉川弘文館, 1986

그림 출처

그림 0-2『広辞苑』第六版図版, 岩波書店
그림 1-1 高橋昌明·山本幸司責任編集『朝日百科·日本の歴史別冊8 武士とは何だろうか』朝日新聞社, 1994, 2~3頁
그림 1-4『古典参考資料図集』(國學院高等学校)
그림 1-5 鈴木敬三『甲冑写生図集解説』吉川弘文館, 1979, 23頁
그림 1-6 山岸素夫·宮崎眞澄『日本甲冑の基礎知識』前掲, 235頁
그림 2-1 高橋富雄他編『図説 奥州藤原氏と平泉』河出書房新社, 1993, 23頁
그림 2-3 石井進『鎌倉武士の実像』前掲, 101頁
그림 3-1『古典参考資料図集』(國學院高等学校)
그림 3-2 馬の博物館
그림 3-4 石井昌国『蕨手刀』雄山閣出版, 1966, 301~315頁より抜粋
그림 3-6『北斎漫画図録』芸艸堂, 1998, 62頁
그림 3-7 彦根城博物館蔵
그림 4-1 武蔵御嶽神社所蔵、赤糸威鎧(復元模造、青梅市郷土博物館所蔵)
그림 4-2 酒井憲二編『甲陽軍鑑大成 第二巻(本文篇下)』汲古書院, 1994, 133頁
그림 4-3 小松茂美編『続日本絵巻大成17 前九年合戦絵詞 平治物語絵巻 結城合戦絵詞』中央公論社, 1983, 118頁
그림 6-1 小松茂美編『日本絵巻大成21 北野天神縁起』中央公論社, 1978, 41頁

지은이 후기

남자 축구의 '사무라이 블루', 야구의 '사무라이 재팬'. 국가대표 남자 스포츠 팀이 사무라이의 이름을 붙이고 있는 것에 대해 많은 사람들이 이상하게 생각하지 않는다.

그러나 무사의 전투와 스포츠 선수의 경기는 전혀 다르다. 신체에 의한 승부라는 면만 생각하면 공통점이 있을지도 모르겠다. 하지만 결정적으로 다른 것은 무가 사람의 살생을 동반하는 데 비해 스포츠의 승부는 안전에 대한 합의가 전제가 된다. 그 때문에 규칙이 있고 위반하면 반칙이고 감점, 또는 패배가 된다. 평화로운 환경, 잘 정비된 시설에서 공평한 규칙에 의거해 벌이는 안전한 경기를 무사의 전투에 비교하는 것은 난폭한 예가 아닐까?

참고로 일본 축구 대표 팀의 유니폼에 붙어 있는 앰블럼은 다리가 셋인 까마귀 야타가라스(八咫烏)이다. 『고지키(古事記)』, 『니혼쇼키(日本書紀)』의 전승에 의하면 초대 천황인 진무(神武)가 구마노(熊野)에서 야마토에 공격해 들어오려 했을 때 험로를 이끌어주었다고 하는 큰 까마귀이다. 그것이 일본축구협회의 전신인 대일본축구협회의 심벌 마크로 받아들여진 것은 만주사변이 일어난 쇼와 6년이었다. 야타가라스는 전전(戰前)·전중(戰中)에는 금치(金鵄)나

독수리(鷲)와 함께 군사 관련 디자인에 사용되었고, 전후(戰後)에는 육상 자위대 중앙정보대 등의 부대 마크로 사용되고 있다.

야타가라스의 디자인에 시대착오적인 의미는 없다고 말할지도 모르지만, 같은 축구 여자 팀의 애칭은 '나데시코 재팬', 즉 야마토 나데시코(大和撫子)이다. 이 말은 근년에는 별로 사용되지 않고 있지만 일본 여성을 패랭이꽃(撫子)에 비유한 것이다. 조신하며 눈에 띄진 않지만 예의 바르고 기품이 있으며 남성을 돕고 가족을 지키는 똑 부러진 여성이다. 이것은 남성에게 매우 편리한 여성관이고, 또한 '남성=사무라이' 이미지와 세트가 되어 서로 강조하는 관계임을 부정할 수 없다.

화두가 축구에 집중되어 버렸는데, 일본축구협회와 싸우려는 것은 전혀 아니다. 협회뿐 아니라 국제 스포츠 무대에서 싸우는, 보다 넓은 각 분야의 해외에서 활약하는 일본인, 조직의 벽에 도전하는 한 마리 늑대 등을, 사무라이에 비유하는 것이 언제부턴가 상투적인 표현이 된 점이 이 책의 저자로서 신경 쓰이는 것이다.

2017년 11월, 도널드 트럼프 미국 대통령은 일본을 최초로 방문 전 FOX뉴스와의 인터뷰에서 "일본은 무사의 나라(warrior nation)이다. 나는 중국에게도 그 외에 모든 나라들에게도 말해두겠다. 북한과 이러한 사태가 지속되는 것을 방치하고 있으면 일본과 큰 문제를 안게 된다"고 말했다. 이는 핵 미사일 개발을 계속하는 북한 제재에 적극적이지 않다고 보이는 중국에 대해, 그 위협과 진지하게 맞서지 않는다면, '무사의 나라'인 일본이 관여할 가능성이 있다고 경고한 것이다.

트럼프 대통령의 이러한 발언은 일본에서 2015년 집단적 자위권 행사를 용인하는 안전보장법이 가결된 것을 전제로 한 것이며, 아시아 각국의 사람들에게 '무사의 나라'로서 일본의 인상을 협박의 소재로 이용하고 있다. 한편 일본인으로서는, 만일 미국과 북한이 전쟁 상태에 들어갔을 때 일본이 '무사의 나라'답게 참전하는 사태가 현실이 될 수 있는 시대가 도래하고 있음에 오싹한 공포를 느낀다. 일본은 이런 말을 들어서는 안 된다.

현대 일본인은 당연 무사가 아니며, 일본국 헌법은 70년 이상에 걸쳐 '무사의 나라'임을 거부해왔다. 또한 이 책에서는 역사상 '무사의 나라'였던 것은, 실질적으로 한때의 일이라고 말했다. 외람되지만 이후 일본의 진로를 생각하는 데도 이러한 역사 이해가 매우 중요하다고 다시 한 번 강조해두고 싶다.

2018년 3월 12일

다카하시 마사아키(高橋昌明)

옮긴이 후기

역자는 일본사의 전문가는 아니지만 명색이 동양사 전공자로서 일본에 유학한 것이 인연이 되어 이 책을 번역하게 되었다. 무사도라고 하면 생각나는 글이 있다. 이미 삼십년 전이지만 교토대학 유학 중에 우연히 중국사의 대가라는 학자가 쓴 중국과 일본의 무사도를 비교한 글을 읽은 적이 있었다. 중국의 무사도가 궁금해서 읽어본 글이었지만, 그 글은 미숙한 필자가 보기에도 학문적으로 실망스러운 글이었다. 필자의 기억으로 일제의 군국주의가 세력을 떨치는 20세기 초반에 쓰인 그 글은 역사적으로 중국에서 무사도가 번영하지 못하고 일본에서 번성한 것은, 일본인의 기질은 충실한 반면 중국인은 그렇지 못하기 때문이라는 인종차별적인 가치관을 토대로 쓰여 있었기 때문이다. 필자는 놀라움을 금치 못했다. 어떤 학문도 가치관을 반영하지 않을 수 없겠지만, 대가라는 학자의 글이 시대적 종족적 편향에 너무 쉽게 휩쓸리는 것 같았기 때문이다.

역자가 번역한 이 책 다카하시 마사아키의 『사무라이의 역사』(원제: 무사의 일본사)는 일본의 무사도 자체를 부정적으로 보는 것이어서 격세지감을 느끼게 한다. 무사와 무사도를 논하는 책은 수없이 많다. 국내에 번역된 유명한 책만 살펴보더라도 윤리적 관점에서 쓴 니토베 이나조의 『무사도』(동문선), 인류학적 관점에서 루스 베네딕트의 『국화와 칼』(을유문화사), 사회학적 관점에서 쓴 이케가미 에이코의 『사무라이의 나라』(지식노마드) 등을 거론할 수 있다. 이 책은 역사학자가 쓴 책이다. 그런데 이 책에는 기존의 역사책과는 달리 새로운 내용이 담겨 있어서 독자들의 주목을 받는 모양이다. 역자가 출판사에서 건네받은 원본이 2018년 5월 1쇄를 찍고 2018년 9월에 6쇄를 발행하고 있는 것을 보면 독자들의 호응도 상당한 것으로 보인다. 가령, 무사는 농촌이 아니라 都에서 탄생했다, 칼은 무사의 혼이 아니다. 전쟁터의 말은 모두 조랑말이다, 나가시노 전투는 허풍이다, 무사가 주군을 배신하는 것은 당연한 일이다, 무사도는 무사가 사라진 후에 생겨났다 등등 흔히 알고 있는 일반적인 무사도의 이미지와는 상치되는 내용이 과감하게 제시되고 있다. 물론 저자는 일본이 무사의 나라가 아니었다는 것을 말하는 것이 아니라 무사의 나라였지만 지금은 아니고, 과거의 어느 시점부터 아니기 시작했다는 것을 말하고 있다.

저자의 이런 주장에 비하면 기존의 책들은 훨씬 보수적인 편이다. 무사도를 결코 소멸하지 않을 일본인의 혼과 같은 것으로 보고, 종교적 열정으로 그 불멸성을 토로하고 있는 니토베 이나조의 『무사도』는 무사도의 종교적 교리서같이 읽히기도 한다. 니토베의 짧은 책은 목숨을 걸고 주군에 충의로운 무사들의 이야기로 가득하다. 에도시대 무사도의 대표적인 저서인 『하가쿠레』는 언급되지도 않지만 충의 앞에 죽음을 찬미하는 것은 오히려 마찬가지이어서 놀라울 정도이다. 그도 그럴 것이 니토베는 한편으로는 무사도의 이상은 평화라고 말하고 있기 때문이다. 니토베의 책은 1899년 영어로 간행된 것인데 서양의 지인으로부터 일본학교에서는 종교교육을 하지 않느냐는 말에 충격을 받고, 스스로 자문한 결과 자신을 교육한 것이 무사도임을 깨닫고 책을 쓰게 되었다고 서문에서 밝히고 있다. 스스로 기독교도임을 밝히고도 있는 니토베는 한편으로 일본의 무사도가 기독교에 뒤떨어지지 않는 윤리임을 책의 곳곳에서 밝히려고 애쓰는 듯이 보인다. 동서의 문학작품을 널리 인용하며 무사도와 기독교의 유사성을 논증하려고 한 『무사도』는 백년 전 당시에는 일본의 무사도를 서방세계에 널리 알린 영향력 있는 저서였을 법하지만, 지금에 와서 보면 동서문화의 피상적인 비교에 불과하다는 인상도 준다.

다카하시 마사아키는 본서 중에서 니토베의 『무사도』에 대해서 "기독교의 가죽을 쓴 무사도"라고 신랄하게 비판하고 있는데, 기독교의 보편적 사랑과 주군에 대한 목숨을 건 개인적 충의가 동질적일 수 없기 때문일 것이다. 요컨대 니토베의 『무사도』에는 지극히 국수적인 민족주의자 일본인 니토베의 모습이 투영되어 있다고 생각된다. 이것은 일본의 옛 5천엔권 화폐의 초상화로 니토베가 선정되었던 것과도 무관하지 않을 것이다.

무사도에 대한 또 하나의 고전적 저작인 『국화와 칼』은 무사의 충의와 배신의 굴절적 행동을 인류학적 관점에서 해석하고 있다. 베네딕트는 일본인이 보이는 전시 중의 열정적 공격과 패전 후의 무기력한 복종 사이의 모순적인 행위를 자신이 터득한 "기리(義理)"의 개념으로 조화롭게 파악한다. "기리"의 개념에 의하면 전시 중의 침략적 행위나 패전 후의 복종도 세계 속에서 일본인의 위치를 찾기 위한 것으로 그것은 일본인으로서 명예를 추구하기 위한 것으로서 상호 모순되는 일이 아니다. 만약에 그러한 "기리"를 모르면 세간으로부터 수치를 당하게 되는 것이므로 이는 기피되어야 한다. 여기에서 "기리"의 개념은 베네딕트의 유명한 죄의 문화와 수치의 문화라는 개념과 연결된다.

베네딕트의 일본적인 명예의 개념은 일본인의 행동방식을 명쾌하게 설명하는데, 『국화와 칼』의 냉정한 분석을 읽다 보면 일본인은 마치 개성이 전혀 없는 질서정연한 기계의 부품 같다는 인상을 받기도 한다. 그래서 그런지 이에 대한 반발도 없지 않다. 이께가미의 『사무라이의 나라』와 같은 저작이 그렇다. 이께가미의 역작은 마치 『국화와 칼』을 비판하기 위해서 쓴 것인 양 보이기도 하는데, 이께가미는 막스 베버 등의 사회학 이론에 의거하면서 일본의 무사도 중세유럽의 무사들 못지않은 개인주의적인 명예의식이 있었다고 강력하게 주장한다. 중세 무사의 형성과 변모 속에서도 소유형 개인주의의 변형으로서 명예형 개인주의가 항상 존재해 왔다는 것이다. 이께가미의 이러한 주장은 베버가 말한, 서양과 일본의 봉건제에서만 명예와 충성의 결합이 보인다는 견해에 크게 의거하는 것 같이 보이는데, 베버의 논의를 자세히 살펴보면 일본의 봉건제와 서양의 봉건제를 같은 "자유 봉건제"의 범주에 놓으면서도 그 안에서 충성과 봉토의 결합으로 이루어지는 서구의 봉토 봉건제와, 봉토 없이 "봉신(vassal)"의 충성을 위주로 이루어지는 일본의 "봉신적" 봉건제를 구분하고 있음에 주목할 필요가 있다(Max Weber, *Economy and Society*, pp.1070~1110). 이 문제는 베버가 일본의 봉건법이 서구의 봉건법과 다른 점으로 에도시대 다이묘가 구니가에(國替)에 의해 구니(國)가 바뀔 수도 있다는 사실을 들어 다이묘의 영지가 封土가 아니라 職이라는 것을 간파한 점(*Economy and Society*, p.1075)에서도 드러난다.

명예라는 것은 복잡한 개념인데 서구봉건제의 에토스와 관련된 것은 신분적 명예(status honor)이다. 베버에 의하면 봉건제에는 다양한 종류가 있고 노예적 봉건제의 관계에 있는 노예에게도 명예의 관념이 있을 수 있지만, 신분적 명예는 서구에만 독특한 것으로 인정하고 있다. 신분적 명예를 이해하기 위해서는 베버의 다음과 같은 말이 도움이 될 것이다. "가산제적 지배자는 봉건귀족의 신분직 자립(status autonomy)과 부르주아의 경제적 독립을 반대해야 한다. 궁극적으로 모든 자립적 품위와 신민 측의 어떠한 명예감도 권위에 대해 적대적인 것으로 의심받아야 한다(*Economy and Society*, p.1107)." 맥락상 신분적 자립과 신분적 명예는 가산제적 지배자가 경계할만한 같은 지주계급의 귀족층에 합당한 것으로서 본래 지배자와 같은 전사인 기사계층 간에 공유하는 것으로 보인다. 그리고 서구에서는 역사적으로 신분제 유형의 가산제 즉 봉건제가 전개되는데 이러한 봉건제는 법적으로 자립적이며 따라서 주군과도 동료적인 회원관계에 있는 가신단의 출현과 관련된 특수한 서구법적인 산물이라고 한다.

서구에 비해 중국은 대표적인 가산제적 관료제의 국가인데, 이와 관련해 일본이 자랑하는 만세일계의 천황제만큼 가산관료제를 충실히 이행하려고 한 제도도 드물다는 점에 주목하고 싶다. 무사도를 서구중세의 기사도처럼 논하려고 하는 니토베 이나조나 이께가미 에이코는 천황제에 대해서는 거의 언급을 하고 있지 않지만, 무사도를 논하면서 천황제를 논의하지 않는 것은 불합리하다고 생각된다. 이 책은 무사의 기원을 천황의 궁정 가까이에서 무의 기예로 봉사하는 예능민(요즈음의 엔터테인멘터가 아니다)으로 보면서 논의를 시작한다. 이 책을 번역하면서 새삼 느낀 점은 일본의 역사는 그 깊이가 깊다는 것이다. 일본은 아마 세계에서 남북의 길이가 가장 긴 나라이고(물론 처음부터 그랬다는 것은 아니지만), 또한 동서로도 간토와 간사이로 동과 서의 문화적 차이가 분명해서 동서남북으로 각각 나라가 나누어져 동국·서국·북국·남국으로 불릴 만큼 지역차가 심하다. 그럼에도 불구하고 7세기 이래로 천황이라는 왕을 중심으로 일본이라는 국호로 지금까지 통일을 유지해오고 있기도 하다. 무사의 나라라는 것은 13세기 동국 지방에 가마쿠라막부가 창립되고 나서 19세기 메이지유신으로 막부가 사라지기까지를 말하지만, 그 사이에도 천황의 존재가 중단된 적은 없었다. 무사의 나라일 때에도 동국은 쇼군이 서국은 천황이 최고행정의 책임자로서 군림하고 있었고, 신도의 주재자로서 천황의 위치나 고케닌이 교토오반야쿠를 해야 하는 천황의 위치를 생각하면 일본은 무사의 나라라기보다는 천황의 나라라고 해야 옳을 것이다.

이렇게 동과 서, 남과 북의 차이가 뚜렷한 일본인데 무사를 보는 관점도 차이가 크다고 한다. 가령 무사를 천황에 예속하는 직능민으로 보는 것은 간사이 중심의 역사가의 입장이고 무사를 무사단 즉 지방에서 독립적으로 발생한 새로운 역사주체자로서 보는 것은 간토 중심의 역사가의 입장이라는 것이다(아미노 요시히코, 『일본이란 무엇인가』, 창작과비평사, 206쪽). 과연 그렇다는 생각이 들기도 한다. 본서의 저자도 간사이 출신이므로 직능민을 주장하고 있는 것일지도 모르지만 본서에서는 지방적인 무사의 등장도 두루 이야기하고 있다. 다만 본서는 근세 이후 무사와 무사도를 부정적으로 보는 입장이므로 훨씬 과격하다고 말할 수도 있다.

문제는 무사도를 보는 입장인데 이케가미는 있었던 (그리고 계속 존재하고 있을) 무사도의 사실을 강조하려고 하고 다카하시는 사라진 그리고 국가에 의해서 만들어진 무사도의 사실을 강조하려고 하는 것 같다.

따라서 『국화와 칼』에 대한 입장도 양자는 다르다. 이케가미는 베네딕트의 논리를 문화적 편견의 입장에 선 것이라고 전면적으로 부정하려고 한다. 그러나 다카하시는 베네딕트의 논리를 긍정적으로 보는 것 같다. (저자가 미시마 유키오의 할복을 논하는 대목에서 미시마가 의식한 천황이 근대 관료제에 중독된 메이지 헌법 하의 근대천황제가 아니라 『국화와 칼』의 쌍방을 포괄하는 "문화개념"으로서의 천황이라고 한 표현을 참조하기 바란다.)

베네딕트가 국화와 칼에서 말하고 싶었던 것은 일본도 전후 미국이 주도하는 세계질서 속에서 평화로운 국가로 안치시킬 수 있는데 그것은 미국의 힘을 바탕으로 가능하다는 것이다. 왜냐하면 일본은 국화와 칼이 상징하듯이 양면적 속성을 가지고 있기 때문이다. 현재 아베정권에서 평화헌법을 수정하려는 것은 일본이 패전 후에 비축한 힘을 세계에 다시 드러내는 것으로서 식민지경험을 한 주변국의 약자로서는 우려스러운 일이다. 이케가미의 표현을 빌면 세 번의 칼사냥을 당한 사무라이의 나라인 일본이 네 번째 굴기하지 못할 법도 없을 것이다. 그러나 이러한 사고는 일본의 우파의 정치사상을 대변하는 것으로서 위험하고 세계의 역사적 조류를 거스르는 것이 아닐까? 여기서 영국 근세사가 키스 토머스가 논한 명예관념의 변천을 잠깐 소개하고 싶다. 영국이 주도한 근대세계 이후 세상은 바뀌었고 명예의 관념도 변화했다고 한다. 예컨대 영국 내란 당시의 홉스는 인간은 늘 명예와 존엄을 구해서 서로 경쟁하고 남보다 앞서려고 하는 것 외에는 어떤 목적도 목표도 있는 게 아니라고 설명하면서, 명예에 대해서도 지배 엘리트층으로 하여금 반영구적으로 선동상태에 두는 경쟁적인 말이라고 간파했다. 이러한 근세적 명예관은 세간의 평판을 잘 받아 유지하기 위한 것으로서 계층사회에서 지위의 유지와 굳게 결합되어 있었던 것인데 프랑스혁명의 시민혁명을 거쳐 근대에 이르러 근세와는 대조적으로 타인의 동의(즉, 세간의 평판)를 구하는 것은 칭찬받을 본능이 아니라 도덕적 취약함으로 간주되는 역전을 맞이하게 된다. 이렇게 전통적 명예관을 붕괴시키는 데 가장 강력한 것은 인간평등의 교설이었다고 한다 [Keith Thomas(川北稔譯), *The ends of life: roads to fulfillment in the early modern England*, Oxford UP, 2009, pp.215~262].

키스 토머스의 명예관의 역사 연구를 참조해볼 때 무사도에 대한 이케가미와 다카하시의 의견 차이는 결국 저자들의 일본사회를 보는 시각, 근대사회를 보는 시각의 차이에서 오는 것이라고 생각된다. 그것이 얼마나 역사적 진실을 말하고 있는 것인지는 결국 역사로 하여금 말하게 하는 수밖에 없을 것이다.

이케가미나 니토베의 입장과 관련해서 역자로서 말하고 싶은 것은 서양의 무사도라고 할 수 있는 기사도가 약자를 배려한다는 긍정적인 이미지로 알려지는 데 비해 무사도는 그렇지 못하다는 사실이다. 다시 말해 서양문명권에서 기사도는 좋든 싫든 보편적인 가치로 자리 잡아왔지만 일본의 무사도는 동양문명권에서 보편적인 가치로 자리 잡지 못했다는 점이다. 본서에도 지적되어 있지만 중국의 유교문명은 무가 아니라 문을 존중했고 무는 예부터 흉한 일로서 기피당하고 천시되어왔다. 그런 무가 일본에서 흥한 것은 바다를 건너 있다는 지리적 환경이 크게 작용하고 있는 것으로 역자는 판단한다. 동아시아 문명뿐만 아니라 세계사에서도 일본의 역사는 특수한 위치를 차지하지만, 한자문화권에서 볼 때 무사도는 결코 높이 평가받지 못하는 가치이다. 이는 어떤 의미에서 볼 때는 동아시아의 해양환경이 동아시아의 문명보편성을 고양시키는 데 장벽이 되어왔다는 것을 의미하면서 동시에 지리적 장벽에 대해 동아시아인의 공동체적 교류의 노력이 역사적으로 부족했다는 것을 의미하기도 할 것이다. 이것이 근대에 이르러 동양과 서양의 결정적 차이를 가져온 이유라고 역자는 생각한다.

본서는 동아시아와 세계사 전체를 무대로 일본 무사의 역사를 진지하게 파고드는 역사서이다. 고려시대 무신정권과 가마쿠라 막부정권을 비교 연구한 업적도 내고 있는 저자이기 때문이야말로 무사도에 대해 이처럼 깊고 넓은 고찰을 가능하게 했을 것으로 생각한다.

끝으로 필자 개인의 에피소드를 소개하면서 이 후기를 마치기로 하자. 올해 초에 코로나 바이러스가 유행하기 직전에 출판관계로 일본 도쿄의 서점가로 유명한 간다 진보쵸를 방문한 적이 있었다. 그 고서점과 새 책방이 즐비하게 늘어선 거리에서 자그마한 한국서점도 하나 있었는데, 같이 간 지인의 소개로 그 서점에서 하는 책거리 이벤트에 참여하게 되었다. 그때 모인 사람들은 주로 일본 아줌마들 10여 명으로 열렬한 한류 팬들이었다. 그날은 영화 〈기생충〉이 아카데미상을 받은 지 며칠 지난 후여서 평소와 달리 영화 〈기생충〉을 보고 소감들을 서로 이야기하는 자리였다. 세 번 이상 본 사람도 많았는데 내가 놀란 것은 기생충이 너무 폭력적이라는 소감들이었다. 그래서 내가 발언할 기회에 나는, 마침 이 자리에 오기 전 이 서점가에서 최대의 서점인 산세이도 서점에 들렀을 때, 미시마 유키오 서거 50주년 기념으로 별도판매대를 마련하고 있는 것을 예로 들어 그가 죽음을 찬미하는 『하가쿠레』의 무사도에 심취한 것 등을 말하면서 일본무사도의 폭력성을 이야기하고, 일본영화가 훨씬 폭력적이지 않는가 반문했다. 확실히 일반적으로 일본인은 상냥하고 친절하다고 많이들 이야기한다. 그렇지만 반드시 그런 것은 아니다. 이날 쿠온의 작은 독서모임에서도 나는 국화와 칼의 양면성을 본 듯한 느낌이었다.

2020년 3월 12일
정묵재에서

지은이

다카하시 마사아키 高橋昌明

고치현 고치시(高知縣高知市) 출생. 1969년 도시샤(同志社)대학 대학원 문학연구과 석사과정 수료. 시가(滋賀)대학 교육학부 교수, 고베(神戶)대학 인문학연구과 교수, 「무사의 성립, 무사상의 창출」(2002)로 오사카대학 문학박사. 2007년 平氏政權을 최초의 무가정권으로 규정하는 논문을 발표, "로쿠하라막부"라 불러 우와요코테 마사타카(上横手雅敬)와 논쟁. 2008년 정년퇴관하고 고베대학 명예교수. 2011년 8월 5일, 일본사연구회대표위원의 입장에서 오사카부 의회에서 일본국기 "히노마루" 상시게양과 국가 "기미가요" 제창 시 기립조례를 강행가결한 것에 항의하는 성명을 연명으로 제출.

저서: 『平家の群像 物語から史実へ』(2009), 『平家と六波羅幕府』(2013), 『京都〈千年の都〉の歴史』(2014), 『洛中洛外 京は"花の都"』(2015), 『東アジア武人政権の比較史的研究』(2016), 『武士の日本史』 외.

옮긴이

박영철

서울대학교에서 역사교육과 동양사를 배우고, 일본 교토대학에서 문학박사 학위를 받았다. 중국법제사와 사회사를 전공하고 있으며 현재 군산대학교 사학과 교수이다.

주요 논저: 「나라카에서 지옥으로: 불교의 번역과 중국문명」, 「해태고: 중국에 있어서 신판의 향방」, 「송사의 출현을 통해 본 송대 중국의 법과 사회」, "Balance and Balancing Weight: A Study of the Conception of Justice in the History of China and its Relationship to the Modernization of Chinese Legal System", 「『삼국지』와 삼국시대의 정통론에 대해서」, 『명공서판청명집 호혼문 역주』(소명, 2008), 『왜 유비는 삼국을 통일하지 못했을까』(2010), 「동아시아 관료제의 근대성 논의」, 『군산과 동아시아—황해남로홍망사—』(민속원, 2017), 『중세 동아시아의 해양과 교류』(공저, 탐라문화연구원, 2019) 외.

역서: 『일본현대사』(遠山茂樹, 한울아카데미, 1990), 『근대중국의 친일합작』(티모시 브룩, 한울아카데미, 2008) 외.

한울아카데미 2212

사무라이의 역사

지은이 | 다카하시 마사아키
옮긴이 | 박영철
펴낸이 | 김종수
펴낸곳 | 한울엠플러스(주)
편집 | 배소영

초판 1쇄 인쇄 | 2020년 7월 1일
초판 1쇄 발행 | 2020년 7월 15일

주소 | 10881 경기도 파주시 광인사길 153 한울시소빌딩 3층
전화 | 031-955-0655
팩스 | 031-955-0656
홈페이지 | www.hanulmplus.kr
등록 | 제406-2015-000143호

Printed in Korea.
ISBN 978-89-460-7212-1 93910 (양장)
978-89-460-6862-9 93910 (무선)

* 책값은 겉표지에 표시되어 있습니다.
* 이 책은 강의를 위한 무선판 교재를 따로 준비했습니다.
강의 교재로 사용하실 때는 본사로 연락해주시기 바랍니다.

이 도서의 국립중앙도서관 출판예정도서목록(CIP)은 서지정보유통지원시스템홈페이지(http://seoji.nl.go.kr)와
국가자료종합목록시스템(http://www.nl.go.kr/kolisnet)에서 이용하실 수 있습니다.
CIP제어번호: CIP2020025798 (양장) CIP2020025801 (무선)